古典文獻研究輯刊

三八編

潘美月・杜潔祥 主編

第16冊

年羹堯案史料輯錄（上）

蔡宗虎 輯註

國家圖書館出版品預行編目資料

年羹堯案史料輯錄（上）／蔡宗虎 輯註 -- 初版 -- 新北市：
花木蘭文化事業有限公司，2024〔民 113〕
序 8+ 目 24+168 面；19×26 公分
（古典文獻研究輯刊 三八編；第 16 冊）
ISBN 978-626-344-719-6（精裝）
1.CST：（清）年羹堯 2.CST：史料 3.CST：清代
011.08   112022589

ISBN-978-626-344-719-6

古典文獻研究輯刊
三八編　第十六冊   ISBN：978-626-344-719-6

年羹堯案史料輯錄（上）

作　　者　蔡宗虎（輯註）
主　　編　潘美月、杜潔祥
總 編 輯　杜潔祥
副總編輯　楊嘉樂
編輯主任　許郁翎
編　　輯　潘玟靜、蔡正宣　美術編輯　陳逸婷
出　　版　花木蘭文化事業有限公司
發 行 人　高小娟
聯絡地址　235 新北市中和區中安街七二號十三樓
　　　　　電話：02-2923-1455／傳真：02-2923-1452
網　　址　http://www.huamulan.tw 信箱 service@huamulans.com
印　　刷　普羅文化出版廣告事業
初　　版　2024 年 3 月
定　　價　三八編 60 冊（精裝）新台幣 156,000 元

年羹堯案史料輯錄(上)

蔡宗虎　輯註

作者簡介

蔡宗虎，甘肅省平涼市人，二〇〇〇年畢業於哈爾濱工業大學，獲工學學士學位，二〇〇五年畢業於西安交通大學，獲工學碩士學位，史地愛好者。

提　　要

　　年羹堯為康熙雍正兩朝之名臣，隸雍親王即後世之清世宗漢軍鑲黃旗，其妹為清世宗之寵妃，年羹堯繼妻亦為宗室之女，年羹堯生於康熙十八年，康熙三十九年中進士，康熙四十八年三十歲出為主政一方之四川巡撫，此後長期主政四川。康熙晚年清聖祖第十四子允禵統軍統一西藏，年羹堯時為四川總督，備軍備餉甚得清聖祖之褒獎，康熙六十年任職川陝總督，總管皇十四子撫遠大將軍允禵軍需後勤以備統一準噶爾蒙古之戰爭，因清聖祖之駕崩而中止。清世宗繼位之初任用其協助宗室延信控制西北允禵之大軍，繼之代延信為撫遠大將軍，平定青海羅卜藏丹津之亂。年羹堯文為進士，武為大將軍，有文武之材，然此人亦非忠主廉潔恭謹之善類，攬權施勢，培植私人，打擊異己，侵蝕錢糧，勒索賄賂，冒濫軍功，濫殺無辜，縱兵害民，把持鹽運肥己不一而足。康熙晚年諸皇子爭嫡，年羹堯首鼠兩端，隸雍親王之漢軍鑲黃旗與雍親王有郎舅之戚卻暗中交通雍親王之政敵胤祉（允祉）、胤禛（允禵）、胤禟（允禟），此為清世宗所忌，清世宗繼位之初尚任用其協助延信控制允禵之軍，繼之平羅卜藏丹津之叛，亂平，即鼓動群臣曝其罪而勒令自盡。年羹堯膺巨功而邃罹殺生之禍，歷為歷史學家爭論之題，史料為史家立論之據，自民國年間故宮博物院始行刊印其之奏摺於《掌故叢編》《文獻叢刊》，至西元一九八九年一九九八年中國第一歷史檔案館刊行、翻譯《雍正朝漢文硃批奏摺彙編》《雍正朝滿文硃批奏摺全譯》，中有臺北故宮博物院刊行之《年羹堯奏摺專輯》《宮中檔雍正朝奏摺》以及大陸地區季永海等人編譯之《年羹堯滿漢奏摺譯編》，年羹堯及年羹堯案之史料陸續刊行，輯者將散見諸書之史料彙輯一書，於翻譯異寫之滿蒙藏人士稍加註解，以為歷史研究者取資。

自 序

年羹堯，字亮功，號雙峰，漢軍鑲黃旗人，清代康熙雍正兩朝之名臣，年羹堯祖籍安徽懷遠，本姓嚴，後改姓年，明朝末年遷居遼東廣寧，於後金之軍事行動中擄為漢軍。年羹堯生於康熙十八年，康熙三十九年二十一歲時考取進士，康熙四十八年三十歲時出任四川巡撫，成為主政一方之封疆大吏，康熙五十七年年羹堯不避嫌怨自請為四川總督，以整理四川軍政而備進軍西藏。雍正元年授撫遠大將軍，平定青海羅卜藏丹津之亂，雍正二年其之官銜為撫遠大將軍太保一等公川陝總督，年羹堯之權勢達其頂峰，僅僅一年時間，雍正三年十二月為清世宗勒令自盡，壽四十六歲。

年羹堯親預康熙晚年胤禎統一西藏之戰爭，康熙五十六年準噶爾蒙古突襲清廷敕封之西藏和碩特蒙古拉藏汗，戕之，據西藏，甘肅青海四川雲南皆置準部兵鋒之下，漫長之戰線清廷陷被動矣，且準部挾拉藏汗所立為清廷敕封之六世達賴喇嘛伊喜嘉措與五世班禪額爾德尼以號令蒙藏二族，清廷滿蒙同盟之國策將圮，清聖祖決意進兵西藏，康熙五十七年西安將軍額倫特與侍衛色楞率師進軍，為準噶爾部名將策凌端多布誘至那曲，全軍覆滅，額倫特戰死，色楞被俘。清聖祖不氣餒，決二次進軍西藏，封為青海蒙古信奉之羅桑格桑嘉措為六世達賴喇嘛（即通常之七世達賴喇嘛，因清廷初不認桑結嘉措所立之六世達賴喇嘛倉央嘉措，冊封羅桑格桑嘉措為六世達賴喇嘛後亦復不認拉藏汗所立且為清聖祖所封之六世達賴喇嘛伊喜嘉措）以瓦解藏人之抵抗。而能鼓動青海蒙古出兵西藏者有二因也，一者冊封青海蒙古崇奉之羅桑格桑嘉措為達賴喇嘛，以宗教之名義號召青海蒙古助己，此為青海蒙古不可拒。二者許諾恢復

固始汗所立西藏黃教之道統，逐準噶爾後將立一固始汗之後裔為西藏之汗，以利誘之。

康熙五十九年清軍合青海蒙古軍自青海、四川、雲南三路進藏，另有兩路清軍駐巴里坤與阿爾泰進軍準噶爾本部，牽制準噶爾蒙古，免其援軍西藏，五路清軍總統於清聖祖第十四子撫遠大將軍胤禎，時年羹堯為四川總督，備軍運糧甚得清聖祖之襃獎，有令其為將軍統師入藏之旨：

> 康熙五十九年二月十六日大學士馬齊、乾清門頭等侍衛喇錫等奉旨，總督年羹堯遇戰事善於勤理，才技優長，將其四川軍治備甚齊整，伊料估以伊等兵力即成功，今速行文總督年羹堯，命伊率四川滿綠營兵進伐，若有代伊署理總督事務之賢能人，地方並無事安謐，則年羹堯奏聞署理，命年羹堯為將軍，率雲南四川軍進伐，倘年羹堯未獲代伊署理人員，則四川要地，以護軍統領噶爾弼為將軍，率雲南四川二地兵士進伐，若不將將軍敕書印記速製送往則誤事，再若不命諸處率兵之大臣等為將軍，如何能督管部眾，齊里德此次前來觀之人亦可，能督管眾蒙古台吉等，命齊里德為將軍，應賜印信敕書，將率伐西招大軍之將軍印信敕書，亦應速製送往，所賜印信敕書，交大學士等具奏，欽此。
>
> 硃批：將軍印信所關甚要，今部衙人等粗俗者多，以因循當差為能，今鑄此印務擇吉日，咨行內務府率幹練官員、柏唐阿等共同督造，工竣奏覽。[註1]

年羹堯知滿兵驕縱，不膺服其之統率，故薦噶爾弼為定西將軍率師入藏，塞爾圖署理川督，其願從軍征藏，後年羹堯遂未率軍入藏，噶爾弼為定西將軍率四川軍入藏。進軍西藏糧秣為第一要務，雲南兵之糧秣則為雲貴總督蔣陳錫，雲南巡撫甘國璧所誤，此二人為清聖祖革職命自備資斧運糧進藏效力贖罪，蔣陳錫道死，甘國璧於雍正元年始返京，雲南入藏之兵糧亦賴四川之接濟。當清軍入藏後，康熙五十九年冬冷時青海驛路為雪阻滯而斷，四川路青海路之清軍皆自四川返內地，青海路之清軍亦取食於四川。年羹堯於統一西藏戰爭中優裕之才為清聖祖所重，康熙六十年清聖祖旨年羹堯任川陝總督，轄今四川陝西甘肅寧夏諸地，以為撫遠大將軍胤禎後勤之總管，支持胤禎與準噶爾部之戰爭，

[註1] 《康熙朝滿文硃批奏摺全譯》第三四九二號文檔《諭大學士馬齊等以年羹堯為將軍賜印信事》（康熙五十九年二月十六日）。

以期擊滅準噶爾部完成於新疆之統一，康熙六十一年清聖祖崩，行動中止。

清世宗繼位初於甘州統領大軍之撫遠大將軍胤禵為其腹背之芒，清世宗命延信自京赴甘州代之，以年羹堯輔助之，且有密諭寄年羹堯。何者不以年羹堯代胤禵者，一者年羹堯漢軍地位低下不足統軍前滿蒙親貴，二者年羹堯亦不獲清世宗之信任也。猜忌性成之清世宗於任何人皆不信任，即代胤禵撫遠大將軍職之延信亦不信任，暫時用之而已，年羹堯者則用以監視延信也。

雍正元年青海和碩特蒙古親王羅卜藏丹津久冀藏王不得，懷憤叛，清世宗繼位本不服眾，且其時繼位伊始，政敵環伺，清世宗意綏靖之，冀羅卜藏丹津等僅止部內吞併，不侵及內地則已。然形勢日亟，清世宗命年羹堯為撫遠大將軍，更用四川提督岳鍾琪平叛。年羹堯之膺選撫遠大將軍平亂，本非佳選，因胤禵統帥之大軍時駐西北前線，兵精將銳，且遍為滿蒙親貴，延信、富寧安、阿喇衲皆可選之才，因皆為胤禵之舊部而不用。年羹堯之漢軍身份出為將軍軍前滿蒙親貴多不服膺其遣，都統宗室西倫圖、都統武格、副將軍阿喇衲即其例，將帥不和本為兵家大忌而清世宗為之者，實不得已耳，因軍前遍為胤禵舊部而不獲信任也。且年羹堯逢迎清世宗之意濫殺喇嘛亦頗招蒙古親貴之恨，蒙古離心殊於清廷不利。年羹堯稔悉蒙古藉馬力以為進止，採堅壁清野之戰術，守而不出，雍正二年二月蒙古草枯馬疲之際清軍出，羅卜藏丹津之亂旋平，清世宗委善後事宜以岳鍾琪與達鼐，命年羹堯回西安川陝總督任並允其入京朝覲。

年羹堯入覲甫離京，清世宗即隱露其之不滿於年羹堯，私放口風於湖廣總督楊宗仁、雲貴總督高其倬等人，繼之下旨群臣發年羹堯之罪，終於雍正三年十二月列款九十二條而勒令自盡，年羹堯之榮辱倏爾而逝。

清世宗甘冒天下之大不韙而殺功臣者，年羹堯之驕蹇不法作威納賄自是其因，然不足以致其死。隆科多、延信、年羹堯三人皆為清世宗繼統之爪牙，然較之隆科多、延信二人，隆科多於京城以武力擁清世宗繼統，延信赴甘州代胤禵撫遠大將軍之職而解其兵權，此二人皆不容於清世宗難逃囹圄之災，但逃顯戮。何者年羹堯之妹為清世宗之寵妃，生子福慧頗為清世宗寵愛，且年羹堯以平叛之功而獨遭顯戮者，因其首鼠兩端，不忠於清世宗故。學者皆謂年羹堯為清世宗之心腹，實非也，清世宗為陰鷙猜忌殘刻之徒，於任何人皆不信任之，隆科多、延信即其例，用畢即陷囹圄而致死，年羹堯概莫能外。當胤禵以大將軍奉命出師，統一西藏之際聲勢甚隆，有帝位非其莫屬之勢，年羹堯為四川總督備軍以進西藏，為胤禵屬下，於公亦可交通之，而年羹堯亦非忠主之善類，

實有交通胤禛，首鼠兩端之舉，當胤禛出征之際雍親王曾遺書切責之，以其子
與父為質免其倒向胤禛。

王〔註2〕字諭年羹堯。知汝以儇佻惡少，屢逢僥倖，君臣大義素
所面牆，國朝祖宗制度，各王門旗屬主僕稱呼，永垂久遠，俱有深
意，爾狂昧無知，具啟稱職出自何典，屢諭爾父，爾猶抗違不悛，
不徒腹誹，而竟公然飾詞詭拒，無父無君莫此為甚。

況妃母千秋大慶，阿哥完婚之喜而汝從無一字前來稱賀，六七
個月無一請安啟字，視本門之主已成陌路人矣。且汝所稱捐貲助餉
家無餘財，更屬無謂之甚，況我從未問及汝家囊橐，何得以鄙褻之
心測我，而肆進其矯廉之詞。況汝在蜀驕橫不法，狂悖無忌，皇上
將來不無洞鑒，而尚敢謂今日之不負皇上，即異日之不負我者，是
何言歟，以無法無天之談而誘余以不安分之舉也，豈封疆大吏之所
當言者，異日二字足可以誅羹堯全家。且汝與於孟光祖餽遺授受不
但眾所共知，而且出自於汝家人之親口以告我者，尚敢朦朧皇上，
得以漏網，即此一事是即汝現在所以負皇上而將來之所以必負我者
也。至於我之培植下人，即并其家人父子亦無不委曲作養成全，在
汝固已無人心，諒必非無耳無目者，於此不思所以報稱，而反公然
跂扈，爾所蓄何心，誠何所挾持而竟敢於如此耶，即此無狀是即汝
之現在所以負我，即異日必負皇上者也。

況在朝廷稱君臣，在本門稱主僕，故自親王郡王貝勒貝子以至
公等莫不皆稱主子奴才，此通行常例也，且汝父稱奴才，汝兄稱奴
才，汝父豈非封疆大臣乎，而汝獨不然者，是汝非汝兄之弟，亦非
汝父之子矣。又何必稱我為主，既稱為主，又何不可自稱奴才耶。
汝父兄所為不是，汝當勸約而同之則猶可也，不遵父訓，抗拒本主，
無父無君，萬分可惡。若汝或另有所見，或別有委曲，汝不妨具摺
啟奏，申明汝之大典，我亦將汝不肯稱奴才之故，以至妃母大慶、
阿哥喜事，并於我處終年無一字請安，以及孟光祖之事與汝所具異
日之啟，好好存留在此，一一奏明，諒皇上自有定奪也。

再汝父年老，汝子自當代汝奉養，汝毫不為意，七八個盡留任
所，豈人心之能忍也，只待汝子娶親方令來京。信乎，求忠臣於孝

〔註2〕即雍親王胤禛，後世之清世宗。

子也。而又便及於我所具啟，儀苟簡無禮，言詞背謬，皆汝之不肖下屬無可奈何之所以應塞汝者而躛施之於我，是豈主子奴才之禮乎。凡此者皆汝之不學無術，只知逞一時剛愎之私而自貽乃父之戚耳，自今以後凡汝子十歲以上者，俱着令來京侍奉汝父，即汝昔年臨行時向我討去讀書之弟姪，亦必着令作速來京，毋留在外，法成汝無父無君之行也。

　　觀汝今日藐視本門主子之意，他日為謀反叛逆之舉，皆不可定，汝父見汝此啟當余之面痛哭，氣恨倒地，言汝瘋狂亂為，汝如此所為而猶敢以偽孝欺人，覷言父子天性，何其喪心病狂一至於此。況汝父在京我之待他恩典甚重，諒汝無父之人亦未必深悉其委曲也，然聖主以孝治天下，而於我惜老之夙心有所不忍，故不惜如此申斥，警汝愚蒙，汝誠能于此爽然自失，真實悔悟，則誠汝之福也，其猶執迷不悛，則真所謂噬臍莫及者矣，汝其圖之。〔註3〕

　且康熙五十九年有皇九子允禟遣西洋人穆觀遠交通年羹堯之舉，於此可見，清世宗繼位之先年羹堯即不獲雍親王之信任，清世宗繼位之初，因西北軍前盡為胤禵舊人，清世宗暫借延信、年羹堯二人以穩形勢。年羹堯亦知其為清世宗猜忌，惶惶不可終日，雍正元年正月十二日一日之內連上兩摺亟請入覲以陳心跡，一摺隱露其入覲之實情，一摺則官樣文章以便批發而瞞眾臣之目，隱露亟請入覲心跡之奏摺如下。

　　四川陝西總督加六級紀錄三次臣年羹堯為再達愚忱，仰祈睿鑒事。

　　竊臣自甘州旋省，於雍正元年正月十一日行抵蘭州，臣家人捧回御批奏摺，臣即恭設香案叩頭開讀，並臣子年熙所寄家信備述聖主面諭，隨又叩頭謝恩訖。伏念臣受恩最深，忠君之念不自今日，我皇上至孝本乎性成，自古帝王所未有，此臣平日所深知者，當聖祖仁皇帝大漸之時不知如何憂慮，及龍御上升又不知如何哀毀，臣早欲匍匐進京，因奉諭旨不敢不遵，迨臣延信來至甘州，臣跪請聖安後即問以聖躬哀毀之狀，據云天顏很好，並言面承上諭，令其告臣亦如此說，臣見其語言神氣不甚直捷，心實疑之，是以將甘州諸事安頓稍畢即起程回省，擬於二月初旬進京，一則叩謁聖祖梓宮少

〔註3〕《文獻叢編》圖像第一頁《雍親王致年羹堯書真跡》。

展臣子哀痛之情，一則迫欲瞻仰天顏，面請節哀，以慰聖祖付託之重，此臣之實情也。然守此愚衷竟不具疏，是臣之罪實無所逃，寸心縈結，自蹈愆尤，惟有仰望聖恩寬宥而已。臣自授任川陝以來在西安之日少，而在甘肅之日多，祇以糧運所關甚重不得不親身經理，而陝甘兩撫所屬未完事件既大且多，一案有一案之隱情，亟須料理完結，若不得逐一敷陳，面請訓旨，不獨臣無所遵循，其有關於民生吏治非淺鮮也。至於軍務更關國家大計，必大局先定然後條分縷晰，庶為善後之策，我皇上聖明天縱固有乾斷。而臣於此事未嘗一日忘之，所見所聞亦復不少，若欲於奏摺內剴切詳明剖悉無遺，臣實無此手筆。總之地方事務與兵馬事務既已任大責重，恐懼不遑，而臣上為聖躬籌畫亦有一得之愚，以及臣猶有未遂之私情，皆不能片刻釋然者，是盡心竭力以圖報稱者也。而鼓舞臣之心力使得辦事無悞者實賴聖主，臣傾吐至此，北望天恩，當不忍不使臣得跪奏於御座之下矣。現今口內口外帖然安靜，計臣往返不過四十日，決無悞事之處，謹再繕摺陳請，伏祈聖恩俯允，或以此摺不便批發，臣另具恭請叩謁梓宮一摺，跪懇聖主敕下部臣行文准臣進京，臣之沾沐天恩曷其有極，所有御批原摺二件並十二貝子給臣手諭一件一併恭繳，臣實不勝仰企瞻戀之至。

雍正元年正月十二日具。〔註4〕

同日年羹堯上清世宗官樣文字之奏摺如下：

四川陝西總督加六級紀錄三次臣年羹堯為懇請叩謁梓宮，少展哀慕微忱事。

竊臣質本庸愚，少登仕籍，即蒙聖祖仁皇帝格外教誨，洊歷清班，不十年而奉命撫川，又十年而兩晉總督，自古人臣遭遇之奇未有如臣者，且其間凡有愆尤皆蒙恩宥，稍有微勞悉邀獎勵，自古人臣寵眷之隆亦未有如臣者，臣每自揣，雖竭畢生之心思智力尚未能仰酬於萬一，不意聖祖賓天，四海九州黃童白叟莫不哀號，如失父母，況受恩深重如臣者，若不得叩謁梓宮，一申哀悃，則長抱終天之恨，臣實無日以自安，蓋聖祖之恩惟臣受之最深，則哀慕之念亦

〔註4〕《雍正朝漢文硃批奏摺彙編》第一冊第九號文檔《川陝總督年羹堯奏再達愚忱請准進京陳情摺》（雍正元年正月十二日）。

惟臣積之倍切，用敢備陳下悃，伏乞聖主容臣匍匐進京叩謁梓宮，
少盡微誠，臣不勝哀感待命之至。

雍正元年正月十二日具。〔註5〕

　　其實，清世宗於年羹堯此二摺之前已命其入京朝覲，其時，胤禵已離軍前
返京，延信亦自京至軍前掌撫遠大將軍印，西北前線胤禵之軍權已解，清世宗
芒背之刺已除，年羹堯入京既可消年羹堯之疑，亦可備悉軍前之形勢也。當年
羹堯入京朝覲之時，羅卜藏丹津謀叛之信已達京，清世宗密之，遂有授年羹堯
為撫遠大將軍平亂之舉，青海亂平之日，即年羹堯失寵之日也。清世宗皇位既
穩之日，即為預清世宗繼統不光彩行為之隆科多、延信、年羹堯死期耳，隆科
多、延信因其無大罪過而陷囹圄死之。年羹堯既非忠主之徒，亦非廉潔自持之
人，其之作威納賄、侵蝕錢糧、賣官鬻爵既為清世宗覺之，清世宗則鼓群臣發
年羹堯之罪以掩其迫逐功臣殺人滅口之跡，然於此期間清世宗發覺年羹堯竟
暗中收集清世宗繼位不光彩證據之行為。於清世宗而言何事皆可貸其一死，惟
於此則不可，隆科多、延信、年羹堯三人皆為清世宗繼統之功臣，然隆科多、
延信二人皆無罪而逃顯戮圈禁致死，而年羹堯縱有平青海之功亦難免一死。年
羹堯之罪狀真真假假竟達九十二款，雍正三年十二月十一日清世宗勒令年羹
堯自盡，諭旨曰：

爾亦係讀書之人，歷觀史書所載，曾有悖逆不法如爾之甚者乎，
自古不法之臣有之，然當未曾敗露之先尚皆假飾勉強，偽守臣節，
如爾之公行不法，全無忌憚，古來曾有其人乎。朕待爾之恩如天高
地厚，且待爾父兄及爾子並爾闔家之恩俱不啻天高地厚，爾捫心自
思，朕之恩尚忍負乎。授爾為川陝總督，又用爾為撫遠大將軍，將
西陲之事全畀於爾，事事推心置腹，文官自督撫以至州縣，武官自
提鎮以至千把，俱聽爾之分別用捨。朕意以爾實心為國，斷不欺罔，
故盡去嫌疑，一心任用，爾乃作威作福，植黨營私，如此辜恩負德，
於心忍為乎。即如青海之事，朕命爾於四月間備兵，爾故意遲延，
又命於八月進兵，爾復羈留不往，及朕嚴加催督然後進兵，孤軍冒
險幾至失機。又如阿喇衲所領之兵爾令其由噶斯地方前進，以險惡
必不可行之路令其行走，豈非欲陷害阿喇衲乎。又如爾令富寧安將

〔註5〕《年羹堯滿漢奏摺譯編》漢文部分第六十五號文檔《奏請叩謁梓宮摺》（雍正
　　　　元年正月十二日）。

駱駝三千餘隻從巴爾庫爾送至布隆吉爾，為無用之需，豈非設計欲陷害富寧安乎。又如令岳鍾琪之兵調至西寧，其經由之路爾指令捨近就遠，故意使其紆道數千里，欲使蔡珽運糧不及，豈非欲巧陷蔡珽乎。此皆國家軍務大事，而爾視為兒戲，藉此以快私忿，尚得謂之有人心者乎。又如爾所奏善後十三條，於不應造城之處建議造城，於于不應屯兵之處建議屯兵，並無一件有益於地方之事，為國家籌畫邊機，如此草率錯亂是誠何心。如青海用兵以來爾之殘殺無辜，顛倒軍政等事朕尚皆未令入於廷臣議罪之條，即就廷臣所議九十二條之內，爾應服極刑及立斬者共三十餘條，朕覽之不禁墮淚。朕統御萬方必賞罰公明，方足以治天下，若如爾之悖逆不臣至此，而朕枉法寬宥，則何以彰國家之憲典，服天下之人心乎。即爾苟活人世，自思負恩悖逆至此，尚可以對天地鬼神，靦顏與世人相見乎。今寬爾殊死之罪，令爾自裁，又赦爾父兄子孫伯叔等多人死罪，此皆朕委曲矜全莫大之恩，爾非草木，雖死亦當感涕也。大凡狂悖之人生前執迷，死後或當醒悟，若爾自盡後稍有含怨之意，則佛書所謂永墮地獄者，雖歷劫亦不能消汝罪孽也。〔註6〕

清世宗無恥地將一次成功的軍事行動誣陷為年羹堯數端大罪過，年羹堯四十六歲的人生之旅結束了。

年羹堯於西南西北任軍政高職十多年，其之奏摺於西南西北地區均為重要之史料，亦為清世宗繼統鬥爭之重要史料。年羹堯之榮辱，年羹堯獲罪之案歷來為史學家爭論之題，而史料為史家立論之據，自民國年間故宮博物院始行刊印其之奏摺於《掌故叢編》《文獻叢編》，至西元一九八九年一九九八年中國第一歷史檔案館刊行、翻譯《雍正朝漢文硃批奏摺彙編》《雍正朝滿文硃批奏摺全譯》，中有臺北故宮博物院刊行之《年羹堯奏摺專輯》《宮中檔雍正朝奏摺》以及大陸地區季永海等人編譯之《年羹堯滿漢奏摺譯編》，均有關涉年羹堯及年羹堯案之史料，輯者將散見諸書之史料彙輯一書，於翻譯異寫之滿蒙藏人士稍加註解，以為歷史研究者取資。

西元二千零二十三年二月初十日樵夫謹序

〔註6〕《雍正朝漢文諭旨匯編》第一冊頁一六四。

目次

凡　例

一、本書為整理年羹堯案之史料，故資料均輯自檔案史料文獻，野史雜說概棄
　　之不錄。

二、清代滿蒙藏回（維吾爾）族人名與地名翻譯多有異寫，本書據一二種常用
　　之舊籍史料考據之，以期據此舊檔而知此人之身份，而不據多種史料以作
　　某一人繁瑣之考證。

三、與年羹堯案直接牽連之胡鳳翬之死，程如絲案及戴鐸上雍親王啟等作為
　　附錄錄之。

四、文中（）〔〕皆原書所有，本次輯錄於文內不增加此類符號，輯者皆於腳
　　註中註之，僅於無法辨識之字以□代之。

五、目錄之編輯，本書所錄之奏摺，其資料來源與編號規則如下，其餘引用之
　　史料來源皆於文中註明。

　　1.《康熙朝滿文硃批奏摺全譯》，〔1〕-原書序號

　　2.《雍正朝漢文硃批奏摺彙編》，〔2〕-〔原書冊號〕-原書冊內序號

　　3.《雍正朝滿文硃批奏摺全譯》，〔3〕-原書序號

　　4.《年羹堯奏摺專輯》，〔4〕-〔序號〕-頁碼

　　5.《文獻叢編》，〔5〕-頁碼

.

第一部分　年羹堯案滿文奏摺

〔1〕胤禎奏聞四川總督年羹堯等獻物摺（康熙五十八年六月十三日）[1]-3417

臣胤禎謹奏，為奏聞事。

四川總督年羹堯遣千總鄧國東〔註1〕向臣問好，獻銀一千兩稻米四石。臣對千總鄧國東云總督為聖主之事忠誠辦理者甚佳，去年念及入藏之兵，徃送火藥彈丸箭米銀，臣每念及心喜悅之。今自遠方送來銀米理應接收，惟臣對地方諸物既然未加取用，如何收總督之物，此物即如同臣已收之等語，將銀米均卻之，賜棉衣一套遣之。延綏總兵官李岳〔註2〕遣千總吳真向臣問好，獻火箭三百二十支，以及藏香杏等物。臣對千總吳真云總兵身亦任軍營，臣在此處火箭既無用處，將此火箭留於總兵處用之等語，將藏香杏等物均一併卻之。洮州土司楊如松〔註3〕親來向臣問好，獻馬一匹騾一匹及藏杏等物。臣對土司楊如松云爾去年徃兵營，雖無效力卓著之處，亦在軍營整年效力，臣尚應賞賜與爾，何言受爾之物，爾乃世代蒙國重恩之人，不比他人，嗣後凡遇諸事，理應獻身圖報皇帝深恩〔註4〕等語，將馬騾食物均卻之。再興漢總兵官楊士昌〔註5〕遣千總姚欣向臣問好，獻馬二十匹騾四頭米等食物，臣除照前奏退還食物外，收取馬騾，為此謹具摺奏聞。

〔註1〕《四川通志》卷三十二頁十二巡撫標營右營守備有鄧國棟者，即此人。
〔註2〕《平定準噶爾方略》卷三頁二十八作總兵官李耀。《陝西通志》卷二十三頁五十八作延綏鎮總兵李耀。
〔註3〕《平定準噶爾方略》卷四頁四十六作楊如松。
〔註4〕原文作「鳴恩」，輯者改為「深恩」。
〔註5〕《陝西通志》卷二十三頁六十四作興漢鎮總兵楊世昌。

康熙五十八年六月十三日

硃批：知道了，楊如松朕原認識，亦曾隨行朕圍獵，甚屬好漢。其弟喇嘛亦有効力之心，甚為可憫。爾甚得土司、回子等人之心，今後獲益者多於漢人，朕之此言斷勿使漢人聞之。

〔2〕撫遠大將軍胤禎奏為年羹堯等獻物品摺（康熙六十年十月初八日）[1]-3579

臣胤禎謹奏，為奏聞事。

川陝總督年羹堯遣其屬下守備王松〔註6〕向臣問好，獻西洋表一個千里眼一個磁杯十個鼻烟二罐。臣命守備王松進見交付，我自出征以來，地方官員所獻食物馬畜外，並未接受別物，總督為圖報皇父之恩，為國家事業甚為効力，他人不可比擬，既然特自遠方差人送來，我均受之，嗣後勿再送物，總督始終如此一心圖報皇父之恩，再我既在軍營，無回賜之物，僅以我之衣帽賜給總督，故將帽一頂裘服一件乳餅一匣賜給守備王松，遣之。再提督李林〔註7〕遣其家人向臣問好，獻臣藏圖一幅，騾四頭羊隻果品麵粉等食物，臣准其家人進見，並交付之。提督仰報皇父擢用之重恩，去年征伐藏地辛勞成功，今皇父又以固原要地，特簡選補放為提督，提督理應仰副皇父簡任之心，妥善練兵，整治軍營，兵民咸安，鎮守地方，爾返歸將此情由均報提督，再問提督好，何必自遠方遣人捐物，既已送至，藏圖騾麵粉受之，嗣後勿再獻物，倘又獻物，臣斷然不受等語，賜以帽一頂裘服一件，遣之，他物均卻之，為此具摺恭謹奏聞。

康熙六十年十月初八日

〔3〕副將軍阿喇衲等奏報派兵堵截羅卜藏錫拉布事摺（雍正元年三月二十二日）[3]-113

奴才阿喇衲〔註8〕等謹奏，為奏聞奴才等抵達阿克塔斯派兵堵截在逃之羅卜藏錫拉布〔註9〕等事。

竊奴才我等領兵於雍正元年三月二十日到達阿克塔斯後，當即派出烏拉、索倫、察哈爾、喀爾喀、厄魯特等兵丁一百二十名。由喀爾喀烏郎哈扎薩克佟

〔註6〕應為王嵩，直隸河間人，後陞任寧夏總兵官。

〔註7〕《甘肅通志》卷二十九頁十六作提督固原總兵官李麟。

〔註8〕《平定準噶爾方略》卷十頁三作協理將軍阿喇衲，即《平定準噶爾方略》卷四頁十四之散秩大臣阿喇衲授為將軍者。

〔註9〕《清世宗實錄》頁一○八作察哈爾厄魯特佐領羅卜臧錫拉布。

莫克〔註10〕率領，以正黃旗藍翎方喀拉，正紅旗阿達哈哈番兼佐領委護軍參領，途中委以烏拉、齊齊哈爾兵之營總之蘇圖為陪，當日於從阿勒泰穿越戈壁之蘇伯路堵截在逃之羅卜藏錫拉布等。故將奴才我等到達阿克塔斯當日即派兵堵截羅卜藏錫拉布之事具奏以聞。

雍正元年三月二十二日

奴才阿喇衲、穆克登〔註11〕

硃批：知道了，將羅卜藏錫拉布一路追殺至汗山〔註12〕，未使一人逃出，殺的殺，擒的擒矣。此事喀爾喀扎薩克兵破例各有其功。朕亦甚悅，施恩優渥，唯車木皮爾〔註13〕另攜數人逃走，尚未拏獲，為使爾等高興，順便諭示知之。

附上諭副將軍阿喇衲於布隆吉爾聽憑大將軍年羹堯調遣事

諭副將軍阿喇衲。

前大將軍年羹堯為羅卜藏丹津之事，奏請欲調爾領兵去柴達木，朕降旨命爾來布隆吉爾駐紮，諭旨尚未送到，適接將軍富寧安奏言，已咨令爾由吐魯番奔赴噶斯〔註14〕路，朕知吐魯番無路可通噶斯，甚為擔心。茲聞爾已至巴里坤，將往布隆吉爾，朕甚欣喜釋然矣。茲爾駐布隆吉爾，聽任大將軍年羹堯之調遣，一心一意磋商而行，為此特諭。

〔4〕靖逆大將軍〔註15〕富寧安奏報遵年羹堯辦理之上諭施行摺（雍正元年五月二十三日）[3]-286

奴才富寧安謹密奏，為欽遵上諭事。

竊照都統宗室席勒圖〔註16〕奏疏抄送奴才之摺內奉硃批，此情著爾一閱，

〔註10〕《平定準噶爾方略》卷九頁七作烏梁海扎薩克台吉托穆克，烏郎哈為烏梁海之誤譯。

〔註11〕《平定準噶爾方略》卷九頁七作穆克登。

〔註12〕在今蒙古國烏蘭巴托南，土拉河南岸，清時期為土謝圖汗部會盟地。

〔註13〕《清世宗實錄》頁一〇九作藍翎侍衛垂木丕爾。

〔註14〕亦作嘎斯，《欽定西域同文志》卷十四頁十一載，嘎斯，蒙古語味之苦者也，其地水苦，故名。清代青海數地均名嘎斯，此處噶斯為今青海省芒崖鎮稍東之嘎斯湖，此地為青海入新疆塔里木盆地之要道口。

〔註15〕原書即作「大將軍」，擬題不確，富寧安為靖逆將軍，非靖逆大將軍，清制，於大將軍之稱有嚴格之制，胤禎率軍與準噶爾作戰，統一西藏，稱撫遠大將軍，富寧安為其屬下，豈可亦稱大將軍。

〔註16〕《欽定八旗通志》卷三百二十七作漢軍正紅旗都統西倫圖，清太祖努爾哈赤次子代善曾孫有都統奉恩將軍席倫圖者，即此人。

事已交年羹堯辦理，於爾另有旨在請安摺內，欽此。奴才跪讀之下，伏惟軍機之事關係甚要，聖主諸事謀劃周詳，事交年羹堯辦理甚是。年羹堯久駐邊塞，深諳軍情及蒙古人稟性。自軍務以來，有關軍機之事奴才承辦者亦甚多，青海方面若有不測，奴才意下照皇上交付無所不成，為此謹具密奏。

　　雍正元年五月二十三日

　　硃批：辦理糧餉若有遲滯耽誤之處，為不煩朕聰，恐仍會照以往一樣隱忍不奏，茲朕尚未及皇考年壽，爾等如仍隱瞞不報，朕一旦從他處得知，念爾欺君之情面，亦要從重處治。凡有為難掣時之處，即密摺奏聞，切勿畏忌，官兵身在遠疆，艱辛勞苦，為國効力之人理應恤愛，爾等身為將軍，隱瞞實情則將失去屬下人心，此甚為重要，凡事切勿顧忌，著賴朕爽快而行，勉之。

〔5〕山東巡撫黃炳奏報密訪秀才范英行為仍送怡親王府事摺（雍正元年五月二十四日）[3]-287

　　山東巡撫臣黃炳謹奏。

　　本五月初五日，據年羹堯函稱，奉旨，據聞安丘縣一名叫范英之秀才勝於魯仁，著寄信黃炳，將此人送怡親王府，甚密，欽此，欽遵以行等語。臣經密訪，安丘縣無名喚范英之秀才，唯臨朐縣有一秀才名范英，頗知魯仁，並無出眾之處，此前曾被牽累於鹽盜等案，因與案無涉，故而脫罪。其與已正法之鞠士林等同類，甚不守本分，故是否仍將其送於怡親王處，謹具奏請旨。再其他諭旨，黃炳我皆遵旨而行，為此謹奏。

　　雍正元年五月二十四日

　　硃批：將此人行為奏來甚屬合理，知道了，將此人仍送於怡親王府，甚密，不可少露有旨於此人，即爾差遣之人亦不可令知覺，只〔註17〕說怡親王托爾要此人，此人到來，有能無能，好人壞人，用得用不得，皆〔註18〕難逃朕之監察也，著甚密之。

〔6〕貝子延信奏報收存年羹堯寄送額爾德尼額爾克托克托鼐之書摺（雍正元年六月二十二日）[3]-358

　　臣延信謹密奏，為奏聞事。

　　竊照太保公總督年羹堯咨臣內稱，茲寫給額爾德尼額爾克托克托鼐蒙文

〔註17〕原文作「史」，疑誤字，輯者改為「只」。
〔註18〕原文作「旨」，疑誤字，輯者改為「皆」。

一書內稱，因爾兄弟將派兵擄爾，爾當好生以備。我天朝之兵現已於邊關沿路準備就序，其兵若至，爾等當好生抵抗，切毋惶懼，我大軍將會出兵救援爾等等語。因郡王所居之處靠近甘州肅州，故將書送貝子處請予轉交等情，於六月二十一日送至臣營。今額爾德尼額爾克托克托鼐既已入關，故臣將此蒙文一書收存外，為此謹密奏以聞，照此奏亦咨會太保公總督年羹堯矣，為此謹奏。

雍正元年六月二十二日

〔7〕山西巡撫諾岷奏謝二子蒙恩擢用等事摺（雍正元年八月十八日）[3]-559

山西巡撫臣諾岷謹奏，為叩謝天恩事。

竊臣一介微末，蒙聖主殊恩擢用，委以封疆重任，每每奏事，恩施無窮，親批指教，乃至立名修身，悉加教誨。臣雖感恩竭力圖報，然才庸學淺，時刻憂懼，恐負聖恩。頃接家信，言臣子會考府主事諾木圖，蒙皇上嘉許擬陪補以員外郎。再臣次子舉人諾木布，於引見大理寺丞時，又蒙皇上諭下補缺等語。此信甫至，隨之千總喬元勛等又齎捧御賞荔枝西洋匣子至署。臣何人斯，自蒙聖主知遇，屢荷格外重恩，茲至子輩俱承嘉訓擢用之恩，聖主於臣實勝於天地父母也，臣何言之有，唯臣父及臣與子一家三代同心共力，仰報聖恩于萬一，臣恭設香案，望闕叩恩之處另繕本具奏外，現借奏事之機，將感激微忱先行具摺奏聞。

雍正元年八月十八日

硃批：知道了。

〔8〕駐西寧辦事侍郎常壽奏咨年羹堯摺（雍正元年九月二十四日）[3]-697

駐西寧辦事侍郎常壽〔註19〕咨呈太保公四川陝西總督。

九月初三日據青海盟主親王羅卜藏丹津之二位母親福晉派其達爾漢侍衛克西克圖送來鈐印之蒙古文書內稱，現我屬稱喀木〔註20〕之人，係左右翼諾顏之下奴也，伊等原歸我屬，主子睿鑒知之，爾亦知之矣，今彼處之大老爺言，前往喀木地方，將爾等所有喀木之頭折價納稅，倘不折價，則即係爾等向主子

〔註19〕指駐紮西寧辦事理藩院額外侍郎常授。
〔註20〕西藏舊分衛藏喀木阿里四大區，喀木為巴爾喀木之簡寫，以今昌都為中心的藏東地區。

征戰等語。由是喀木地方之唐古特使者咨文稱，所有喀木地方之厄魯特及我等原係顧實汗之奴，如今青海之諾顏為我等主子，倘彼處無指示，不可將我等之頭折價，倘欲以威力將我等之頭折價，我等必征戰等語。倘互爭戰，恐損主子之名，將咨行大老爺居住一側之咨文送至我處，為此咨行。我等呈遞之文，請作速覆文等語。故由我處告羅卜藏丹津之二母福晉，查得將邊內較大官員俱稱大老爺，此官員名號未用過。現今伊駐於何處，伊已親自率兵前來，抑或惟獨自前來相告，伊咨文內所言之事，所寫之語，我等若不懂，該〔註21〕向何人咨文徃查，此等之處經詢問送文前來之克西克圖，伊告稱不知。既然如此，遂覆文稱，由福晉處派出通曉唐古特語文〔註22〕之賢能使臣，將由唐古特處前來之人情形及稱大老爺之官員所咨文書一併送至我處，我問明情由，閱完文內之語，知道官員名號、所住之地後再咨文徃查等因，於本日交付送文前來之達爾漢侍衛克西克圖後遣回。九月十一日羅卜藏丹津之二母親福晉派來木產格楚爾，送一唐古特文書前來，經略加翻譯覽之，據文內繕曰，總管滿珠希里上大主子屬巴爾克木〔註23〕等處總鎮大老爺，一體咨文知會八家首領、大小諾顏永色布、額爾克旺布、辰杜、尼亞木綽、喇克帕、扎烏、魯木布、玉蘇〔註24〕等，爾等諾顏並未前來代表主子辦事之大臣處晤面，我此權箭一到，我居何處，爾等即作速上緊前來叩見，照管並賞賜爾等。倘若爾等不來，即向大主子征戰矣，定將爾等依法治罪，斷不寬宥，為此咨文知照。於納木巴爾吉亞爾崇呼爾處兵營繕文，午時咨行，癸卯年〔註25〕七月初八日等語。故我告來〔註26〕木產格楚爾曰，爾返回告爾等福晉，巴爾克木地方距四川近，距我處甚遠，我因不知情由，不可立即咨覆爾等，太保公總督尚書〔註27〕既係總管大臣，我即將爾等福晉所呈蒙古文書、唐古特文書、事由全部繕文，咨呈太保公總督尚書〔註28〕。由太保公總督尚書處派總兵官徃查後行文時，我再咨覆爾等等語，遣回。既然

〔註21〕原文作「鎳」，輯者改為「該」。
〔註22〕原文作「唐古特語、文」輯者改為「唐古特語文」。
〔註23〕西藏舊分衛藏喀木阿里四大區，巴爾喀木簡稱喀木，此處譯作巴爾克木，以今昌都為中心的藏東地區。
〔註24〕「玉蘇」即玉樹，為清時期玉樹部落，非今青海省玉樹縣所在地結古鎮，清代玉樹部落位於金沙江之上源，當青海入藏大道渡口，今青海省治多縣一帶地區。
〔註25〕雍正元年，藏曆第十二饒迴水兔年癸卯。
〔註26〕原文作「夾」，輯者改為「來」。
〔註27〕原文作「太保、公、總督、尚書」，輯者改為「太保公總督尚書」，即指年羹堯。
〔註28〕原文作「太保公總督、尚書」，輯者改為「太保公總督尚書」。

如此，太保公總督尚書閱文內事項後，以何言咨覆羅卜藏丹津之母親福晉之處，請咨文指教，為此咨行。

雍正元年九月二十四日

硃批：他替別人說話總屬強橫。

〔9〕議政大臣保泰等奏議大將軍年羹堯進剿青海之條奏摺（雍正元年十一月二十三日）[3]-947

議政大臣和碩裕親王臣保泰等謹奏，為欽遵上諭事。

據撫遠大將軍太保公年羹堯奏稱，臣至西寧三敗叛賊，於羅卜藏丹津等處，亦已援救，以使廓清沿邊回番。今正欲將籌畫青海大略具奏，於十一月十二日接奉兵部轉送之上諭，恭奉開閱，仰見聖主為青海之事深思熟慮，誠甚周詳。臣竊思，青海之人世代承我國重恩，不思為報，反起叛逆之心，犯我邊圍〔註29〕，誠屬得罪上蒼，其之滅亡在所必然，今聖主如何寬宥，其咎由自取，斷難逃脫。茲青海之人與策妄阿喇布坦暗中勾結，若不予掃滅，日後我邊塞疆界則無安寧。況策妄阿喇布坦賊心不死，唯目下正值寒冷之時，我軍若不固上加固，則關係甚大。自今起臣將全力籌辦兵馬器械糧秣等物，以期更加堅固，來年草青之時派大軍剿滅逆賊，此事議政處所議亦甚詳盡，唯此地之情略有不同，臣謹將所知幾項陳奏，逐項開列於後。

一項，兵不可不多備。目下進剿所備之西寧總兵官標營之兵二千，西安滿洲兵五百，總督標營之兵一千三百，固原之兵一千，寧夏之兵一千五百，四川提督岳鍾琪所領前來之綠旗、土司之兵共六千，總督標營兵丁子弟二百，自寧夏送馬前來之兵二百二十三，臣又增調本標營兵八百。陝西、四川之兵共一萬三千五百餘，唯提督岳鍾琪所帶之土司兵有不能遠行者。我大軍一旦出關，西寧所餘汛兵守城足矣。但西寧東面各邊口不可不守，留該土司之兵二千，為留我兵五百，以守各邊口。自西寧松潘兩路進剿之兵共一萬一千。甘州臣前令備兵一千，今加大同之兵一千，土墨特〔註30〕、鄂爾多斯之兵一千，共計三千，如果出關，力仍不足。查得，巴爾庫勒〔註31〕之榆林總兵官李耀兵精整齊、故臣咨靖逆將軍富寧安，連李耀目下在榆林營之兵，另或於固原，或於臣標在彼之兵內共選一千，由李耀帶至甘州，與該三千之兵合為四千以用。涼州關口頗

〔註29〕原文作「邊圍」，輯者改為「邊圍」。
〔註30〕常寫作土默特，內扎薩克蒙古部落之一，分左右兩旗。
〔註31〕今新疆巴里坤縣。

多，故涼州之兵未調。永昌兵寡，故調陝西巡撫標營之兵五百以守永昌。甘州兵出之後，城內所剩之兵亦少，調西安滿洲兵五百，交平逆將軍貝勒延信，以守甘州。自甘州進剿之兵共計四千，布隆吉爾之兵一千，自巴爾庫勒所調之兵二千，副將軍阿喇衲帶來之吐魯番兵二千，除布隆吉爾一千兵留守駐防外，自布隆吉爾進剿之兵共四千。西寧、松潘、甘州、布隆吉爾四路進剿之兵共計一萬九千，兵多足矣。該兵馬如若出邊，滿洲蒙古之兵俱交副將軍阿喇衲管轄，將阿喇衲亦為參贊大臣，綠旗兵俱交提督岳鍾琪統轄。

一項，兵之馬駝甚為重要。陝西比年收成欠豐，草料難得，馬匹羸瘦，現臣動用錢糧購買馬匹，每匹馬價值十二三兩，雖竭盡所能採買，唯得千匹，甚不敷用。請令在歸化城、張家口採買，或將太僕寺商都達布遜諾爾孳生馬匹解送三千匹。先前內地所送馬匹到此之後，皆瘦弱傷殘，徒有虛名，誠不堪用。今請聖上遣一實心効力之臣，挑選六歲以上九歲以下膘好無殘之馬，於本年十二月底趕至寧夏，置於寧夏二千，寧衛一千，交署理蘭州巡撫事務之布政使傅德〔註32〕派妥員，以每匹日撥草二束，料五升，小心妥善餵養，來年三月緩緩趕送西寧。再進兵之際，駝運口糧等物不可無駝。布隆吉爾現已自巴爾庫爾〔註33〕調駝一千，巴爾庫爾尚有駝四千。目下巴爾庫爾既無戰事，故咨靖逆將軍富寧安，於總兵李耀來時選駝二千，與馬鞍馬屜繩子一併帶來。若徔甘州、瓊州〔註34〕、肅州等處採買，可得一千五百駝。膘壯堪用之駝，每頭非五十兩不得。臣現動正項錢糧採買，若有四千五百頭駝，於西寧、甘州、布隆吉爾等處進剿可無貽誤。

一項，軍糧甚要。臣在西安，慮青海是年有事，即買六萬石米以備。現兵丁所發口糧皆該項運抵之米。如今又增加諸多之兵，臣將充足籌辦，自不致有誤。

一項，剿滅逆賊，火器甚要。臣前在四川、西安所造炮槍堪足以用，唯原有火藥不可用，臣本年所造火藥經此數戰所剩無幾，現若製造亦來不及，請將景山製造之火藥，每駝以一百八十觔計算，賞給一百駝，於明年正月內解送西寧。

一項，扼守邊口甚為重要。提督岳鍾琪領六千兵出松潘口，總兵官周瑛亦領一千兵進藏，此二處關口不可不予堅守。目下副將張成龍〔註35〕領兵五百守巴塘。裡塘現有兵二百，又調四川撫標營兵三百增守裡塘，令署理松潘總兵官

〔註32〕《清代職官年表》布政使年表雍正二年作甘肅布政使傅德，即此人。
〔註33〕今新疆巴里坤縣。
〔註34〕原文如此，似乎應為涼州之誤譯。
〔註35〕《四川通志》卷三十二頁五十六作化林營副將張成隆。

事務之副將張英〔註36〕領其所屬一千兵丁及適保舉之副都統黑色〔註37〕領成都滿洲兵五百，於明年二月出松潘口，於黃勝關駐紮，以揚軍威，至察木多〔註38〕乃進藏要道，近距雲南，若調雲南之兵二千，由提督郝玉麟率領駐紮察木多揚威，則羅卜藏丹津等斷不敢前往巴爾喀木等處。

　　以上五項皆臣綜合此地之勢所言，伏乞皇上交議政王大臣等議行。其中調兵之事若候議再行恐致遲誤，故臣一面具奏，一面行文各處。唯西寧至雲南甚遠，察木多調雲南二千兵駐紮之事請由議政處議定後自京城即咨行之，為此謹奏請旨等情〔註39〕。於雍正元年十一月二十二日交散秩大臣都統拉錫〔註40〕轉奏。奉旨，著總理事務王大臣，議政大臣會議具奏，欽此欽遵。

　　臣等會議得，據撫遠大將軍年羹堯條奏於進剿各處所備兵馬，堅固邊口，足備糧秣二項看得，大將軍年羹堯調遣籌定甚為周詳，其既已行交各處，勿庸另議外。又奏一項，兵之馬駝甚為重要，陝西比年收成欠豐，草料難得，馬匹羸瘦，現臣動用錢糧買馬，唯得千匹，甚不敷用。請令在歸化城、張家口採買，或將太僕寺商都達布遜諾爾孳牧馬匹解選三千等語。兵戈之地用馬甚要，其所請馬數外再增一千匹，共解送四千匹。該四千匹馬，於京城八旗拴養之官馬內，挑選臕肥體壯（硃批：十歲以下，六歲以上）者二千匹，派署理侍郎事務之郎中恆德、參領多索里解送，派乾清門三等侍衛莫爾渾、藍翎侍衛達爾瑪隨馬群前往，派遣牧長、牧副八人、牧丁五十六人趕送馬群。茲於冬季前往，其整理衣服之銀，賞侍衛各二十兩，牧長、牧副、牧丁各十兩，發三個月行糧，准乘官馬前往。其官馬，侍衛每人各給五匹，牧長各四匹，牧副各三匹，牧丁各二匹。該二千匹馬沿途及至殺虎口，每馬日撥草一束、料二升，令小心妥善餵養。另派侍郎阿錫鼐〔註41〕解送太僕寺牧馬一千、商都達布遜諾爾之馬一千。於此派護軍參領喀拉〔註42〕、厄魯特（馬旺帶）侍衛杜蘭隨馬群前往。商都達布遜諾爾牧場總管福壽現既在京城，故令福壽與喀拉、杜蘭一同，茲今即乘驛返回牧場，於牧場馬匹內挑選臕肥體壯，六歲以上九歲以下之騸馬，交付侍郎阿錫

〔註36〕《四川通志》卷三十二頁四十七作永寧協副將張瑛。
〔註37〕《欽定八旗通志》卷三百二十三作成都副都統赫塞
〔註38〕今西藏昌都縣。
〔註39〕原文作「等請」，輯者改為「等情」。
〔註40〕《欽定八旗通志》卷三百二十一作滿洲正白旗都統拉錫。《欽定八旗通志》卷一八六有傳，曾與學士舒蘭往窮黃河源。
〔註41〕《清代職官年表》部院滿侍郎年表作刑部左侍郎阿錫鼐。
〔註42〕本書本部分第三號文檔作方喀拉。

鼐等趕送。其牧長、牧副、牧丁亦比照京城之例共派六十四人，撥給驛馬乾糧起程前往，該等之人所賞各十兩銀，三個月行糧，由此處計足，自戶部支領，交付去臣置辦。從此處所派臣等侍衛馳驛到達牧場後，解送馬匹時，勿再乘驛，由牧場撥辦馬匹騎乘前去。護軍參領喀拉，侍衛杜蘭所賞各二十兩銀，三個月行糧由此處撥給。該項馬匹令阿錫鼐等沿路於水草豐茂之處牧放，加緊餵養，於十二月內趕至寧夏，向大將軍年羹堯所遣牧馬官員交清後，該送馬之臣等侍衛返回。此次解送之京城八旗二千匹官馬，若以商都達布遜諾爾太僕寺等牧場馬匹頂充，目下好馬已挑選二千解送，馬內恐怕難得好馬，況沿途餵養，亦頗費銀兩。若以每匹馬十三兩銀折給各佐領上緊採買，共需銀二萬六千兩。所費不甚為多且易餵養，且有需用，可無貽誤，於之兵丁亦為有益。至進兵馱米駱駝一事，大將軍皆已準備，勿庸另議。又奏一項，滅賊火器甚為重要，臣先前所造炮槍堪足以用，唯原有火藥不可用，本年所造火藥經此數戰所剩無幾，現造來之不及，請將景山所造火藥，每駝以一百八十觔計算，賞給一百駝，於明年正月內解送西寧等語。查得，工部新製火藥九萬餘觔，火藥乃兵備之要。年羹堯所請之數再增一倍，將三萬六千觔藥雇騾二百駄送。解送此項火藥時，於部衙門內選派賢能章京二人於十二月起程，正月內送到西寧。又奏一項，察木多乃進藏要道，近距雲南，若調雲南之兵二千，由提督郝玉麟率領駐紮察木多揚威，則羅卜藏丹津等斷不敢前往巴爾喀木等處。西寧距雲南甚遠，調雲南二千兵駐紮察木多之事請由議政處議定後自京城即咨行之等語。查得，前令雲南提督郝玉麟所屬各營酌情調遣，郝玉麟親率兵馬坐鎮中甸〔註43〕，堅固地方。羅卜藏丹津所遣阿齊圖寨桑等若與番子勾結，則相機剿除。今大將軍年羹堯既言調雲南兵二千，由提督郝玉麟率領駐紮察木多揚威，賊斷不敢前往巴爾喀木路，則宜馳行提督郝玉麟，率其屬下二千兵馬進駐察木多。至察木多後協助去藏之周瑛，或裡塘、巴塘等處有事，相機而行之處，視大將軍年羹堯調遣而行，該兵馬起程，其官兵之器械、馬匹牲口、帳房鍋灶，衣服口米乾糧等一應之事，由督撫等即動正項錢糧辦理，以使堅固整齊（硃批：視妥當從速辦理）遂令啟程，郝玉麟既調察木多，中甸之地亦甚重要，該提督之缺（硃批：總督高其倬）於總兵官內擇一優者領兵五百駐防中甸等因，為此謹奏，請旨。

雍正元年十一月二十三日

議政大臣和碩裕親王臣保泰

〔註43〕今雲南省香格里拉縣。

總理事務和碩廉親王臣允祿

總理事務和碩怡親王臣允祥

議致大臣多羅果郡王臣允禮

總理事務大學士伯臣馬齊

總理事務吏部尚書舅舅公臣隆科多

協理總務多羅貝勒臣阿布蘭

協理總務領侍衛內大臣公臣馬爾賽

議政大臣管理正白滿洲蒙古漢軍三旗事務宗人府左宗正多羅貝勒臣滿都呼

議政大臣火器營總統大臣世子臣弘昇

議政大臣都統宗人府右宗正公臣德普

議政大臣領侍衛內大臣公臣鄂倫岱

議政大臣委署領侍衛內大臣都統臣馬爾薩

議政大臣戶部尚書兼理大學士事務之臣徐元夢

議政大臣兵部尚書臣遜柱

議政大臣尚書臣盧詢

議政大臣刑部尚書臣宗室佛格

議政大臣都察院左都御史臣尹泰

理藩院尚書且理侍郎事務之臣特古忒

辦理部務散秩大臣都統臣拉錫

兵部右侍郎臣牛鈕

郎中且辦理藩院事務之臣恆德

硃批：依議，速行。

〔10〕散秩大臣都統圖拉奏請赴年羹堯軍前効力摺（雍正元年十一月二十九日）[3]-969

將軍參議散秩大臣都統臣圖拉〔註44〕謹奏，為祈請効力事。

蒙聖祖軫念臣之先輩，將臣於沖齡少年既補為散秩大臣。又補為不堪其任之都統，此次前來軍前又授以參議，如此高厚之恩，誠難酬答，茲初承天旨，理應捨身報効，臣自來營中竟未効力。目下烏蘭固木雖位及邊陲，但敵人尚遠。

〔註44〕應為正黃旗蒙古都統圖拉，《欽定八旗通志》卷三百二十四作正黃旗蒙古都統拉圖，疑誤。

適接兵部咨開，奉旨，撫遠大將軍太保公年羹堯於明年三月派大軍進剿青海羅卜藏丹津，欽此欽遵。臣祈請於臣處兵丁內擇選百名馳赴大將軍處，聽命調遣，臣仰答重恩，誠意前往効力，叩乞明鑒，准臣所請，為此謹奏。

雍正元年十一月二十九日

硃批：西事已成定局，去亦來不及矣，爾等平常之人去亦無用，此奏多餘。

〔11〕副將軍阿喇衲奏報遵大將軍年羹堯箚令改赴布隆吉爾摺（雍正元年十二月初八日）[3]-1002

副將軍散秩大臣阿喇衲謹奏，為奏聞事。

臣前將領兵於十一月十五日自木壘起程，二十五日到達巴里坤，停留二日，領取糧草，於二十八日自巴里坤起程之處業已奏聞訖。十二月初七日於哈密迤裏之西拉胡魯蘇地方接奉硃諭。臣恭謹祗領開閱，仰見聖主洞鑒噶斯路途遙遠，冬季馬匹掉膘，必趕不及，欽此。所諭聖明（硃批：爾使朕慰悅，朕之此旨爾閱後想必亦甚暢悅也），是日又接據撫遠大將軍太保公年羹堯箚付內開，前我曾交令爾領兵來柴達木，茲天寒噶斯路皆為不毛之地，且青海叛賊騷擾布隆吉爾等地，故此文到何處，爾即親率兵馬或由哈密，或由伊孫察罕祁老圖〔註45〕路就近馳赴布隆吉爾，至彼之後，參將孫繼宗之兵一併歸爾統領，相機剿滅叛賊，不可齟齬掣肘，為此箚之等情前來。臣遵照聖旨及大將軍年羹堯箚令，領兵於初八日自西拉胡魯蘇起程前往布隆吉爾。到後欽遵聖旨外，再照大將軍年羹堯交令而行。故謹將硃批摺子加封，與奏聞之摺一併包裹夾板具奏外，謹將臣領兵前往布隆吉爾之事具奏以聞。

雍正元年十二月初八日

硃批：覽摺甚悅，如解除了一塊心病那麼暢快。孫繼宗人頗可也，此次殊為効力，當尊重之，凡事爾等當和睦商議而行。

〔12〕黑龍江副都統鄂三奏請自願至年羹堯軍前効力事摺（雍正二年正月初四日）[3]-1090

副都統臣鄂三〔註46〕遙奏，為請准効力事。

竊臣自五歲起即承襲臣父巴圖魯鄂泰之拜他喇布勒哈番銜，後來連續授

〔註45〕《欽定西域同文志》卷十四頁二十二載，伊遜察罕齊老圖，蒙古語伊遜九數也，察罕白色也，齊老圖有白石處，地有白石凡九，故名。

〔註46〕《欽定八旗通志》卷三百三十一作黑龍江副都統鄂三。

任以侍衛、護軍參領、步軍翼尉，又從優擢補為黑龍江副都統，對如是之隆恩實難報効。此次來軍中，雖曾三次進擊，但自此之後閒居三年，無所効力。雍正元年十二月三十日將軍祁里德〔註47〕閱兵回來時帶回兵部咨文內稱，奉旨，撫遠大將軍太保公年羹堯於來年三月率大軍征剿青海羅卜藏丹津等，欽此。奉此，臣願從所轄黑龍江一千一百六十名兵丁中精選二百兵，輕騎直赴大將軍麾下効力。臣以臣之年力，真誠報効於皇上隆恩，叩乞睿鑒施行，為此謹奏。

雍正二年正月初四日

硃批：舉國誰人不思効力，所奏多餘了。

〔13〕郎中恆德等奏報將馬匹已送交寧夏年羹堯處事摺（雍正二年正月初四日）[3]-1091

送馬寧夏辦理侍郎事務郎中恆德、員外郎兼參領多索里等謹奏，為奏聞事。

竊奴才等欽奉上諭，驅趕馬群沿途謹慎看護，共行一月，於十二月二十八日抵達寧夏，叨蒙聖主鴻福，沿途不曾遇有一日風雪，故而馬群平安，其中四五分臕馬有一千七百五十四，不及四分臕馬有二百五十匹，共計二千匹馬，已全數交與撫遠大將軍太保公年羹堯所派出收馬官員，即寧夏道員單疇書〔註48〕收訖，為此謹具奏聞。

雍正二年正月初四日

辦理侍郎事務郎中恆德

員外郎兼參領多索里

乾清門三等侍衛莫爾琿

藍翎達爾瑪

〔14〕副將軍阿喇衲奏報與大將軍年羹堯商酌而行摺（雍正二年正月二十六日）[3]-1154

臣阿喇衲謹奏，為奏聞事。

竊於雍正二年正月二十三日到來臣之摺子，於該摺子內奉有硃批諭旨，爾已以紓朕懷，爾閱朕此諭後，或許亦覺得甚為舒暢，欽此。臣為極愚之人，所

〔註47〕《平定準噶爾方略》卷一頁十五作散秩大臣祁里德。《平定準噶爾方略》卷七頁十八作征西將軍祁里德。

〔註48〕《甘肅通志》卷二十八頁三十六作分巡寧夏道單疇書。

作所為，有是有非。正在悚惕之際，突又頒下鳳詔。臣見此之後，不僅舒暢，而且忭歡之餘，不知所措。再凡為大小事宜，臣均加報聞撫遠大將軍太保公年羹堯之後，即照指示而行。今又謹記皇上惠教恩旨，按照大將軍指示而行。臣見到皇上惠教恩旨之後，忭歡之餘，不知如何具奏為好，是以謹具奏聞。

雍正二年正月二十六日

硃批：甚是，倘若能誠心實意遵照而行，纔可於事有益。

〔15〕護軍統領訥親奏報查訪巡撫蔡珽及川省鉛礦事摺（雍正二年二月十三日）[3]-1212

護軍統領奴才訥親〔註49〕謹密奏，為奏聞事。

奴才欽奉聖主訓諭來至四川，以訓練滿洲兵。此外又暗中詳細訪查巡撫、布政使之居官及地方上應奏之事，則言巡撫蔡珽為人詭譎，好猜疑，對地方百姓雖無攤徵之項，但在背地裡向屬下官員索疵等語（硃批：蔡珽將二知府自殺事隱而瞞朕之處，爾不行具奏者，甚負於朕，再，蔡珽給爾五千兩銀，爾不該收受）。此等隱秘之事，由於奴才來此不久，不甚明白知道何人收受，送去多少等之事。至於布政使羅殷泰，則言僅收取其應得之火耗（硃批：秤兌甚高），居官〔註50〕為好等語。又，四川之米每年出省至他省賣者甚多，聞得此項所賣之米，自去年以來由夔州府知府程如泗〔註51〕每石收取一錢二分稅銀，以給巡撫等語。再，蔡珽奏稱四川省無白鉛，是以戶部咨文到來之後，奴才等遵照部文，即令各該地嚴行告示，若有知曉白鉛產地而欲開挖者，可以前來報請等因普遍咨行。至今已有月餘，並無有人呈文，究其原因，已由蔡珽奏報並無白鉛，雖有產地，而地方官員懼怕於巡撫，亦不陳報。是以經過私下訪問得，獲悉在灌縣所屬大牌石地方產白鉛，即派商人陳衛賢、郭岳丹，及我家人前去開挖試煉，已得一觔白鉛帶來，現將所得白鉛並奏摺一起呈覽。奴才等又經冶煉，所得甚少。除此地之外，又查訪白鉛產地之後，欲另行奏聞，現將奴才所聞所知之處，謹密奏聞於皇上。

雍正二年二月十三日

硃批：此事所行可嘉，爾等雖不如此而行，反而暗中破壞或阻礙，即行參奏。再，蔡珽所得米稅等項數目，要妥為留心查訪記住，爾若洩露於人知曉，

〔註49〕《欽定八旗通志》卷三百十八內大臣年表雍正三年作護軍統領那親，六月革。
〔註50〕原文作「居高」，輯者改為「居官」。
〔註51〕《四川通志》卷三十一頁五十八作夔州府知府程如絲。

則可想想朕之耳目，其患不輕，謹密之。鉛之一事若有成，即行具本題奏。

〔16〕平逆將軍延信等奏賀年羹堯等剿滅青海羅卜藏丹津摺 （雍正二年三月二十九日）[3]-1340

平逆將軍兼鎮守西安等處地方將軍多羅貝勒臣延信等謹奏，為奏賀大喜事。

兵部咨稱，大將軍太保公年羹堯奏報，已大敗青海逆賊羅卜藏丹津等人，又拏獲其母阿勒台可敦，以及協從之貝勒台吉八人，並收伊等屬下所有人員。在喜報上奉有硃筆諭旨曰，大將軍年羹堯所奏喜報已到，可抄送爾等，此報已到全軍營必歡騰，如何曉諭眾人，如何佈告各省著議奏，欽此。欽遵議後，擬照抄大將軍年羹堯之奏摺後，以佈告各路將軍、天下各省等因具奏，奉旨，好，著照行，欽此欽遵，為此咨行等因，於三月二十五日到。臣等即行佈告於所有官兵乃至百姓，而聞此者無不歡騰，無不暢快。臣等伏思青海人皆蒙我國殊恩者極為年久，聖主又施隆恩，為青海之王貝勒貝子公台吉等均加職銜俸祿。由於賊人福祚殆盡理當消亡，故負聖恩而背叛。聖主經過深思熟慮，認為萬難以仁招撫羅卜藏丹津，故而施以天討，並授太保公年羹堯為大將軍，調至西寧防範。其間羅卜藏丹津等人率領所有賊夥分兵三路進犯西寧所屬鎮海堡等地。而我大將軍年羹堯三次擊敗，並加大殺。大將軍年羹堯認為機不可失，理當乘機進討等因具奏。聖主即經洞鑒，授提督岳鍾琪為奮威將軍，令出邊塞，尾追賊眾，將其賊首拏獲者拏獲之，招降者招降之，其不降者俱行殺之。羅卜藏丹津窮極只帶五六人逃跑，看來死數已到。大將軍年羹堯在十五天之間剿滅青海賊，以奏膚功，此皆仰賴聖主之天威鴻猷，以及事先教誨而為之。從此不僅沿邊軍民安居樂業，而且策妄阿喇布坦並絕域之人亦聞此而喪膽，為此臣等不勝忭歡奏賀。

雍正二年三月二十九日

平逆將軍兼鎮守西安等處地方將軍多羅貝勒臣延信

都統宗室褚宗〔註52〕

散秩大臣臣拉新〔註53〕

護軍統領臣五十八〔註54〕

〔註52〕《欽定八旗通志》卷三百三十一作歸化城都統楚宗。

〔註53〕待考。

〔註54〕《欽定八旗通志》卷三百十八作護軍統領吳什拔。《平定準噶爾方略》卷五頁二十六作護軍統領吳世巴。

副都統臣花色〔註55〕

副都統臣查克旦〔註56〕

硃批：爾等無奈而照例具奏，朕已笑覽，此為爾等一同所辦之事，爾等先聞此之後具奏於朕，知道了，共賀大禧。

〔17〕禮部尚書塞爾圖奏請重審重慶知府江興仁案件摺（雍正二年六月二十日）[3]-1546

禮部尚書署理四川巡撫印務臣塞爾圖謹奏，為欽遵上諭事。

竊臣奉照核查重慶府知府江興仁〔註57〕死因之諭旨，一面咨行重慶府押人外，一面核查司道所審原案，本案原審理時始終未曾驗屍。凡人命案件必先驗傷，以斷定其被害或為自殺，而後再究其因。今不驗屍，僅以家人之言為憑則為不妥，且江興仁家人謝征吉親筆供稱，去年九月小的主人去省城時因巡撫連罵小的主人父母，又二次發下牌文加以辱責，故而小的主人極為憤恨，於十二月初十日夜手持佩刀破肚，倒地時地板震響，小的聞聲即行奔至，只見腸子出來，手中仍持有刀，與小的們說話，此皆實情。倘若小的妄言，何不言為巡撫索取我主人之銀兩若干乎。辱罵雖無憑證，但今有牌文二張等語。臣查謝征吉口供，蔡斑並無索逼江興仁銀兩之情，若因辱罵其父母，咨文辱責而導致自殺，何不辱罵之當時在成都自殺，而時隔兩月之後於重慶自殺。再該所咨二張牌文，皆於去年十一月十五日以後咨行到重慶，而經二十餘日之後江興仁方自殺。由此觀之，若謂蔡斑氣怒而失於臣道則尚可，若因辱罵而導致江興仁自殺事則可疑。誠因江興仁遭辱罵而自殺，謝征吉理應一面報官驗屍，一面訴訟該衙門，然伊反而隱瞞事情，前往西寧報其主人之子，以至於屍首腐爛，豈有此理。其中若謝征吉隱瞞，謝征吉必有緣故。若報官而該官隱瞞，則該官有別情。若謂夜間地板震響，謝征吉奔至，屋中豈能未有一人。再醫師董耀林在原審時未供，後傳其前來時又借病未來成都。經歷朱世恩乃知府衙門之專設官員，知府忽然病故，報知伊時，伊應親往驗看呈報，豈有不行驗看而呈報之理。當巡撫聞此後責令核查時，朱世恩並不復呈實情，以此觀之不可謂無隱情。欽惟聖主大小事宜無不詳察以求其理，且對此命案更為重視。臣仰蒙聖主之鴻恩，豈

〔註55〕《欽定八旗通志》卷三百二十四作蒙古鑲黃旗副都統花色。

〔註56〕《欽定八旗通志》卷三百二十四作蒙古鑲藍旗都統查克丹，雍正二年十一月任，疑即此人。

〔註57〕《四川通志》卷三十一頁二十七作重慶府知府蔣興仁。

敢因循欽命案件，又何敢濫用刑名。唯此案內疑點頗多，臣應究其緣因，明白其事，倘有用刑之處，即行刑訊之，為此先行奏聞。

雍正二年六月二十日

硃批：此案爾欲改斷亦好，但務必忠正無私為好。若殺人滅口，為蔡斑報仇，必將不留活口，爾則難辦矣。何況蔡斑並非動手殺江興仁，乃因巡撫致斃而已，不致於償命。今其僕憐其主冤屈致死，故而具告。若問罪於其人，而前因允禵威逼而自殺，爾之家人亦必不敢言冤屈矣。為臣者宜忠正，不可以朋友之道而巧弄國法，此事多加謹慎，惜哉朕恩。

〔18〕山西巡撫諾岷奏報迎接年羹堯並視察黃河等情形摺（雍正二年十月初二日）[3]-1728

山西巡撫臣諾岷謹奏，為奏聞事。

切臣所奏摺子奉御批，年羹堯成就大功，今將來京城見朕，除由部傳諭外，爾盡力備辦，務令體面經過爾境，欽此欽遵。除在地方照常備辦外，臣特遣員迎於境，每宿隨之備辦。臣親視河畢，返還時迎候於靈石縣義堂橋地方。看年羹堯形象，感激皇上恩重，亦喜悅臣等接待。對臣曰，嗣後兩省事務不恰當有應更改之處，則彼此寄信啟發等因約定。再臣詳視汾河，難以築堤建閘，今堵決口以防汛被沖者甚為緊要。自黃河口至絳州向來行船，至於自絳州又徃西引水之處（硃批：此事甚為緊要，惟恐只是圖利而釀成禍，引水之事並非不經詳細籌畫而輕舉之事，著加詳察後再行）容臣折算後一併繕寫漢字摺子另行具奏外，臣將返還後前徃察邊，為此謹奏以聞。

雍正二年十月初二日

硃批：知道了。

〔19〕西安將軍延信奏請萬安摺（雍正二年十二月十二日）[3]-1817

臣延信謹跪請聖主萬安。

雍正二年十二月十二日

硃批：朕躬頗安，爾可好。朕將遣爾回爾任所西安，將爾所奏允禵之事朕已發徃年羹堯，爾到西安後年羹堯將親口問。又奎輝〔註58〕之事年羹堯面奏朕曰，奎輝所有之物爾盡取之等語。朕言爾未必如此行動之人，伊稱爾性格貪婪

〔註58〕常寫作揆惠，為延信之兄貝勒延綬之子。

好色，諸事皆有爾一名隨人，朕已誌其名，皆聽其言而行。請皇上頒旨，諭延信給奎輝一生所等語。對此，朕言不能寄頒諭旨，爾抵達後順便口諭等情。年羹堯起行後，據聞奎輝到處說大話，言年公若為我而行，則皇上無奈順從耳等語。是以朕遣之性允裪處，亦寄信年羹堯勿與爾說之，對奎輝之此段旨意，爾可裝作不知，會年羹堯後亦勿提起，可言奎輝之事，命爾口述與我，只問什麼話而已矣。又年羹堯斷不會以爾不可做西安將軍，皆帶去數名甚為卑賤者等因具奏。朕所以遣爾去者，其意頗深，此次朕遣爾去，年羹堯必甚恐懼，著爾知而留意之，將此皆甚密之，不可令再一人知曉。奎輝不可絲毫幫助，甚密之。爾亦趕緊起程，勿令知覺，多加留意，特諭。

〔20〕吏部尚書隆科多等奏報遵旨傳問蔡珽緣由摺（雍正三年正月二十六日）[3]-1895

吏部謹奏，為奏聞事。

雍正二年十二月初八日，由臣部將十一月月官帶領引見，奉旨，劉尚堅〔註59〕係原知府劉天闊〔註60〕之子，蔡珽參劉天闊貪污後，年羹堯又審明無涉，蔡珽為巡撫後參年羹堯薦舉之人，今王景灝為巡撫後復參蔡珽薦舉之人，若如此不據優劣之實而論，挾私參劾，則朕之官員剩餘幾人，大失封疆首輔之道矣，俟蔡珽到來著問伊，如果將劉天闊審之不公，其蔡珽陳之，若蔡珽所參不實應將蔡珽議處，劉尚堅為人甚劣，著暫行罷免，欽此欽遵。今蔡珽抵京，臣等遵旨召來，詢據蔡珽供稱，因劉天闊居官惡劣我將伊參劾，後總督年羹堯審之，將伊擬以杖徒，援赦免罪，僅將貪污銀兩催取入官，此即總督年羹堯所審者，並非無罪之人。再，王景灝前參知府一員，知縣一員甚是，並非我薦舉之人等語，為此謹具奏聞。

雍正三年正月二十六日

太保吏部尚書兼理藩院事務公國舅臣隆科多

左侍郎臣查郎阿

經筵講官左侍郎兼翰林院學士加一級臣史貽直

右侍郎加二級紀錄十二次臣沈近思

硃批：知道了，著照例治罪。

〔註59〕《四川通志》卷三十一頁五十四有慶符縣知縣劉尚儉，即此人。
〔註60〕《四川通志》卷三十一頁五十八作夔州府知府劉天觀。

〔21〕都統褚宗奏報遵旨監督允禵事（雍正三年二月初十日）
[3]-1915

都統臣宗室褚宗謹奏，為奏聞事。

褚宗遵奉前降諭旨，於本年二月初六日自甘州往京城進發，初九日於永昌下榻，接准兵部咨文內稱，為欽奉上諭事，內閣交付，於雍正三年正月二十九日著大學士馬齊、嵩祝、協辦大學士事務尚書徐元夢、大學士白潢奉旨，貝子允禵，貌似忠良，心懷不軌，伊並不管束下屬人等，任意放縱，為害百姓地方。朕原擬派褚宗來京，今罷來京，前往貝子允禵處，嚴加管束允禵屬下人等，允禵若作亂當即制止，若不聽則參奏。褚宗若不嚴加管束，允禵及屬下人倘有為害百姓地方之事，將褚宗一併治罪。再者派褚宗並非伊有過錯而派，特為此等事而派也，欽此欽遵，為此咨文等因。卑職褚宗欽遵諭旨，於十日即出發往貝子允禵駐所。欽惟褚宗原本愚鈍，承蒙聖主隆恩，雖在夢中，惟念聖主，無論何人，聖主稔知，卑職褚宗何所効力，今抵至後盡力嚴管彼處所有人等，若有不從，當即參奏以外，倘稍有異常事故，褚宗一面奏聞，一面酌情辦理。再者派卑職褚宗往軍中時，經奏准卑職長子英德、三子英林在軍中見習効力等因，攜往軍中，康熙五十八年為入征藏地，卑職褚宗乘驛前往京城，聖祖仁皇帝施恩將英德由上駟院侍衛攜來，英林照常隨來軍地，今允禵駐地英林雖無應効力之處，唯卑職褚宗叩請聖主明鑒，將英林仍留褚宗處，為此謹奏。

雍正三年二月初十日

硃批：將英林留於爾處，與允禵有關之事則一面酌情辦理，屬下之人由爾處置。爾與爾子朕熟悉，先前朕甚信賴年羹堯，朕今稍有懷疑，將允禵派駐西寧乃國家之要事，信任爾，爾勤慎留心効力，爾若有密奏之要事，送交西寧岳鍾琪處，乘伊奏事之匣送來，慎密。

〔22〕都統褚宗奏請聖安摺（雍正三年二月十八日）[3]-1923

都統臣宗室褚宗謹叩請聖主萬安。

雍正三年二月十八日

硃批：朕躬甚安，所奏允禵之事甚知大理大義，殊堪嘉獎，此方稱不辱宗室為首大臣也。朕重視爾，凡所奏惟圖盡忠，絲毫不可隱瞞，亦不可編造，惟據實具奏。伊屬下人不懼不憂，是何緣故，伊內心甚糊塗，可厭。再此地兵丁朕皆交付年羹堯，官兵皆派可靠之人，為伊耳目，據伊看來，允禵賄結本地官兵，收買

人心，與伊下屬通好乎，各懷異心，允禔疑而視為外人乎，允禔在此地駐三年，有否收買地方軍民，施小恩小惠之事，從容查明訪實具奏，矢勤矢慎。

〔23〕理藩院侍郎鄂賴奏報年羹堯病情事摺（雍正三年三月初三日）[3]-1941

理藩院侍郎臣鄂賴謹奏，為密奏聞事。

卑臣鄂賴欽奉上諭，於二月十六日自京城啟程，本月三十日抵達西安，大將軍年羹堯因病在伊衙門迎接，請聖主安，鄂賴將聖旨密諭年羹堯，將與年羹堯所商諸事詳盡曉諭之後，年羹堯伏地泣訴，奴才不可與他人相比，仰蒙聖主逾格施鴻恩，奴才理應格外勤奮効力，此間卑臣過失，又經聖主教訓，為保全奴才之身詳加開導，奴才無言以奏，嗣後惟欽遵悛改前非，竭誠盡心効力等語。卑職鄂賴看得年羹堯顏面較前清瘦，氣甚虛弱，經詢問其故，答曰不能吃飯，心慌頭昏，已患病二十餘日矣。卑職鄂賴與年羹堯會見後亦詳議將聖主交付撤退之藏軍駐守察木多，將青海人編牛彔，施恩賞賜等事項另繕摺具奏外，將密諭年羹堯之旨及各事項年羹堯另奏。卑職鄂賴於三月初六日由西安啟程前往西寧，謹此密奏聞。

雍正三年三月初三日

硃批：知道了，年羹堯先托范時捷具奏稱伊病，爾此奏朕無信處，況且年羹堯斷非氣虛之人，由此看來，爾聞年羹堯之言具奏於朕，否則伊如此寫欺騙爾，朕知矣。

〔24〕西安將軍延信奏報與年羹堯會見交談情況事摺（雍正三年三月初四日）[3]-1947

臣延信恭謹密奏，為奏聞事。

臣遵旨於二月二十九日抵達西安接任事，年羹堯因稱病延信前往探望，開談間卑臣延信詢問年羹堯云，我兒奎惠[註61]奉旨將爾口告於我一事，今有何言等語。年羹堯告稱，曾有一事後奉旨又稱罷了。對此卑臣延信問曾有何言，年羹堯告稱曾有一言，並非要事，我已忘了等語。繼之年羹堯問我，允禵會見爾，向爾說一不當之辭，卑臣即問允禵對我說什麼不當之辭了，年羹堯說曾有一言爾忘了嗎。卑臣延信見允禵後只是哭問皇父患何病，此事作夢亦未料到，

―――――――――――

〔註61〕常寫作揆惠，為延信之兄貝勒延綬之子。

此外並未向我說不當之辭。對此年羹堯說爾大概忘了吧，爾告我，允禵見爾後曾說，我這兩條腿又向伊下跪嗎，這話大約是允禵向查克旦說的，年羹堯又對卑臣延信說，此地並無將軍之任，生計窘迫，我今年不能輔佐阿哥，來年輔佐等語。卑臣延信說，爾毋須輔佐我，我今蒙聖主鴻恩封為貝勒，一年僅俸祿就有二千五百兩，我又分得父王有遺產，我父王之家產一年共得銀七千七百餘兩。我寫信給我嫂稱，分給我一份，故卑臣竊思，我嫂守寡，身無親子，可否與奎惠在一起生活，田莊菜園租房，一年共得一千五百餘兩銀，我嫂老了以後這份仍給我兒奎惠等因，均記載在分家契約上。我兒奎惠捎口信稱，我一日有五兩銀子，飲食三兩，穿用二兩，再八名披甲給我穿靴襪，我足夠用了等語。我兒奎惠，曾為公爵之人，一日謀得五兩銀，一年一千八百兩，給兄長上墳及穿用豐裕。我對奎惠言，田莊菜園租房一年共應得銀二千四百餘兩，給披甲二十人，此二十披甲食米取錢糧用之豐厚。再奎惠之三弟早經分家，皆我兄之子，到我處不多給，我心過意不去。我將得二百兩租銀之村莊每人各給一兩，以豐足生活。分與我份內三千一百餘兩銀內，我之三位老年福晉小媽每人各給衣服銀一百兩，再一位老年格格衣服銀四十兩，四人一年飲食燃料雜項用銀三百六十兩。再祭我之祖王〔註62〕、父王〔註63〕之墳、科爾沁親戚〔註64〕客人到來支給吃用等項銀五百兩。此五項，共需用銀一千二百兩，銷算後，我分得之銀僅餘一千九百兩，我本係貧困之人，蒙聖主鴻恩以貝勒俸祿銀二千五百兩，及分得之銀一千九百餘兩，一年夠我豐裕生活。說完又稍坐片刻，說幾句閑言碎語，卑臣延信即返回衙門，為此延信我將所說之言，年羹堯之問話，恭謹密奏。

雍正三年三月初四日

硃批：知道了。

〔25〕都統褚宗奏報密查允禟收買人心事摺（雍正三年三月十一日）[3]-1958

都統臣宗室褚宗謹奏，為密奏事。

〔註62〕延信為皇太極曾孫，肅武親王豪格之孫，父猛峨多羅溫郡王，延信為猛峨第三子，故祖王指肅武親王豪格。

〔註63〕延信為皇太極曾孫，肅武親王豪格之孫，父猛峨多羅溫郡王，延信為猛峨第三子，故父王指多羅溫郡王猛峨。

〔註64〕延信父猛峨嫡妻為科爾沁部郡王奇塔特之女，奇塔特又尚皇太極第三女固倫端靖公主，故曰親戚。

　　卑臣褚宗至西大通之日，即從容誘問周圍商民，皆讚揚允禵乃仁慈之賢王，又誘問允禵施予爾等何恩，爾等何以得知允禵如此賢良。伊等曰，此處原無商人，我等皆各地之人，聽說王甚仁慈而前來貿易，一看果然奇妙，凡買東西不用講價，換取則給，無絲毫爭執，故我商人紛至沓來，緣由在此。由此看來，允禵專門用詭計騙取不明真相者之人心，故卑臣褚宗擬寫告示，於涼州莊浪西寧蘭州盡行張貼，而無一來訟告之人，卑臣暗地遣人查訪此等地方，眾人毫不掩飾，稱允禵好者多，說惡者無一人。聞此卑臣褚宗日夜苦思，允禵非尋常人可比，伊在邊陲用計收買人心，斷非國家之福。再遠地之人為何稱允禵賢良，豈有於眾施恩惠之處，褚宗試詢千總阿衛新，據伊告稱，卑職原為此地千總，於此地有馬兵二十步兵四十，西寧未遣員，馬兵五十步兵一百，對此等兵士，貝子賞銀二十兩，此外，再並無施恩處，不知此地人如此襃揚允禵者是何緣故。奉旨允禵之人勿出五十里外，欽此。此前，允禵之人常遣各處購買物品，由於卑臣均記檔冊，急忙取冊查看，允禵之人遣往各處，年月日時均有記載，觀此情，允禵每借機採購物品，若不巧言令色，遠方之人何以得知。此皆因聖主鴻福無疆，預先降旨嚴禁。再據記檔，雍正元年十月初六始至三年正月，年羹堯往允禵處行文十四次，加封原文咨復十一次，原文咨復三次，允禵往年羹堯處行文三次，年月日時均有記載，故封文檔存於臣處。觀允禵氣盛，毫不畏懼，其屬下人每日於允禵門前射鼓嬉戲，毫無驚恐狀，卑臣褚宗每念及此，無可奈何，只是憂心忡忡。聖主通鑒古今，凡事出之前即消除為善，況在西大通之官名有一名，兵士二百人。二月二十七日由西寧派總兵官黃喜林，步兵一百名，將先遣之馬兵五十、步兵一百換駐，官兵少而周圍所駐俱為土司、番子，無一關隘。卑臣褚宗在西部邊陲八年，稔知西地人性，好圖僥倖，不可見利，不顧臉面，亦不惜命，因多年遇軍務甚驚懼，聞聽憐憫之空話，紛紛傳揚結夥。此等情由，卑臣褚宗明知而具奏，令允禵離開邊陲，帶往京城囚禁，內外諸事辦竣，其主婦一年所費近萬兩錢糧亦可節餘。再卑臣褚宗今年整六十歲了，還能活多久，此等於國家無益無用之人，與其看守，不如趁伊年老以前，於聖主面前効力，若能報聖主隆恩於萬一，亦可不枉活人世，倘不向聖主奏陳實意，則蒼天不養，為此恭謹泣奏，伏乞聖主睿鑒。

　　雍正三年三月十一日

　　硃批：如此據實具奏，深為可嘉，惟爾如何看朕，朕若果真稍有疑懼伊等，正值大事之際，朕大事尚未定，毫無畏懼，朕尚不憂慮，果斷而行。惟議伊等

反叛之事不明耳，朕臨御後，伊等若能真心收服天下，朕實既喜且愧，推讓於伊等耳，朕並非懼怕賢良、仗恃威權、以勢壓人、依戀皇位之男子，伊等本係梁山反賊結夥，兜售小恩小惠，不識大理，不懂人道，牲畜一般卑鄙，得一絲人心而已。伊等污穢，何能成功，誰不知君父，不明大義，不懂忠孝，不聞聖人，伊等本係以財賂買、欺惑諂媚、叩請虛名之卑賤人，朕稔知，伊取當地人心，伊罪愈加深重，朕愈加正確。朕有取伊之日，眼下尚未至。爾惟勤奮一心一意效力，斷不被伊欺惑，勿失天地間之大義，不僅自身利害，萬代是非最為重要，戮力盡忠，聽聞諸事，朕或知之，勉之。

〔26〕都統褚宗奏報頌揚皇上將年羹堯調離西安事摺（雍正三年五月初二日）[3]-2018

奴才褚宗謹奏，為奏聞事。

雍正三年五月初一日聖主硃批諭旨到來，臣謹閱甚驚喜。內稱聖主仁皇帝稔知，將社稷太廟天下四海億萬年永固無疆之大業移交於朕，仰合天命，朕臨御以來以孝為本，忠心勤慎，不耽稍有安逸，靜坐養心殿中，日夜求是於天，萬事務必合理辦理等因。奴才褚宗聞後不勝喜悅，主上英明，無人不知，無不悅服，今西地俱歡忻，年羹堯不稍珍惜我生民之力，將衛所作為府縣，修漫長邊界之土牆，斑斑〔註65〕事端，特為伊久踞重任也。主子英明神聖，將年羹堯調離西安，拯救我億萬斯民，老少婦幼無不鼓掌歡慶。卑臣褚宗我不可與別人相比，乃聖主宗室，且蒙受隆恩之人，聽聞此等緣由亦不勝歡忻，喜不自禁，連同聖主硃批諭旨，一併謹奏。

雍正三年五月初二日

硃批：知道了，文筆甚劣，哂笑改後寄出。

〔27〕陝西布政使圖理琛奏繳硃批摺子摺（雍正三年五月十九日）[3]-2041

奴才圖理琛謹奏，為恭繳硃批諭旨事。

竊奴才請安奏報自廣東起程及奏陳始末之摺內所奉皇上硃批諭旨，於雍正三年五月十一日由奴才家人帶至陝西省渭南縣營地，奴才恭設香案，望闕叩頭，開閱批摺，除謹記聖訓明旨，竭盡效力外，謹將硃批諭旨繳奏。

雍正三年五月十九日

〔註65〕原文作「般般」，輯者改為「斑斑」。

硃批：知道了，竭力黽勉，毋辱沒滿洲臉面，毋忘爾自京起程時朕所諭之事，毋移廣東居官之志，夫利害者俱在於爾之自身，朕毫無成見在先，著甚勉之慎之。

〔28〕陝西巡撫圖理琛奏報到任交盤及庫存銀兩數目摺（雍正三年五月十九日）[3]-2042

奴才圖理琛謹奏，為奏聞事。

竊奴才於雍正三年五月十三日到達西安受任，據署理布政司事務之諾穆渾移送之檔內載，庫內現有正雜項錢糧九十四萬二千一百三十八兩九錢餘，收存入庫之廣善庫銀十二萬六千九百八十兩三錢等情。奴才與原署理布政司之諾穆渾一起將庫內所有銀兩全部拿出，經共同監視逐一秤兌盤點，現有銀數與移送檔冊相符。例定布政使交盤之時由督撫親自查庫，倘有短缺即行參奏，若數目相符則具結送部，前西安布政司庫銀因久欠〔註66〕之故，將原布政使薩睦哈參處。自此之後至署理布政司事務之諾穆渾止已換數任，伊等彼此雖有交接案冊及其印結，但原署理巡撫事務之總督年羹堯及前任巡撫石文焯均無照例具結送部之處，拖至此時，數年用銀至今尚未銷算。國帑關係重要，積年款項繁雜，務必逐款清查，方可得知其中有無情弊及帳目是否清楚。奴才除將歷年原檔文冊逐一核查確實，另行繕本具奏外，謹將現今查庫實存銀數繕摺奏聞，為此謹奏。

雍正三年五月十九日

硃批：知道了，此情石文焯已奏，朕特降諭旨，不限期限給爾時間徹底查清本末，不可瞻徇姑容，亦不可苛刻，唯持大理秉公辦理，一應情由俱如實奏來，不得有絲毫隱瞞。岳鍾琪並非尋常之人，凡事要一心一意和睦相商討教而行。岳鍾琪乃識大義者，想必決非是偏徇年羹堯而欺瞞朕之人，唯伊等一向交好，乃眾所周知之事，萬一礙於故交有掣肘姑息之處被爾發覺，則密摺具奏，不過要抓住事，須爾親見者也，毋擾奸惡小人誹謗之陳辭，不可聽信胡言亂語，竭力勉之，用心。

〔29〕翰林院侍講學士懷親奏參年羹堯不宣恩詔等事摺（雍正三年五月二十八日）[3]-2044

翰林院侍講學士臣懷親〔註67〕謹奏，為奏參事。

〔註66〕原文作「方欠」，輯者改為「久欠」。
〔註67〕《清代職官年表》內閣學士年表翰林院表未載。

聖主委奴才為內閣學士，隨大將軍印赴西寧，抵達西寧之後曾經兩次恩詔前來，而年羹堯率各官至城外跪迎，後引入衙署。例如有恩詔前來即行跪迎，恭設香案，率領百官跪讀聆聽，讀畢謄錄張貼於各府州縣村，佈告於兵民。而年羹堯將兩次恩詔不宣讀與百官，亦不佈告於各府州縣村，官兵百姓只知恩詔已達，但不知為何事，年羹堯不宣讀恩詔，亦不佈告於各府州縣村，實不知為何意，為此謹具奏參。

雍正三年五月二十八日

硃批：著年羹堯明白具奏。

〔30〕正紅滿洲旗都統蘇丹奏報年羹堯之過事摺（雍正三年六月二十日）[3]-2068

正紅滿洲旗都統奴才蘇丹〔註68〕謹奏，為奏聞事。

奴才蘇丹聞得，年羹堯住西安時，每逢出門令於街上鋪黃土，柵欄店鋪閉門，滿洲、步軍兵丁排列於兩側，而官員身著補服、佩帶腰刀、手執鞭子於街上督察。再則年羹堯皆用黃色包袱單包裹所穿衣物。其三，年羹堯為其第十子給穿四件補服，並效法主子之稱謂，該處官兵百姓皆稱呼伊子為爺。其四，此前將給皇上具奏之摺子俱放置於大堂，並穿禮服叩拜後送走。後來凡有事具奏，皆從伊之居室發送具奏。其五，年羹堯住西寧時無故革職筆帖式岱素〔註69〕，並加鎖禁，自西寧前來西安之前又釋放岱素，復用為筆帖式。年羹堯乃一極卑賤之人，然屢蒙皇恩，職任大將軍，受封為太保公，理應粉身碎骨亦加報効，但年羹堯辜負聖主隆恩，背離皇上，肆意欺瞞，為惡至極。奴才聞此之後若不奏聞於皇上可乎，為此謹具奏聞。

雍正三年六月二十日

硃批：著年羹堯明白具奏。

〔31〕陝西巡撫圖理琛奏報年羹堯在各省藏匿物品摺（雍正三年七月初二日）[3]-2077

奴才圖理琛謹奏，為奏聞事。

雍正三年六月十八日總督標下北營游擊隆右衍〔註70〕首告年羹堯家人

〔註68〕《欽定八旗通志》作素丹，卷一五一有傳。

〔註69〕本書第二部分第九十三號漢文摺《署川陝總督岳鍾琪奏遵旨辦理年羹堯離任諸事摺》（雍正三年六月初一日）作戴蘇。

〔註70〕《陝西通志》卷二十三頁五十二作督標後營游擊龍有印。

魏兒〔註71〕交伊存皮箱百餘銀四百兩等情。查畢加封,即報刑部,咨行岳鍾琪。裝奴才匣內之上諭雍正三年六月二十七日到來,岳鍾琪從奴才處取鑰匙去開之,將匣子、鑰匙俱已送回。奴才親帶副都統伊禮布〔註72〕往同看視畢,欽奉上諭事件,據訪問得,將現查獲年羹堯財物家口,相繼發送京城以及保定府、冀州、江南揚州、四川成都等地時,從西安雇乘騎、馱載驢、馱轎驢一千八百餘條。又送保定府、京城、湖廣襄陽等地時,從西安雇大車一百餘輛。又未及起送交付西安府知府趙世朗〔註73〕庋藏皮箱一百餘個、匣子一百餘個、包袱等物六十餘件,交付提塘王衛庋藏氈、毯、包袱、銅錫器皿、皮箱、團帳房、涼棚子,布帳房等物共一百八十餘項,又白蠟兩千餘觔,交付武生員張希凡藏團帳房、涼棚子,布帳房等物共七十項等情,各自舉報。又年羹堯家人洪氏交付慶陽營副將洪天祚〔註74〕之兄洪天覺收藏皮箱包袱等物十二件等情亦自己供認。除此之外,又有或無,容詳查確實後除會同總督岳鍾琪、副都統伊禮布另奏外,謹遵雍正三年七月初二日到來揭露年羹堯隱藏各省物件之刑部咨文,遍行各州縣,又將嚴行查之,今將已暴露查獲物大概數謹奏以聞。

雍正三年七月初二日

硃批:除公開嚴查外,再於各地密訪。

〔32〕都統觀音保等奏請廢黜年羹堯子年富等官爵事摺(雍正三年七月初四日)[3]-2080

正黃旗漢軍都統臣觀音保〔註75〕等謹奏,為請旨事。

據吏部來文內稱,雍正三年六月初七日奉旨,年羹堯之子年富、年興見父犯有許多大罪之後,毫無畏懼之色,誠其父親有冤屈,亦應代奏申明,若無冤屈,理應孜孜黽勉,以贖父罪,然不如此而為,到處代父打探信息,外露於怨恨之色,年富、年興素皆最劣,著加革職,交與其祖年遐齡,以便侍奉,若不悔改前非,必加正法,欽此欽遵,送到臣旗。查得年富係大理寺少卿,兼有一等男爵。年興係一等侍衛,兼有世管佐領。該項爵位佐領均係特恩賞賜與年羹

〔註71〕 本書第二部分第一五七號文檔漢文摺《西安副都統伊禮布奏報年羹堯抄沒私吞職員貲財摺》(雍正三年七月二十一日)作魏二。

〔註72〕 《欽定八旗通志》卷三百三十二作西安副都統覺羅伊禮布,時為雍正元年,三年表內無。

〔註73〕 《陝西通志》卷二十三頁二十五作西安府知府趙世朗。

〔註74〕 《甘肅通志》卷二十九頁二十五作慶陽協副將洪天祚。

〔註75〕 《欽定八旗通志》卷三百二十七漢軍鑲黃旗都統觀音保。

堯者，今年羹堯背負隆恩，犯有許多大罪，而年富、年興毫不畏懼悔改，亦不感戴皇恩，反而到處打探信息者委實不當，故均革職。查定例載，凡獲罪革職人員，若身兼世襲官、佐領等，由旗奏請聖旨等語。據此，臣等懇請廢黜年富所兼一等男爵，年興所管佐領，不准承襲世管。又查得年興所管佐領，原係許琳〔註 76〕、王超恩〔註 77〕、趙世郎〔註 78〕等三族人從他旗抬出後，與年羹堯族人及其家人一百七十丁合編為佐領。今將年羹堯之族人，或退回其原旗，或仍歸臣旗下金志玉佐領兼管。又許琳、王超恩、趙世郎等三族之人，或退回其原旗份佐領，或仍歸入於臣旗下男不足之公中佐領，臣等未敢擅便，為此謹奏請旨。

　　雍正三年七月初四日
　　都統臣觀音保
　　副都統臣岳興阿〔註 79〕
　　副都統兼兵部侍郎臣傅鼐
　　硃批：依議，年羹堯之族人仍歸入金志玉佐領，許琳等酌情歸入公中佐領。

〔33〕陝西巡撫圖理琛奏繳硃批摺（雍正三年七月初六日）
　　　　[3]-2083

　　奴才圖理琛謹奏，為恭繳硃批諭旨事。

　　竊奴才查西安布政使庫存銀數畢奏聞時，奉硃批諭，於雍正三年六月二十五日齎捧到，奴才恭設香案，望闕叩頭展讀訖，銘記聖主訓旨，除盡力勉為外，恭繳皇上硃批諭旨。

　　雍正三年七月初六日

　　硃批：朕授爾為巡撫，要勤勉努力，爾確係為獨用之人，並無一人來朕前保舉爾，務必成全朕之顏面，爾向稍氣盛好強，毫不讓人。朕頗尊重岳鍾琪，為人聰慧。爾務必和順辦事，盡力勤治陝西省弊政。倘爾等心稍不一，則不僅於事無益，而且亦違背朕意。凡人皆甚正直，朕實難保證。但朕之恩頗重，伊斷不違背。雖然如此，但人是不可預料，留心觀之。倘有弊端則即據實密奏，勿毫隱瞞，虔誠效力為好。若能顧面子不圖銀財，仰報朕恩，則亦奏來。

〔註 76〕《清代職官年表》按察使年表作江蘇按察使徐琳，雍正二年至五年任。
〔註 77〕《清代職官年表》巡撫年表雍正二年湖南巡撫為王朝恩，應即此人。
〔註 78〕《陝西通志》卷二十三頁二十五有西安府知府趙世朗，應即此人。
〔註 79〕《欽定八旗通志》卷三百二十七作漢軍鑲黃旗副都統岳興阿。

〔34〕杭州副都統傅森奏報年羹堯情形摺（雍正三年七月初六日）[3]-2085

杭州副都統臣傅森〔註80〕謹奏。

奴才於五月十三日自京師起程，六月十六日抵達杭州，署理將軍印務巡撫法海與副都統等率領滿洲、漢軍各官員出城迎接，叩請聖安。七月初二日年羹堯抵達杭州，奴才遵照皇上訓諭，與副都統前往城門迎接款待，年羹堯見奴才即問奴才亦否剛抵達，但並未請皇上身安。年羹堯就坐之後與我等閒談笑語，伊明知皇上洞悉其所有私弊，卻毫無懼色，故臣暫未傳旨，以觀察其動靜。當日法海起赴京師，年羹堯率領我等叩請聖安，法海起程之後傳旨與年羹堯，年羹堯並無所言。起來之後笑而曰，我不懂清語，爾寫一文於我，我可以具奏云云。奴才返回衙門之後遵照諭旨擬寫一文送給年羹堯。再迎接年羹堯時只有鹽院謝泗律〔註81〕，未見地方官員。經蘇巴立、烏利保於外面打聽得，年羹堯抵達之日協領等前去船埠迎接，而年羹堯下船後坐轎回府。次日奴才瀉肚，未見年羹堯。初四日奴才痊癒之後親往年羹堯衙門傳旨曰，浙江省甚要，而此將軍一職亦甚重要，皇上給爾施以如此重恩，如此器用，爾可問天，是否辜負聖恩等語。並向年羹堯問安，而伊未動，坐而還禮。年羹堯前來時所坐大船有六十餘隻，聞得其後尚有許多大小船隻，尚未探得確信（硃批：好為細加咨訪有無隱匿，不得有所被發覺）現有已經抵達男女四百餘口，奴才謹將所見所聞之事具摺奏聞。

雍正三年七月初六日

硃批：何謂造罪該死奴才，今朕亦無可奈何矣。

〔35〕兩江總督查弼納奏報年羹堯私藏木料並銀兩摺（雍正三年七月初九日）[3]-2090

江南江西總督臣查弼納〔註82〕謹奏，為奏聞事。

切准部咨稱，奉上諭，著嚴查年羹堯隱藏財物家產、代為收藏之案，令作速自首，欽此欽遵。臣即遍行各該地，繼據江安糧道馬世興〔註83〕來報，雍正

〔註80〕《欽定八旗通志》卷三百三十二作杭州副都統富森。
〔註81〕原文作「嚴原、謝泗律」，輯者改為「鹽院謝泗律」，「嚴原」為「鹽院」之誤，非人名，謝泗律為謝賜履之誤譯，時為鹽臣。
〔註82〕《清代職官年表》總督年表作兩江總督查弼納。
〔註83〕《四川通志》卷三十一頁四十四有重慶府知府馬世烆，即此人陞任者。

二年九月候知縣員缺之陝西莊浪縣典史〔註84〕朱尚文隨年羹堯所購買四川地方杉松柏等木大小二筏輸運至江南，以交付木商于國典〔註85〕變賣，除費用外，現有市井稱銀八千二百兩。馬世興我原係年羹堯屬員（硃批：馬世興何如）無奈接受。今因降旨遍查，馬世興我不敢隱匿，故先舉報。又於今年三月我督漕船在淮安時，自年羹堯處輸運來大小紫檀木九十九根，令我乘便送至京城，我敢不接受，今於高郵州存放，朱尚文已返還陝西等語，地方文武官員來報亦如此。臣即遣人徃謂江蘇按察使曰，查明該木根數、銀兩實數及現所餘之木，是否隱藏他項財物家產，速行嚴查報來（硃批：按察使徐琳如何查之，如何舉動，務再查明。此案若交付徐琳，則徐琳未必能支持，務必干連，爾若不能查，則爾又多牽連一處，爾未必能受得，若能歡笑著接受，則果真大丈夫也，看看吧）。又謂江寧府知府言，親赴木廠查明有木幾何，以及守廠人、抽稅人姓名報來等語。繼據江寧府知府敦汝下〔註86〕來報，據守廠人于國典報，木共有一萬三百餘根〔註87〕等情，本知府照定例計之，應收稅銀一千五百餘兩，詳查去歲龍江關稅冊並無抽稅等語。

又據原管龍江關稅務江南鹽驛道徐克啟〔註88〕來報，去歲九月原總督年羹堯之二木筏來關後，商人朱尚文報應抽稅銀一千五百餘兩，時徐克啟我言必給稅銀後方准經關等情，止之月餘未准經過（硃批：此事與徐克啟無干是實，徐克啟逞強朕早已聞之）。其後據署理江寧巡撫事務何天培寄信內開，書信一到即准木筏過關，停止徵收稅銀等情。是以徐克啟我照署理巡撫之言放過，至今未給稅銀，將此實情何敢隱匿不報等語（硃批：不僅何天培，高其位都為年羹堯所欺騙矣，該事情甚實，何天培決非負朕棄主重異黨之大臣，只不過懼怕年羹堯而迎合罷了，此皆朕錯用年羹堯之過，朕確無責備何天培之意）。臣又遍行各該地嚴查他項隱藏之物，代為收藏之事，從速報來等因行文外，將年羹堯在江寧地方之木料及未給銀兩之情交付按察使嚴審後報部，為此謹奏以聞，臣衙門筆帖式六十三寫。

雍正三年七月初九日

〔註84〕原文作「殿試」，輯者改為「典史」。
〔註85〕本書第二部分第一五二號漢文摺《江蘇巡撫張楷奏年羹堯運售川木並未納稅摺》（雍正三年七月十六日）作余國甸。
〔註86〕應為江寧府知府郭汝楗。
〔註87〕原文作「報」，輯者改為「根」。
〔註88〕應為驛鹽道參議徐克祺。

硃批：年羹堯隱藏於江南省之處甚多，要嚴查之，此案若稍有懈怠，則朕照朕所降旨意必法辦，決不手軟。

〔36〕正紅旗都統蘇丹奏報年羹堯將蘇圖列入西寧敘功事摺（雍正三年七月十三日）[3]-2093

正紅滿洲旗都統奴才蘇丹謹奏，為奏聞事。

奴才蘇丹之子蘇圖〔註89〕從軍之後即在阿勒泰路軍中，後至吐魯番，又隨將軍阿喇衲至布喇吉立〔註90〕，沿噶斯路而去，從不在於西寧軍中，奴才蘇丹聞得年羹堯將奴才之子蘇圖列入於敘功者中，蘇圖並不在西寧而列入西寧軍中敘功，由此觀之年羹堯專沽聖恩，以邀人心者顯然也，年羹堯乃背負皇上鴻恩，悖逆奸詐刁惡至極之人，奴才知而不舉可乎，為此謹具奏聞。

雍正三年七月十三日

〔37〕和碩怡親王允祥等奏議年羹堯善後十三款內之四款事摺（雍正三年七月十六日）[3]-2095

議政大臣和碩怡親王臣允祥等謹奏，為欽遵上諭事。

雍正三年五月二十二日議政王大臣等入覲奉旨，前年羹堯所奏善後十三款已交爾等議，爾等亦念年羹堯在西部年久，稔知地方情形，故均議行，今日看之有數款不可行，此事至關重大，著爾等復議具奏，欽此欽遵。臣等查得，前年羹堯所奏十三款內，其青海人編設旗分佐領，編排四班朝覲，停設吹寨桑、寨桑、噶隆等為千戶百戶，仍照原定撫育青海人，應停駐兵鹽池等項，均由議政復議奏准，甫由內閣發出。內地甚要，重慶、川北二地總兵官兵丁不可裁汰等因，條陳案件。又署理總督岳鍾琪所奏五款，又所奏西大通河北等地增築官兵所住城池房屋等事，前因年羹堯草率具奏，故由議政應加改議之處，俱行復議，應加核查之處俱令核查，並已奏准。其餘之事臣等又經詳核，仍有四款尚需復議，故加復議具奏。

一款，年羹堯奏稱，擬將青海之所有喀爾喀、輝特、土爾扈特等編設旗分佐領，置設扎薩克，以分住於青海，其有願回原籍者，允准回籍等語。議政議得，其所編佐領可造冊報理藩院注冊，其願回原籍者，經奏聞後准回各自原籍

〔註89〕《欽定八旗通志》作素圖，卷一五二有傳，於和通呼爾哈諾爾之戰戰死。

〔註90〕疑即布隆吉之異譯。

等因奏准在案。前徃〔註91〕青海之輝特台吉濟克濟扎布〔註92〕告知年羹堯後，
與輝特公巴吉〔註93〕同住一處等因，前來移住，而年羹堯未曾報部，亦未行文
該扎薩克。由於此一批人甚受窘困，故諭年羹堯回奏，此事已交侍郎鄂賴、副
都統達鼎辦理，當編制青海之所有喀爾喀、輝特、土爾扈特人以旗分佐領時，
誰可編為旗分佐領住於青海，誰可願與各自兄弟回籍生活等事，務必詳查報部。

　　一款，年羹堯奏稱，青海、巴爾卡木、藏、衛者乃四大部落，顧實汗倚恃
兇暴佔據青海、巴爾卡木，而將羅隆宗〔註94〕以西之藏、衛二地施捨給達賴喇
嘛、班禪喇嘛以為香火地。羅隆宗以東之巴爾卡木地方皆為青海蒙古之屬地，
今因青海叛逆，應將此地劃歸四川雲南官員分管，如此而為則可言正辭嚴，並
非取達賴喇嘛之香火地。再達賴喇嘛派人至打箭爐貿易時，若給察木多、乍丫、
巴塘、裡塘等地喇嘛買一馱物品，則可收取一錢五分，或三錢銀不等，此謂為
鞍租銀，而來打箭爐交稅者乃自古之定例，臣咨查達賴喇嘛、班禪喇嘛每年派
徃打箭爐買幾馱物品之後，擬不准於察木多以東地方收取鞍租銀，亦擬停打箭
爐收稅，每年擬賞達賴喇嘛以五千觔茶葉，而給班禪喇嘛賞一半。將此交雅州
滎經縣〔註95〕動支正項錢糧，採買最佳茶葉，運至打箭爐以賞賜之等語，將
此，已由議政議奏准行。查得賞給達賴喇嘛、班禪額爾德尼之茶葉，是否動支
正項錢銀採買後賞給，又察木多、乍丫、裡塘、巴塘等地是否向前來貿易之人
徵收鞍租銀，是否於打箭爐地方交稅，由於年羹堯疏忽日久，至今仍未查報前
來，故將此事擬交署理總督岳鍾琪明白查奏。至羅隆宗以東之巴爾卡木一帶地
方既歸雲南四川兼管，可交提督郝玉麟、總兵官周瑛劃分邊界，故毋庸議。

　　一款，年羹堯奏稱，將肅州迤西討來河〔註96〕、昌瑪爾鄂敦塔喇〔註97〕
等地良田可交我百姓耕種等語。將此，已由議政議奏准行。但年羹堯將此良田

〔註91〕「徃」應為「住」之誤。
〔註92〕待考。
〔註93〕《平定準噶爾方略》卷九頁十二作輝特公巴濟。《蒙古世系》表四十八作巴濟，
　　　　父羅卜藏。
〔註94〕《欽定理藩院則例》（道光）卷六十二作洛隆宗，今西藏洛隆縣康沙鎮。
〔註95〕原文誤作「茶經縣」，改為「滎經縣」，本文檔全改。
〔註96〕今甘肅省酒泉市境內之北大河，上游清代名討賴河，建有馬場。
〔註97〕昌瑪爾今作昌馬河，即疏勒河流經玉門市所名者。鄂敦塔喇《欽定西域同文
　　　　志》卷十四頁十四作鄂敦塔拉，蒙古語鄂敦謂星也，當黃河初發源處，有平
　　　　甸，週二百里許，泉眼眾多，燦如星聚，即青海省之星宿海。此處之鄂敦塔喇
　　　　意同，但顯非青海省黃河源之星宿海。

如何交給百姓耕種，尚未奏報。故擬交署理總督岳鍾琪將此良田如何交給百姓耕種，務必詳查定議奏報。

一款，年羹堯奏稱，甘州地方所有黃番各部落之人不甚多，且青海賊猖獗之時亦未敢妄動，今我軍威大震，倘若趁此撫收，外青海之地亦可捍禦。臣已與振威將軍〔註98〕岳鍾琪商議，擬於七八月馬匹臕肥後，親自率兵，自西寧邊外赴甘州招撫等語。將此已由議政議奏施行。查得，有錫拉依固勒黃番、唐古特黑番二部落之人，由喇嘛尚南多爾濟〔註99〕等商議後安置於甘州屬紅崖、梨園，洪水、南固城等地，其總頭目，正頭目、副頭目等均賞虛銜，交肅州總兵官管理。按二十丁每年交一貢馬計，總得馬一百二十七匹，由總兵官等共同驗收，送交總督，根據軍營驛站馬匹缺短，酌量補充。其補充之馬匹數額即造清冊送兵部。再其增減男丁數由該將軍等三年核查一次，並造清冊報該部等因奏定。從此，該提鎮管理黃番、黑番，並無滋生事端。年羹堯奏應趁撫綏諸番之機亦加撫綏黃番等，而後交誰管理，如何納貢，時再議定等語。但至今尚未具奏，由此觀之，真可謂無事而找事者矣。故將此事擬交署總督岳鍾琪仍照原定，將黃番等交甘肅提鎮管理，照納貢馬，為此謹奏請旨。雍正三年七月十二日交奏事員外郎張文斌等轉奏，議政王等入覲奉旨，據爾等議得，賞給達賴喇嘛、班禪額爾德尼之茶葉，是否動支正項錢糧採買後賞給，擬交署理總督岳鍾琪明白查奏等語。此項所送茶葉乃因年羹堯停其納稅，故給茶葉。我已停其納稅，相應送給茶葉，伊等豈能心悅。倘若賞給茶葉多於伊等一年所得之稅，彼唐古特人纔知恩感戴。再據議將討來河、昌瑪爾鄂敦塔喇等地良田擬給內地之民耕種等語，若將此處之良田，又阿拉善山之良田均給百姓耕種，則彼百姓無力墾種。今我滿洲生齒日繁，若於此等地方築城開鋪店，派去無田產又願徙者，雇用百姓墾種地畝，或建村屯居住則甚有益。現於寧夏亦駐兵，而此等地方岳鍾琪亦未曾親臨，且伊所辦之事亦多，此事至關重大，可派有所經歷之首輔大臣詳查地方情形，將如何安置滿洲等墾種，或築城開鋪店等事詳議繪圖具奏，時再議之。爾隆科多理應前赴效力贖罪，著爾前去之後詳細查看各處，繪圖議奏。爾若又聽年羹堯之言而不盡心效力，當返回後具奏時，朕或能得知。此次以爾為首，內閣學士傅德〔註100〕為副前去，傅德曾署該地巡撫，稔知地方情形。

〔註98〕即奮威將軍之誤譯。

〔註99〕《平定準噶爾方略》卷一頁一作喇嘛商南多爾濟。

〔註100〕《清代職官年表》布政使年表雍正二年作甘肅布政使傅德，即此人。

又侍讀學士通智〔註101〕為人尚可，亦曾於該地辦事，可以同行，著兵部理藩院各派出一名好章京同往，著爾等復議此事具奏，欽此欽遵。

臣等會同復議得，前年羹堯所奏十三款內，其青海人編設旗分佐領，編排四班朝觀，停設吹寨桑、寨桑、噶隆等為千戶百戶，仍照原定撫育青海人，應停駐兵達布遜淖爾等項均由議政復議奏准，甫由內閣發出，內地甚要，重慶川北二地總兵官兵丁不可裁汰等因，條陳案件，又署理總督岳鍾琪所奏五款，又所奏西大通河北等地增築官兵所住城池房屋等事，前因年羹堯草率具奏，故由議政應加改議之處，俱行復議，應加核查之處俱令核查，並已奏准。其餘之事臣等又經詳核，仍有四款尚需復議，故加復議具奏。

一款，年羹堯奏稱，青海、巴爾卡木、藏、衛者乃四大部落，顧實汗倚恃兇暴，佔據青海、巴爾卡木，而將羅隆宗以西之藏、衛二地施捨給達賴喇嘛、班禪喇嘛以為香火地。羅隆宗以東之巴爾卡木地方皆為青海蒙古之屬地，今因青海叛逆，應將此地劃歸四川雲南官員分管，如此而為則可言正辭嚴，並非取達賴嘛之香火地。再達賴喇嘛派人至打箭爐貿易時，若給察木多、乍丫、巴塘、裡塘等地喇嘛買一馱物品，則可收取一錢五分，或三銀不等，此謂為鞍租銀。而來打箭爐交稅者乃自古之定例，臣咨查達賴喇嘛、班禪喇嘛每年派往打箭爐買幾馱物品之後，擬不准於察木多以東地方收取鞍租錢，亦擬停於打箭爐收稅，每年擬賞達賴喇嘛以五千觔茶葉，而給班禪喇嘛賞一半。將此交雅州榮經縣動支正項錢糧，採買最佳茶葉運至打箭爐賞賜，以示扶掖黃教之意等語，將此已由議政議奏准行。查得前來貿易之唐古特人於裡塘巴塘等地賣物品，其所交鞍租由喇嘛等收取，於打箭爐所交之稅由達賴喇嘛所派之人收取，而我原住打箭爐之收稅官員未曾納稅。達賴喇嘛者乃欽封送西藏之坐床喇嘛，倘若根據伊等一年所得稅額相應多加賞賜，則喇嘛等需用充足，且唐古特人亦必感激聖恩。惟其所收鞍租、於打箭爐收稅，皆於彼唐古特人中收納，一年所得幾何無憑可查，擬將此事咨行署總督岳鍾琪，一年自藏派往打箭爐貿易之馱物幾何，所收鞍租稅額幾何，應詳查後分別開報前來，時根據達賴喇嘛等一年所得稅額再議多加賞賜。至羅隆宗以東之巴爾卡木一帶地方既歸雲南四川兼管，可交提督郝玉麟、總兵官周瑛劃分邊界，故毋庸議。

一款，年羹堯奏稱，將肅州迤西討來河、昌瑪爾鄂敦塔喇等地良田，若交我百姓耕種，則於布隆吉爾築城並駐兵後，全可日漸富裕等語。此事已由議政

〔註101〕《清代職官年表》部院大臣年表雍正十三年為兵部尚書，即此人。

議奏施行。現今該處之良田，又厄魯特額駙阿寶所住之阿拉善山地方皆為閒置，倘若將該處之良田均給百姓耕種，則百姓無力墾種。今滿洲生齒日繁，若可於該處築修鋪店，派去無田產又願往者，雇用百姓墾種，或建村屯居住，則甚有益，此事至關重大，若不派遣有所閱歷之首輔大臣前去詳查地方情形，則難懸定，既已欽派舅舅隆科多、內閣學士傅德、侍讀學士通智，伊等抵達之後詳查討來河、昌瑪爾鄂敦塔喇、阿拉善山地方情形，墾種該處良田時如何安置滿洲耕種，以及築城修鋪店，或建村屯，應加詳議繪圖具奏，時再議奏。隆科多等可從兵部理藩院各選一名好章京帶去。隆科多、傅德係為首大臣，伊等既願自力前往，則以自力前往外。侍讀學士通智及隨從章京筆帖式領催等，均有赴各處查看，或差往各處之事，故准乘驛。出邊時准乘營馬，返回後如數交還之。隆科多等抵達之後（硃批：將通智亦在大臣上派出，准乘驛）有查看地方之責，故出邊時可酌帶該處熟諳地形之人同往。

　　一款，年羹堯奏稱，擬將青海之所有喀爾喀、輝特、土爾扈特等編設旗分佐領，置設扎薩克，以分住於青海。其有願回原籍者允准回籍等語。議政議得，其所編佐領，可造冊報理藩院注冊。其願回原籍者經奏聞後准回各自原籍等因奏准在案。前往[註102]青海之輝特台吉濟克濟扎布告知年羹堯後，與輝特公巴吉同住一處等因，前來移住，而年羹堯未曾報部，亦未行文該扎薩克，由於此一批人甚受窘困，故諭年羹堯回奏，此事已交侍郎鄂賴、副都統達鼐辦理，當編制青海之所有喀爾喀、輝特、土爾扈特人以旗分佐領時，誰可編為旗分佐領住於青海，誰可願與各自兄弟回籍生活等事，務必詳查報部。

　　一款，年羹堯奏稱，甘州地方所有黃番各部落之人不甚多，且青海賊猖獗之時亦未敢妄動，今我軍威大震，倘若趁此撫收，外青海之地亦可捍禦。臣已與振威將軍岳鍾琪商議，擬於七八月馬匹臕肥後，親自率兵，自西寧邊外赴甘州招撫等語。將此，已由議政議奏施行，查得有錫拉依固勒黃番，唐古特黑番二部落之人，由喇嘛尚南多爾濟等商議後安置於甘州屬紅崖、梨園、洪水、南固城等地，其總頭目、正頭目、副頭目等均賞虛銜，交肅州總兵官管理。按二十丁每年交一貢馬計，總得馬一百二十七匹，由總兵官等共同驗收，送交總督，根據軍營驛站馬匹缺短，酌量補充。其補充之馬匹數額，即造清冊送兵部。再其增減男丁數由該將軍等三年核查一次，並造清冊報該部等因奏定。從此，該提鎮管理黃番黑番，並無滋生事端。年羹堯奏應趁撫綏諸番之機亦加撫綏黃番

────────────

[註102]　「往」應為「住」之誤。

等，而後交誰管理，如何納貢，時再議定等語。但至今尚未具奏，由此觀之，真可謂無事而找事者矣，故將此事擬交署總督岳鍾琪仍照原定，將黃番等交甘肅提鎮管理，照納貢馬，為此謹奏請旨。

　　雍正三年七月十六日
　　議政大臣和碩怡親王臣允祥
　　議政大臣和碩莊親王臣允祿
　　議政大臣和碩果郡王臣允禮
　　議政大臣領侍衛內大臣公臣馬爾賽
　　大學士伯臣馬齊
　　大學士臣嵩祝
　　議政大臣散秩大臣兼總管臣阿齊圖
　　議政大臣吏部尚書兼理理藩院事務公舅舅臣隆科多
　　議政大臣禮部尚書兼都統臣賴都
　　議政大臣兵部尚書遜柱
　　議政大臣刑部尚書臣塞爾圖
　　議玫大臣都察院左都御史臣能泰
　　議政大臣都察院右都御史臣蔡珽
　　理藩院尚書仍兼理侍郎事務臣特古忒
　　兵部侍郎副都統伯臣欽拜
　　侍郎臣傅鼐
　　硃批：依議。

〔38〕西安將軍延信奏繳硃批奏摺事摺（雍正三年八月十六日）
　　　[3]-2141

　　臣延信謹密奏，為奏聞事。

　　竊臣所遣恭請聖主萬安之侍衛那達齊恭捧聖主賞賜平安丸二百粒於今歲八月初七日到，臣即跪領，恭設香案，望闕謝恩訖。前為賞臣以疔子藥謝恩摺子，奉硃批，知道了，賞去平安丸二百粒，此藥甚奇，欽此。至照聖主賞賜之平安丸藥方，分賞西安八旗患病者服用，病即大痊，確實難得奇好之藥。

　　再臣延信恭請聖主萬安摺子，奉硃批，朕躬頗安，竟發福了，朕在此三年未曾指望能如此輕易挺過去，此乃朕之虔誠之心，仰蒙皇考天神默佑所致，因成

全朕之此顏，故今對待天下眾臣民亦體面，且於心亦安，朕真感激天恩不盡，高興寫畢寄去，爾可好，欽此。臣得見聖躬頗安，竟發福了之旨，喜之不盡。臣延信聞得古帝王之喪，以日易月二十七日釋服等語，聖祖皇帝之喪聖主尚未除服，復遇太后之喪，為盡孝心，宮內素服，三年如百日，因忠誠至意通天，故蒙聖祖皇帝天神保佑至終，超越古帝，聖主純孝性成，為萬世之儀範，洵亙古所未有者。聖主喜悅之旨，不僅臣等聞之歡悅，而且天下人等無不贊奇者，無不歡悅者。見爾可好之旨，臣延信實難仰承。

再臣為年羹堯事所奏摺子，奉硃批，知道了，再有奏摺，爾若為爾私家需用而遣人往京城則交付爾之人送去，倘專差人齎奏，則何必徒費盤纏，著乘岳鍾琪奏事之便夾帶，由驛奏來。至於其他奏摺亦裝入匣內，告訴圖理琛、伊禮布亦遵照施行，欽此。臣除謹遵施行外，臣延信召圖理琛至，密諭照聖主下頒諭旨謹遵施行。又召伊禮布至，亦密諭照聖主下頒諭旨謹遵施行。為此硃批摺子三件，一併謹密奏。

雍正三年八月十六日

硃批：知道了。

〔39〕陝西巡撫圖理琛奏報安撫遭兵擾害之民摺（雍正三年十月初二日）[3]-2190

臣圖理琛謹奏，為奏聞事。

雍正三年九月二十七日接部咨內開，奉上諭，年羹堯緝查郃陽縣私鹽販子一案時派遣兵丁傷及無辜男婦，擾害地方，該督撫當盡心撫慰，受害人家雖有部臣賞與銀兩，該督撫當再加以施恩，郃陽縣雍正四年錢糧俱免，欽此。臣捧讀上諭，仰見皇帝位居九重，萬里之遙盡在洞鑒之中，一人失去生所聖心憂切，特佈洪仁，蠲免錢糧，實勝於古代堯舜民生之慮也，好生之德如同天地。臣欽遵上諭，當即張出告示，通行宣喻之。又將銀交付韓興道尤汶〔註103〕遣赴郃陽縣，比照部臣賞冊之數，受害者大戶賞銀三兩、小戶一兩五錢，馮柱頭家賞銀十兩，以為安撫，務使實得恩惠，以仰副皇帝愛惜黔首小民之至意，九月二十九日差遣之事完畢另行繕本具奏外，為此謹具奏聞。

雍正三年十月初二日

硃批：知道了，還有比生命更羞愧的事麼，朕實在慚愧。

〔註103〕《陝西通志》卷二十三頁二十作分巡漢興道尤汶。

〔40〕散秩大臣拉錫等奏報密捕年羹堯及清查家產摺（雍正三年十月初四日）[3]-2192

　　散秩大臣都統臣拉錫等謹奏，為密奏事。

　　奴才拉錫欽遵上諭於九月十六日巳時自京城起程，一日兼行四五驛，亦未發船契。行至第八宿到達淮安府，乘小船航行四夜五日到達杭州，下船後黃昏時分，只悄悄派跟役前去通告將軍鄂彌達曰，我將去普陀，馬上出來見我等語。鄂彌達天黑時隻身悄悄出城門來見我，我當即將緣由告明將軍。巡撫福敏出城門相見後，一同進城進入將軍衙門，傳取年羹堯，其時年羹堯正在太平門值班，遂派人傳告去普陀之臣到此見爾等語。此時年羹堯已在門班睡下，帶來後年羹堯見將軍衙門大堂內是我在坐，毫無懼色，往前一站說，我不夠請安，想打聽安等語，說著跪下了。我說，爾打聽安亦極為不配，伊當即面呈怒色，我說爾跪下聽旨，遂將諭旨交給巡撫福敏宣讀，伊一聲未吭。拉錫我遂問之曰，爾承恩優渥如同天地，辜負主恩委實至極，爾罪惡累累數之不盡，皇上俱已包容，今爾害此八百善良生靈，雖斬首亦難相抵，爾還有何可言。年羹堯毫無懼色，仍強辯道，此事緣由我前已奏聞，抑或日後可明等語。我遂問之，如果按爾抵賴所言日後自有明日，難道是高其培〔註104〕、施義志〔註105〕編造者乎，伊仍曰久後自明等語。我遂謂曰，年羹堯爾罪戾諸多尚不認錯，反而強橫乖張，囂淩狂傲，爾何以如此猖狂，我清朝負恩朝臣遭貶似爾者別無一人等語。伊答曰，如若那樣我死期已至等語。看上去實乃不知生死，狂妄可憎，不宜留世者也。遂將年羹堯鎖拏，繼而福敏帶二名太監前往年羹堯家，此時年羹堯妻亦已睡下。喊門入府後，二太監避開其住之大房將情形告之，福敏與二太監將其他房間皆封了。隨即以年羹堯五子年壽掌管家務，將其收拏，另將承辦家務之張定、王七、關瑞、瞿四四人亦俱拏下，夜封其宅，派兵把守。次日在就年羹堯家有何物，留於途中或給他人及各處所設買賣等情節詳鞫其家人張定、王七、關瑞、瞿四及年壽等。據張定供稱，我主子年羹堯只有這一次讓我辦理家務，以往在西安時一應家務唯魏之耀、嚴泰知之。自西安來時交付給我是實，此處的事家中之物我悉知之。俱供如下，去年我主子四子年福赴京時，將我主子一應家產都帶走了，我主子年羹堯說我病了，自將軍任上告退赴京等語，故所有什物俱送京城矣。我主子自西安來時僅帶金子二千八百兩銀子五萬餘兩，來此路上盤

〔註104〕《清代職官年表》部院漢侍郎年表作刑部右侍郎高其佩。
〔註105〕《清代職官年表》部院漢侍郎年表作吏部右侍郎史貽直。

費及在此買房租住耗去數千餘兩，此外再無金銀。至我主子女人首飾簪子等物，屋內器皿珍珠東珠古董及緞皮衣物俱在，詳數不知，此外別無所供，若有隱瞞，以後查出即殺我也等語。問其他三人，伊等俱供稱，我等除守門採買出外差外家內各事一概不知等語。問年羹堯子年壽，年壽亦如張定所供。看來年羹堯父子主僕早已商定統一口供矣，若不對其家奴著刑嚴審，則難獲實供。經問本地人，年羹堯來時乘三四十隻大坐船前來，現有家奴三百餘口，據聞其自西安起程時家人千餘，沿途陸續送到儀征乃至杭州矣。奴才我等將年羹堯妻、五名幼子、八女十婢及子女乳母，差下男婦共六十七口，租用三船，選派杭州閒散章京四格，巡撫標營守備寧先，於九月三十日自水路起程送去。給年羹堯妻路費四百兩，再租船、支給閒散章京四格、守備寧先及拉船縴夫工錢盤纏共給銀四百兩，交令伊等沿途好生照料，不得恣意生事。茲正值漕船回空之時毋生口角等語，交明前去。奴才拉錫與將軍鄂彌達，巡撫福敏一道自二十九日起清點物品，至初三日尚未查清，大體珍珠寶石古董數目一時難以查明，不僅數量多，且亦不知何物價值幾何，故目下尚不可言。世間黔首全其物，豈有如許之巨，再其所用包袱單蓋布乃至靴襪褲子包裹俱用黃色包布，黃色抽口小刀荷包亦甚多。其中有御賜者，亦有自行織造者。每服皆為四開衩，其何為御賜，何為自製實難分辨。再皇上送給年羹堯令其賞給西寧効力官兵之貂皮綢緞俱在，概未賞賚。由此可見，皇上聖明洞鑒，摘去年羹堯大將軍印者實屬奇哉。若稍事拖延，其叛逆全無證據也。其所用之物不但我等見後驚異，此處滿洲官兵見此皆無不憤恨，方知年羹堯實屬鬼蜮，非人者也。其映青、映紅、碧瑤砬、東珠、珍珠等物暫未清點出實數。再年羹堯自二十八日夜鎖拏監禁將軍衙門，派兵把守後，我等每日清點物品至日夕下，亦無暇相見。經詢問看押之滿洲協領，言年羹堯被鎖拏之時毫不在乎，反呵斥隨身諸子曰，爾等毋懼。每日與看守官兵隨便說笑等語。鄂彌達、福敏、佟吉圖我等目睹年羹堯一應贓物極為憤怒，深感理應遭報應外，別無所言。再先帝皇上所賜各物甚多，多放在其各處奴僕家中，已一一查取另置於淨處，唯御賜字及一應之物久留此地恐潮濕霉爛，其或由我一同帶回，或再派人運送尚未確定。茲清查若快，初六初七日可完，查完後我親帶年羹堯乘船直抵淮安，六七宿即可到達，由彼乘驛而徃，年羹堯以車或馱轎解送。臣拉錫除同鄂彌達、福敏、佟吉圖等查清各物另行具奏外，謹將拉錫前來捕拏年羹堯及清查大略密摺奏聞。

　　雍正三年十月初四日

散秩大臣兼都統臣拉錫

署理將軍事務王府長史臣鄂彌達

署理巡撫事務吏部侍郎臣福敏

〔41〕都統拉錫等奏報審問年羹堯及家人口供摺（雍正三年十月初九日）[3]-2193

散秩大臣都統臣拉錫等謹奏，為欽遵上諭事。

竊臣等前摺已將捕拏年羹堯及清查伊之家產大略具奏外，現將清查之金銀珍珠東珠衣服等物數目另造細冊奏呈御覽。其中內賜書字衣帽素珠鞍轡刀弓撒袋各物及珍珠東珠寶石綠松子石青金石珊瑚等物派滿官一名漢官一名隨後送來外，其他各物繕造清冊，公同監視封存一處。十月初八日查完家產後，又夾訊年羹堯家之張定、瞿四、關瑞、王七曰，爾主子除現已查出之物外別處若有隱藏之物俱供出來。據張定等供稱，我主子天怒人怨，誠有掩藏之物誰人替我們收藏，留在揚州的幾乘馱轎人皆出首，如若有物誰敢替我們收存。再者我家辦事之魏之耀、嚴泰現俱在京城，問他們不就知道了嗎等語，所供一詞。唯供九月十二日晚我們家女婢將主子私寄之書信皆焚燒了，不知何故等語。遂抛出夾板遍問年羹堯之子年壽。據年壽供稱，從陝西來時我隨母親而行，至杭州後即病倒了，另住別處，有無隱藏之物，是否焚燒了書信我不知道，誠若知道豈敢隱瞞等語。又問年羹堯，黃色之物，四衩之服皆例不准用之物，爾何以私用。據年羹堯供稱，黃色之物有皇上王等所賜，亦有籌買來的，四衩之服者，我娶之妻乃宗室之女，我具奏請旨上命著服，此等事爾等唯奏聞皇上，是殺是養悉在皇上等語。挺胸昂首笑問有旨乎，謂曰有旨其方跪下。臣等伏惟年羹堯荷蒙皇上殊恩，而今辜恩至極，聞旨理應敬畏，伊反倒驕橫狂妄，殊屬可惡，臣等肺都氣炸了。故將所取供詞及臣初九日自杭州起程之處一併奏聞。

雍正三年十月初九日

閑散大臣〔註106〕都統臣拉錫

署理將軍印王府長史臣鄂彌達

署理巡撫事務吏部侍郎臣福敏

布政使臣佟吉圖

按察使臣甘國奎

〔註106〕即散秩大臣。

〔42〕都統拉錫等奏報漏查之年羹堯各物清單摺（雍正三年十月十六日）[3]-2196

散秩大臣都統臣拉錫等謹奏，為奏聞事。

竊臣等清查年羹堯家產繕造細冊奏報起程後，復查出遺漏之項如下，御賜匾、帖字、詩韻五件，玉物五件，其中有碧瑤砍、玉嵌如意一柄，各種荷包十對，其中一個荷包內裝有水晶鏈環一個，各色小荷包七十四個，其中裝有紅鼻煙壺一個，又金錁子、如意、八寶二十五，銀錁子五個，各種刀二十一把，各色熏牛皮、緞、匏、玳瑁火鐮包三十五個，其中有水袋一個，玻璃、匏、玳瑁、琺瑯鑲嵌之鼻煙壺四十六個。扇子八柄。各種金漆、琺瑯、匏錫水盛盒子十五個，其中有桃子一個、又兩盒子內裝有匙箸、香。膠三塊，黃腰帶二條，一條上有套環荷包牙籤筒，千里眼四個、眼鏡三個、堪達汗板指十九個、匏盤三個、琺瑯小把碗二個、蒸竹木紫筆架三個、蒸竹木紫帽頂子一個、琺瑯翎筒一個、香十八羅漢素珠一掛、松耳石四塊、西洋規具一套、西洋尺一套、西洋大木碗一個、西洋日晷一個、西洋小玻璃鏡一個、西洋象牙木梳二杷、象牙二塊聯結一體，為此謹具奏聞。

雍正三年十月十六日

散秩大臣都統臣拉錫

署理將軍事務王府長史臣鄂彌達

署理巡撫事務吏部侍郎臣福敏

布政使臣佟吉圖

按察使臣甘國奎

〔43〕都統拉錫奏報於年羹堯家抄出諭旨摺（雍正三年十月十六日）[3]-2197

奴才拉錫謹奏，為奏聞事。

據年羹堯家人招供，年羹堯聞知其京城、保定府家產抄沒後，九月十二日將有關朕之所有書信皆焚燒矣等語。就此問年羹堯，據其告稱，誰沒有一點私事，凡少有關聯之書信我俱燒矣等語。再其書房房檐下釘有木夾之書，奴才拉錫、鄂彌達、福敏我等三人原欲開閱，後奴才虞其有何關聯之處，遂派人問年羹堯。伊告曰木板所夾者乃諭旨也等語，故而未看。奴才又謂鄂彌達、福敏曰，不拘此書我要帶走，年羹堯雖偽裝成書裝釘存放，但放在此處亦不妥當，伊等

俱言甚是。故奴才將此書連同夾板一同帶來矣。另外伊匣內放有漢字硃批一件，我亦一同隨身帶來矣，此外別無書信也。再其家人所買及家中所買之無用書籍尚有一匣，奴才亦已封存杭州矣，為此謹具奏聞。

雍正三年十月十六日

〔44〕都統拉錫奏報規勸年羹堯之情摺（雍正三年十月十六日）
[3]-2198

奴才拉錫謹奏。

奴才欽遵上諭，於十月初九日自杭州起程，次日初十日我親自登上年羹堯坐船以作辭別。奴才謂之曰，我奉旨前來會同將軍鄂彌達、巡撫福敏逮捕爾，審查各物，公務既盡，今在途無事，我以老朋友身份私下來看看爾等語。年羹堯遂起身說道，此甚是，我何言哉等語。我繼而言曰，我昔日自下看爾，斷爾並非德才之輩，前日我二十八日到此逮捕爾之日，及初八日查完家產在巡撫衙門大堂上問爾口供時，爾站立堂上，挺胸昂首，一臉怒氣問我有旨乎，此亦太可惡矣。不但爾，雖王貝勒亦如平民耳，無旨豈有鎖拏朝臣問供之理，此俱平素爾矯旨仗恃恣意拏審殺人成習耳。我清朝之臣再大，法外雖小民者亦無私拏之例，何況拏爾，此即是干法大罪者也，故爾理應惶惶而謙恭，反似蒙冤憤憤不已，自充好漢，此如同不知生死，拘執小義之強盜、揣皮、光棍拏赴市曹高歌之人，實甚卑鄙。爾的罪惡數之不盡，總而言之，現各處抄沒的爾的家產，金銀各物即達成百萬兩，國法為官貪污銀兩三百兩以上者即斬，以爾家產之若干即當斬首，爾為得銀殺害良民八百餘人，對此當殺爾若干次。再令蒙古貝勒〔註107〕、省之巡撫向爾跪拜請安，勢同何與，豈不當斬。再除小官不計外，隱瞞巡撫提督真情不使召見，矯旨誆騙，隱瞞諭旨種種豈不當斬。清朝將軍勅書內載，不殺從犯，不使夫妻父母分離，不毀寺廟，不殺和尚道士，爾此次連犯數法，豈不該殺。此等之罪，雖有一項罪在不赦，必以國法論處。而對此諸多死罪，爾不知皇上如天寬容，反自恃有功，借冤發怒施威，實乃罪孽深重，鬼怪附體，急不可耐耳，豈為爾之本意原形耶，爾應猛醒三思也。見爾罪盈妄為，我尚念昔日交好，委實是於心不忍，且我係蒙古人，知曉經文，心存寬恕，如今如何益於爾之身命之處，我無法勸告，唯勸爾如何使靈魂得安，抑或人死，幸得靈魂罪輕，來世得安，為此唯時刻認罪悔過，返躬自責，誠心祈禱天佛，幸可減輕靈魂之罪，亦未可料。如果爾以罪孽

〔註107〕原文作「客國貝勒」，輯者改為「蒙古貝勒」。

不重，不回心轉意，反心存怨恨，口稱冤枉，如此我亦沒有辦法。輕則受苦刑，死亦魂不得安，且不免落入地獄。若言爾為國家做的有益之事，乃皇上聖明如天，皇上臨御以來愛恤兵民，天下之事時刻獨自措置，為時業已三載，不但人心感戴，且天神嘉應，國泰穀豐，此非求助於爾也。若言青海羅卜藏丹津之事，其一介邊陲弱蒙古前來犯邊，上賴聖主威福旨訓，下靠皇上恩養之官兵涓滴報効方纔成者。而爾領西寧城內一群婦人淫樂，坐收官兵繳得之金銀，西寧城門未出，一箭未放，邊外領兵征剿者乃岳鍾琪、達鼎等人也。誠若論之，爾倒有使叛逆羅卜藏丹津逃脫之罪耳，爾何有効力之處，爾實乃負恩不忠，父怨不孝，玷污臣職，辱沒朝臣面顏不義者也。爾上欺皇上，陰險詭詐，為官侵擾百姓，貪婪成性，殺害良民暴戾至極，天下之人無不知爾。且連爾家人張定尚言爾乃天怒人怨之罪人，茲爾有何可言等語。伊沉默良久唯曰，不忠不孝乃確實者也。我又謂曰，我是蒙古人，實心實意勸爾靈魂得安，如此實言相勸者除我之外再無貳人等語，年羹堯聞後內心十分惱火，臉色一陣紅一陣黃，卻能強忍著說，兄爾非勸我者也，乃罵我者也，我今與爾有何可言，我之此罪豈可謂沒有，我乃是亦有，非亦有，亦不能全說成非，唯殺八百良民者抑或自有明日等語。我說，目前公證方及對方地方官民皆具保給高其佩〔註108〕、施義志，而今爾仍抵賴說事可明也，不知爾此為何意等語。伊遂言，我唯速到京城稟明，雖死無怨等語，言後笑而轉怒。觀其情形頗為乖謬，仍然固執認為其所行為是。再問年羹堯坐船之滿洲押守官兵，爾等有何可言，年羹堯說了什麼等語。據其告稱，年羹堯二頓飯照舊吃得很香，隨便玩笑，常講鬼怪等語。奴才原以為年羹堯惱羞成怒，寧可一死，其樣子雖非一死之人，但若自盡抑或跳水亦未可料，茲看其情，懦弱者決非能死之人，唯存僥倖求生之念。年羹堯我昔日曾視之為人，此次看來其實非人類，乃鬼魂者也。奴才十六日將自淮安乘驛，由陸地起程，將年羹堯交令滿洲官兵在後緩行，於十一月初五初六日解到京城，奴才先行趕回，二十六七日將抵京城，為此謹奏。

雍正三年十月十六日

〔45〕都統拉錫等奏請年羹堯帶往杭州之人如何措置摺（雍正三年十月二十四日）[3]-2204

散秩大臣都統臣拉錫等謹奏，為請旨事。

年羹堯奏事內錯謬之處甚多，硃批甚多，有交部者，亦有未交部者，為此

〔註108〕《清代職官年表》部院漢侍郎年表作刑部右侍郎高其佩。

咨行年羹堯，令派諾穆渾等到杭州查明具奏，所派共計九人，其中除拏解京城之筆帖式趙成〔註109〕及諾穆渾因未交代布政司錢糧留在西安以及病留西安之侍衛劉克德〔註110〕外，目下在杭州者有拖沙喇哈番唐廣吉〔註111〕、中書純善〔註112〕、筆帖式德爾泰〔註113〕、福祿〔註114〕、何倫泰〔註115〕、代素〔註116〕六人。另怡親王傳旨隨年羹堯來杭州者，除主事丁松〔註117〕因尚未交完道衙門錢糧滯留西安外，侍衛袁時弼〔註118〕，編修王守棋〔註119〕、胡彥英〔註120〕、金義成〔註121〕、檢討竇必應〔註122〕、挑取知縣戴偉先〔註123〕、馬世輝〔註124〕、

〔註109〕 本書第二部分第九十三號漢文摺《署川陜總督岳鍾琪奏遵旨辦理年羹堯離任諸事摺》（雍正三年六月初一日）作趙成。

〔註110〕 本書第二部分第九十三號漢文摺《署川陜總督岳鍾琪奏遵旨辦理年羹堯離任諸事摺》（雍正三年六月初一日）作劉可德。

〔註111〕 本書第二部分第九十三號漢文摺《署川陜總督岳鍾琪奏遵旨辦理年羹堯離任諸事摺》（雍正三年六月初一日）作唐光稷。

〔註112〕 本書第二部分第九十三號漢文摺《署川陜總督岳鍾琪奏遵旨辦理年羹堯離任諸事摺》（雍正三年六月初一日）作春山。

〔註113〕 本書第二部分第九十三號漢文摺《署川陜總督岳鍾琪奏遵旨辦理年羹堯離任諸事摺》（雍正三年六月初一日）作德爾太。

〔註114〕 本書第二部分第九十三號漢文摺《署川陜總督岳鍾琪奏遵旨辦理年羹堯離任諸事摺》（雍正三年六月初一日）作福祿。

〔註115〕 本書第二部分第九十三號漢文摺《署川陜總督岳鍾琪奏遵旨辦理年羹堯離任諸事摺》（雍正三年六月初一日）作赫倫泰。

〔註116〕 本書第二部分第九十三號漢文摺《署川陜總督岳鍾琪奏遵旨辦理年羹堯離任諸事摺》（雍正三年六月初一日）作戴蘇。

〔註117〕 本書第二部分第九十三號漢文摺《署川陜總督岳鍾琪奏遵旨辦理年羹堯離任諸事摺》（雍正三年六月初一日）作丁松。

〔註118〕 本書第二部分第九十三號漢文摺《署川陜總督岳鍾琪奏遵旨辦理年羹堯離任諸事摺》（雍正三年六月初一日）作袁士弼。

〔註119〕 本書第二部分第九十三號漢文摺《署川陜總督岳鍾琪奏遵旨辦理年羹堯離任諸事摺》（雍正三年六月初一日）作汪受祺。

〔註120〕 本書第二部分第九十三號漢文摺《署川陜總督岳鍾琪奏遵旨辦理年羹堯離任諸事摺》（雍正三年六月初一日）作胡彥穎。

〔註121〕 本書第二部分第九十三號漢文摺《署川陜總督岳鍾琪奏遵旨辦理年羹堯離任諸事摺》（雍正三年六月初一日）作金以成。

〔註122〕 本書第二部分第九十三號漢文摺《署川陜總督岳鍾琪奏遵旨辦理年羹堯離任諸事摺》（雍正三年六月初一日）作竇啟瑛。

〔註123〕 本書第二部分第九十三號漢文摺《署川陜總督岳鍾琪奏遵旨辦理年羹堯離任諸事摺》（雍正三年六月初一日）作戴維賢。

〔註124〕 本書第二部分第九十三號漢文摺《署川陜總督岳鍾琪奏遵旨辦理年羹堯離任諸事摺》（雍正三年六月初一日）作馬世輝。

候缺知縣王炎〔註125〕、佟世佐〔註126〕、朱廷成〔註127〕、挑取知州王遠鵠〔註128〕、候缺知府高敬〔註129〕、徐登纓〔註130〕等十三人現在杭州。年羹堯既已拏解京城，伊等在彼無用，是帶來京城，抑或如何措置之處特為請旨。

雍正三年十月二十四日

散秩大臣都統臣拉錫

署理將軍事務之王府長史臣鄂彌達

署理巡撫事務吏部侍郎臣福敏

布政使臣佟吉圖

按察使臣甘國奎

〔46〕副都統達鼐奏報青海善後一款項未告年羹堯緣由摺（雍正三年十月二十四日）[3]-2205

一等侍衛副都統臣達鼐謹奏，為奏聞事。

竊臣前奏青海王台吉亦如喀爾喀分四班來朝由內地而行摺內奉硃批，業已頒旨，爾所奏甚是，此情以前何故未告年羹堯，欽此。所論甚是，臣姑息懦弱之處何敢不奏。以前年羹堯奏請十三項措施時，臣當時不知其情，後令我翻譯給青海之十二項法令時，我見第一項二月八月兩月於納拉薩拉〔註131〕貿易一款，及第二項三年來朝一次，自備馬駝由邊外赴京一款不妥，故告曰，貿易地若分作兩三處，照寧夏橫城、平羅營例每月約定五六日貿易，則窮人不致窘困也。再喀爾喀人分四班來朝，此青海人等似亦分作四班為宜。茲邊外人若照此法而行，路遠者難以自備馬駝前來等語。年羹堯曰明朝時僅有一個月貿易，

〔註125〕本書第二部分第九十三號漢文摺《署川陝總督岳鍾琪奏遵旨辦理年羹堯離任諸事摺》（雍正三年六月初一日）作王琰。

〔註126〕本書第二部分第九十三號漢文摺《署川陝總督岳鍾琪奏遵旨辦理年羹堯離任諸事摺》（雍正三年六月初一日）作佟世祚。

〔註127〕本書第二部分第九十三號漢文摺《署川陝總督岳鍾琪奏遵旨辦理年羹堯離任諸事摺》（雍正三年六月初一日）作朱廷宬。

〔註128〕本書第二部分第九十三號漢文摺《署川陝總督岳鍾琪奏遵旨辦理年羹堯離任諸事摺》（雍正三年六月初一日）作汪元佑。

〔註129〕本書第二部分第九十三號漢文摺《署川陝總督岳鍾琪奏遵旨辦理年羹堯離任諸事摺》（雍正三年六月初一日）作高璈。

〔註130〕本書第二部分第九十三號漢文摺《署川陝總督岳鍾琪奏遵旨辦理年羹堯離任諸事摺》（雍正三年六月初一日）作許登瀛。

〔註131〕即日月山，《西藏志》頁一九九載，納拉撒拉圖即日月山。

而今貿易尚且定為二季矣，如果開二三處商市使其往來內地，又將亂矣等語，未予採納。臣反復申明唯貿易每月須定為一二日，故增加了兩個月，以每年開四季貿易頒佈於眾。臣理應就照喀爾喀例來朝由內地而行之事亦再四勸告，姑容未語乃臣愚懦之處。此情早應奏聞，唯臣想等編完旗佐領後，親赴京城口奏，茲命臣留在西寧，故將硃批一併繳奏。

雍正三年十月二十四日

硃批：此事爾有何罪。

〔47〕陝西布政使馬喀奏請免去鹽差俸祿摺（雍正三年十一月二十日）[3]-2228

奴才馬喀〔註132〕謹奏，為請旨事。

竊查前河東巡鹽御史收入，皆指稱衣服、羊毛騾價及謝儀名目陸續向商人徵收，年羹堯管理鹽務後將此等名目概行取締，統以公費銀兩徵收，每年正引餘引皆能截角退引，則應得公費銀十二萬四千餘兩。若餘引未完，僅完一年額定正引，應得公費銀十萬四千兩。其中扣除納入正項錢糧之五萬兩外尚餘銀五萬四千兩，此所餘之五萬四千兩，扣除運司養家之銀一萬兩、運同三千兩、備築堤壩銀五千兩，年羹堯奏請發給西安、寧夏將軍、四川陝西寧夏副都統之銀六千兩，再扣除支給經歷司、知事、三場大使、三巡檢、千總把總、各衙門書辦兵丁飯銀，給都察院之飯銀，給庶吉士之飯銀，及領引退引、運送錢糧雇牲畜等項共計一萬八千餘兩後，餘下之近一萬二千兩即為奴才應得之銀。奴才已蒙恩補為布政使，布政使任內應得之銀有一萬二三千兩。奴才家境一向清貧，此一萬餘兩之銀足夠一年之用，且仍有餘，奴才荷蒙鴻恩尚未効力分毫，安敢兩處承恩。伏乞將鹽差應得之銀或併入五萬兩正項錢糧內以為正項錢糧，或送交內務府之處批示在下，奴才欽遵施行，為此謹奏。

雍正三年十一月二十日

硃批：暫留司庫，若干年彙集後陳情具奏，爾効力之處大家亦得以知之。

〔48〕杭州副都統傅森奏報年羹堯收買屬下人心事摺（雍正三年十一月二十六日）[3]-2229

杭州副都統臣傅森謹奏，為奏聞奴才所見聞事。

〔註132〕　《清代職官年表》布政使年表作陝西布政使馬喀。

由於年羹堯無德甚深，且又奸宄邪惡至極，故由聖主屢次教訓年羹堯，又各大臣官員再三糾參其所有惡蹟[註133]。年羹堯獲罪重大至極，因而摘取已賞給伊之雙眼花翎補服黃帶子紫韁等，而伊毫無恐懼之色，若無其事，行走如常。於校場較射之日正黃旗滿洲恆特佐領下披甲雙保所用之弓約有七石之力，而年羹堯令其一名家奴出來，手拿披甲雙保之七石力弓，於眾人面前較射，年羹堯極為得意，並揚言道，尚有更強者，身邊經常隨帶此等奴才一二人，無論走到何處，亦無所顧忌云云。年羹堯不但如此，亦極取心於屬下，正白旗滿洲雅蘭泰佐領下披甲希蘭泰眼有疾，不甚看清物，故呈請辭去披甲。年羹堯言，若令其辭去披甲於心不忍，可仍留為披甲，而令其家奴頂替當差行走云云，如此將其仍留為披甲，而屬下無知小人亦多感激。再自革去其將軍一職之後，為將軍衙門之筆帖式，即鑲黃旗薩雅圖、胡琛泰、正白旗車伍格、正紅旗明珠等四名筆帖式，每人給一樓房。又有六名親軍校每人給一樓房，其中為鑲黃旗漢軍親軍校劉征又給銀百兩。鑲黃旗漢軍小領催興尚達、鑲黃旗滿洲小領催費揚古、正白旗漢軍小領催王國征等三人，前於親軍校上行走，年羹堯給興尚達五十兩銀，給費揚古二十兩銀、給王國征二十兩銀。再購買房子時，除定價外又多給一半銀兩。房主搬遷時又給許多銀兩。如此以來許多人皆感激年羹堯。又有跟隨年羹堯前來之轎夫十餘人，年羹堯給伊等每人盤費銀百兩，此外又多給每人五十兩銀之後遣回各自原籍，為此，謹將奴才之所見所聞，具摺奏報。

雍正三年十一月二十六日

硃批：知道了，事已定案，罪孽沒完沒了之人，已經不能自主。

〔49〕署理杭州將軍事務鄂彌達等奏報年羹堯家產變價摺（雍正三年十二月二十一日）[3]-2249

署理將軍事務王府長史臣鄂彌達、署理巡撫事務之侍郎福敏、布政使臣佟吉圖等謹奏，為欽遵上諭事。

雍正三年十一月十五日接據都統拉錫咨稱，奉旨，年羹堯家中之古董裘皮羽緞等物交佟吉圖，派可信妥善之人送來京城。其他諸物及其在杭州之三百四口家人俱交付鄂彌達、福敏、佟吉圖等變價處理，朕所賜三馬著賞鄂彌達，欽此，等情，遵旨。臣等公開啟封，一一查點，將細毛裘衣古物字畫等繕造清冊，已由佟吉圖派人送往京城。其餘各物臣等經帶商人估價，折銀八

〔註133〕原文作「惡績」，輯者改為「惡蹟」。

千九百二十三兩四錢。年羹堯在杭州之三百零四口家人變價三千二百八十五兩。騾馬三十九頭，牛六頭，共變價六百八十三兩二錢。再前曾奏聞之二千七百四十八兩三錢金子、四百六十二兩三錢重之金器簪子等物、四萬七千九百二十四兩二錢之銀、二千二百五十兩重之銀器簪子等物、房子變價銀一千一百兩、從井中挖出之銀五百五十兩、銀壺一把、匙子九個，俱造清冊送部外，為此謹繕摺奏聞。

雍正三年十二月二十一日

〔50〕杭州副都統傅森奏報年羹堯及其黨徒種種不法摺（雍正四年二月二十八日）[3]-2315

杭州副都統臣傅森謹奏，為欽遵上諭，以奏聞所見所聞事。

奴才授以杭州副都統後即行請訓，聖主諭曰，佟吉圖原為隆科多胯下爬行之人，今日年羹堯任杭州將軍，而佟吉圖是否又與年羹堯前鑽營，著爾探取信息。再亦探取總兵官卞世緯消息，欽此。奴才自抵杭州之後即打探伊等信息，卞世緯駐於溫州府，離杭州近千里之地，向來往之人打探亦不得其實情。今有杭州水師副將李三者，伊原在侍衛上行走時可認得奴才。奴才與李三閒談之中有意探問卞世緯情形。據李三稱，卞世緯雖人較粗，但坐官尚可，且管理標下官兵甚嚴等語，對此情形，除奴才另行打探外。再自年羹堯抵達杭州之後，奴才即派正黃旗散騎郎蘇巴立、領催吳立保〔註134〕等處處打探，且奴才又私下探聽得，未曾聞得佟吉圖與年羹堯前有往來，只在變賣年羹堯家所抄什物、家裏奴隸時佟吉圖買得女三名、男女族人四十餘口，而衣物綢緞紗布裘皮等物伊多選買其中之好者云云，旗人百姓皆在紛紛議論。至於該項買賣冊，奴才不便明取翻閱，故僅私下探訊核實之後將所聞所知情形恭摺奏聞。奴才屢蒙聖主格外殊恩，官至副都統，自抵達杭州之後除勤奮教練兵丁騎射外，實無有所効力之處。奴才極為庸愚，且又年少，對於皇上養育任用之天恩，奴才數著頭髮報答皇上，亦報答不完。奴才所以伏首叩請者，聖主嗣後對奴才之所作所為多頒敕諭教訓，奴才遵照皇上訓諭，竭盡至死効力，為此奴才極為惶恐叩頭請旨。

雍正四年二月二十八日

硃批：知道了，應寫封面官銜名目。

〔註134〕本部分第三十四號文檔作烏利保。

〔51〕杭州將軍鄂彌達奏陳擅買年羹堯家僕及佟吉圖私匿古玩摺（雍正六年六月二十四日）[3]-3171

駐防杭州等地將軍臣鄂彌達謹奏，為奏陳緣由事。

雍正六年六月接部咨內開，據佟吉圖供，年羹堯家古玩甚多，一時難以點清，故遺漏未記載入冊者確實有之。後巡撫福敏將古玩送至藩司，令以遣員送往京城。我與簿冊核對，見不但多出三十件古玩，且另有一衾，我俱壓下入己，再將軍鄂彌達將年羹堯家男婦挑取了九口等語。將軍鄂彌達乃命赴年羹堯家行差之人，不但擅挑家口，且未查清年羹堯家古玩，致被佟吉圖私匿扣留，殊屬不合，將將軍鄂彌達交兵部嚴加議處。咨杭州將軍，將其所挑取之年義堯家之洪壽、李關水、蔡綸、馬木、雅思哈、李關水之母之妻及李關水二女解部入官等情。查雍正三年都統拉錫咨開，年羹堯家之古董皮張羽緞等物奉旨交佟吉圖，由其差遣可信賢人解送京城，欽此欽遵。一應宜送京城之物品及古物五百六十三件，舊衾一床及枕裝入匣內，奴才與原任巡撫福敏一一清點交與佟吉圖，佟吉圖點收後方於簿冊鈐用藩司印篆，給我為憑。入官之物奉旨解京，古物舊衾竟為佟吉圖竊取，實乃奴才萬萬未料到者。再聖主遣臣署理將軍印務，又賞臣子鄂善為筆帖式，乘驛前來，所帶七名跟役內一名病亡，餘下六名跟隨臣父子二人不足差遣。故奴才一時糊塗，將年羹堯家蒙古哈哈珠子〔註135〕三人、漢哈哈珠子一人以官價六十兩買來。奴才身為將軍，雖差人何以不足，亦應等候家口到來，自行採買官賣之人，此即奴才昏庸之處，尚有何辭。所謂挑取年羹堯家男婦九口乃屬無中生有，隨年羹堯妻前去之男婦，其父子夫妻孩子俱未在一處者有六十餘口，即因不便作價，令分給八旗官員贍養，我名下分養之人內有洪壽、李關水、蔡綸、李關水之母之妻及其二女，一女八歲一女三歲，此等人已為年羹堯〔註136〕贖領矣。雅思哈乃福敏所買，奴才所買之四哈哈珠子一名已亡，現有之三哈哈珠子已送交前去等情，業經行部訖，鈐有佟吉圖藩司印篆簿冊一冊存於將軍衙門內，奴才乃賴聖主而生之人，不拘恩自聖裁，為此惶悚奏聞。

雍正六年六月二十四日

硃批：未料爾竟如此無恥負恩，為佟吉圖如此欺朕，既已有此卑鄙之事，何以偽裝巧奏又有何用，唯觀日後能否為戒耳。

〔註135〕滿語外府隨侍之稱。
〔註136〕原文如此，疑為年希堯之誤。

〔52〕雍正帝硃諭一紙[3]-5043

馬喀豈有此理乎，為人又有如此之心耶，何膽何心，辜負恩惠者年羹堯、馬喀類此者古來少有，朕確實懷疑可信，蓋福分淺薄，信口雌黃而已，殊屬可恨，執之審訊之案除已諭部外，將馬喀在任所之所有家業行李均查封，毫不可放鬆，想伊知此情形，必有躲避送往京城隱匿之事，爾務加緊嚴訪審查，爾等擔負一省之事，駐於一城，觀爾為此隱度未具奏朕之情形，爾等必善良，不憎恨存此種習行之人，亦屬似此該殺之類也，爾存心如同年羹堯、馬喀一樣，則上天洞鑒，亦照還報而已。觀伊等還報，理應驚懼，應洗滌一切小貪、欺瞞主子，背棄國家之恩，從下掘洞出賣法律等心，因年羹堯、馬喀等輩，朕用人之臉面殆盡，朕實愧悔，爾原非正直清廉中庸之人，亦仰賴朕恩爾改品行，朕方如此用爾，朕實敢以爾為上智人不屑一顧，今年羹堯、馬喀皆如此辜負朕恩也，實難相信爾等，此事朕甚留意，爾倘有絲毫徇情退讓，則爾斷不能遮掩朕聞，彼時勿怨朕，勤勉盡忠。

〔53〕靖逆將軍富寧安奏謝天恩摺（雍正元年六月初十日）[1]-322
〔註137〕

奴才富寧安謹奏，為叩謝天恩事。

護軍參領法保前來巴里坤，諭奴才，爾前去暫告富寧安，聞得年羹堯將伊密參，此乃無據之言，富寧安為國殊死効力，年羹堯又忍心乎，伊之題本朕亦閱覽，竟無事，富寧安竭誠効力朕稔知，欽此。奴才跪聆，頂荷非常隆恩，方寸頓亂，叩謝涕零，不能自已。奴才蒙聖主之恩，天地高厚，不能一一剖白，然奴才孤獨，惟仰賴聖主而生，所蒙鴻恩當銘刻肺腑，備加敬謹，竭盡駑駘効力，奴才除仰瞻聖主叩謝外，已不得具奏之言，故將叩謝天恩之處謹恭奏以聞。

雍正元年六月初十日

硃批：此係富寧安回奏之摺，現發於爾看看。〔註138〕

〔註137〕此奏摺為出版社排版後校稿時增加，故排列於此。
〔註138〕從文稿內容知，此硃批疑非本奏摺之硃批，誤置於此。

第二部分　年羹堯案漢文奏摺

〔1〕署廣東巡撫年希堯奏謝將合族調入鑲黃旗摺（雍正元年二月二十七日）[2]-[1]-89

署理廣東巡撫事務布政使奴才年希堯謹奏，為叩謝天恩事。

竊奴才父子兄弟均荷聖祖仁皇帝格外眷顧，主恩優渥，不啻天高地厚，犬馬之誠尚未報効，而奴才尤至愚至陋，更荷皇上始終矜全，逾分優恤，凡可成就莫不仰賴聖慈，委曲訓諭，即天地覆疇之恩，父母鞠育之德亦未有逾于此者。復蒙我皇上恩加睿獎，以奴才為人老成，特命署理廣東巡撫事務，殊恩異寵迴出非常，陛辭之日跪聆聖訓，周切篤摯，無異家人父子，如此生成大德雖捐麋頂踵何能仰報。茲奴才接父親家信，又蒙皇上天恩將奴才一族有原在正白旗鑲白旗及正黃旗包衣佐領下者俱調入鑲黃旗，奴才恭設香案，率眷屬望闕叩頭謝恩訖。伏念榮沾聖澤千載一時，不獨奴才父子兄弟銜感鴻慈，即合族無不頂祝天庥，奴才惟有潔己率屬查吏安民，以仰報隆恩於萬一耳，為此具摺叩謝天恩，謹奏。

雍正元年貳月貳拾柒日

硃批：知道了，着寔勉力作好官，不可恃恩，不可胆大，千古聲名要緊，時刻不可偷安，勤苦任事方不負朕大恩也。你家人五什哈五闌太着他來京，到來着年熙請旨。

附錄修訂摺一件

署理廣東巡撫事務布政使臣年希堯謹奏，為叩謝天恩事。

竊臣至愚至陋，荷蒙皇上始終矜全，逾分優恤，凡可成就莫不仰賴聖慈，委曲訓諭，即天地覆幬之恩，父母鞠育之德亦未有逾于此者。復蒙我皇上恩加睿獎，以臣為人老成，特命署理廣東巡撫事務，殊恩異寵迥出非常，陛辭之日跪聆聖訓，周切篤摯，無異家人父子，如此生成大德雖捐麋頂踵何能仰報。茲接臣父家信，又蒙皇上天恩將臣一族有原在正白旗鑲白旗及正黃旗包衣佐領下者俱調入鑲黃旗，臣恭設香案，望闕叩頭謝恩訖。伏念榮沾聖澤千載一時，不獨奴才父子兄弟銜感鴻慈，即合族無不頂祝天庥，臣惟有潔己率屬查吏安民，以仰報隆恩於萬一耳，為此具摺叩謝天恩，謹奏。

雍正元年二月二十七日

硃批：知道了，亟當勉力做好官，不可恃恩自恣，不可任情玩惕，身膺封疆重寄，千古聲名要緊，須刻勿偷安，勤苦任事方不致辜負朕恩也。

〔2〕署廣東巡撫年希堯奏謝家妹冊封貴妃摺（雍正元年三月二十五日）[2]-[1]-149

署理廣東巡撫事務布政使奴才年希堯謹奏，為恭謝天恩，仰祈睿鑒事。

竊奴才父子兄弟蒙聖恩優隆，有加無已，天高地厚，報稱未能，茲接奴才父親家信，奴才妹妹蒙聖恩冊封貴妃，一家榮寵，闔族增光，聞命自天，感激無地，隨恭設香案，率闔署望闕叩頭謝恩訖，奴才惟有益加勉力，小心謹慎，仰報高厚於萬一耳，為此具摺奏謝天恩，謹奏。

雍正元年叁月貳拾伍日

硃批：知道了，一切總仗不得，大丈夫漢自己挣出來的方是真體面，勉之。

附件硃諭一紙

上諭年希堯，布政司王朝恩輿論不一，有人說他做官好，有人說他與沈澄郭志道通同一氣，欺隱阿諛上司，楊琳楊宗仁皆為之矇敝，總不與你一點相干之事，你不可偏向，私為他人，自召己禍，與圖歷琛〔註1〕秉公察盤，圖歷琛朕知他才情能幹，操守不保，恐他將此事以為詐騙唬恐以圖己利，又在你們身上作情面，皆未可定，若少有此等一點，你若忍的欺朕，你就做是了。再沈澄楊琳楊宗仁都密薦舉過，聞此人織造蠻子書吏出身，大有歪才的人，說甚不堪，你可據實密奏來。再郭志道何如，朱綍楊琳楊宗仁也同沈澄

〔註1〕即圖理琛，因出使額濟勒河（今伏爾加河）土爾扈特部蒙古而著名，時任廣東布政使。

一事保來的，聞此人甚好，未知果否，朕已用按察使矣，說與楊琳，不要教他怕，只要他秉公，不肯在中間欺隱粉飾遮掩，一點也不與他相干，多少屬官，難道是聖人麼，就是聖人也保不定不被人欺哄，只要知道了不好，就改悔過來，就沒有不是了。

附錄修訂摺一件

奏為恭謝天恩事。

竊臣父子兄弟蒙聖恩優隆，有加無已，天高地厚，報稱未能，茲接臣父親家信，臣妹蒙聖恩冊封貴妃，一家榮寵，闔族增光，聞命自天，感激無地，隨恭設香案，率闔家眷屬望闕叩頭謝恩訖，臣惟有益加勉力，小心謹慎，仰報高厚於萬一耳，為此具摺奏謝天恩，謹奏。

雍正元年三月二十五日

硃批：知道了，一切總皆倚仗不得，丈夫生于世間，須自己真本領，所立者方為真貴真榮，勉之。

〔3〕署廣東巡撫年希堯奏遵旨即令家人伍闌太赴京摺（雍正元年六月初三日）[2]-[1]-377

署理廣東巡撫事務布政使奴才年希堯謹奏，為奏明事。

奴才承差齎奉皇上批回奏摺，奴才跪讀硃批，蒙皇上教訓奴才，勉力諄諄不啻如天地覆載，父母保全，所愧奴才才力駑下，無可仰報。惟有恪遵聖訓，小心謹慎，清廉愛民，綏靖地方，以仰副我皇上愛育元元之至意，斷不敢偷安廢弛，縱情放肆，以負皇上大恩也。又奉硃批，你家人伍什哈伍闌太着他來京，到來着年熙請旨，欽此，奴才家人伍什哈去年起身時留在京中看守房屋，並未帶來廣東，其子伍闌太自小跟隨使熟，因帶至署中伺候使喚，亦並未令其經管事情，今遵旨即令赴京，到日着年熙請旨，所奉硃批遵照恭繳，但奴才生質極愚，接到諭旨莫知所措，驚惶戰慄，恐懼憂愁，食不下咽，寢不安席，伏懇皇上俯念奴才愚魯，曲賜矜全，恩典出自聖裁，奴才臨奏不勝戰慄悚懼之至，謹奏。

雍正元年陸月初叁日

硃批：你的兩個家人聞得你向日約束他們不來，恐有累於你，朕要送於你兄弟處拘管使喚他們，並沒有什麼緣故，特諭。

〔4〕兩廣總督楊琳奏陳年希堯居官盡職等事摺（雍正元年八月二十三日）[2]-[1]-708

兩廣總督臣楊琳為回奏事。

本年八月初五日臣賫摺人回，奉到御批，年希堯何如，據實直奏，稍有一點私心，年則堯不是榜樣麼，欽此。查年希堯由同知知府道員兩司歷任外官，民情吏治素所熟練（硃批：是），為人誠實和平（硃批：是），政事明敏（硃批：未必），巡撫衙門一應錢穀刑名辦理維勤（硃批：不圖變用就好了），協和同寅（硃批：與常鼐和錯了），體惜下屬（硃批：不好的惜他作什麼），恭遇皇上聖明之下，身受破格擢用之恩（硃批：或為此勉力，不可限量也），知其必能竭力報效，不負委任。至於操守現在謹飭廉靜，後來或能否始終如一，臣自當據實〔註2〕密奏（硃批：好）。再廣東學臣編修惠士奇校士公明，一文不取，臣初亦未敢盡信，今三年已滿，今補考特恩，廣額童生亦將完畢，則其始終如一矣，臣遍歷各省所遇學臣中僅見者，有此清操特出之員（硃批：早有旨留三年矣），臣何敢掩沒，不為上聞，合并奏知，謹奏。

雍正元年捌月貳拾叄日臣楊琳。

硃批：惠士奇觀其人吏治可以用得否。

〔5〕廣東巡撫年希堯奏明桑成鼎實係家奴摺（雍正元年八月二十四日）[2]-[1]-720

廣東巡撫臣年希堯謹奏，為據實奏明事。

直隸守道桑成鼎本名孫成鼎，小名二小，臣父舊有家人孫七娶桑姓之妻為妾，二小年僅八歲隨母嫁來，其時跟臣伴讀，起名孫宏遠，後將家人張廚子之女配伊為妻，生子名留子，拾貳叄歲病亡，其妻過數年亦故，後伊自娶京東采育醫生之女為妻，伊妻之母現在臣男年裕署中使喚，伊妻之妹配與家人強官，現隨嫁臣妹。臣初任雲南景東府同知時宏遠跟隨任上使喚，臣後任直隸廣平府知府，留宏遠在京中管事，康熙五十年宏遠私捐知縣，改名孫成鼎，掣選四川中江縣知縣，去歲請復本姓桑，前因其官小且在遠省，臣又不能具摺，故不敢言，今成鼎官居守道，監司大僚，又在畿輔重地，成鼎實臣家奴，臣何敢蹈欺君之罪，隱匿不奏，相應據實奏明，謹奏。

雍正元年捌月貳拾肆日

〔註 2〕著重號為御筆所加，本書同，不再註。

〔6〕廣東巡撫年希堯奏陳考官康伍瑞及欽差圖理琛等操守摺（雍正元年九月十七日）[2]-[1]-797

廣東巡撫臣年希堯謹奏，為回奏事。

康伍瑞臣去年在京始識面，並無交往，王思訓到廣臣纔認識，貳人奉差點試關防閱卷，弊端盡絕，發榜後輿論悅服，出場各止住拾餘日，皆小心謹慎，毫不多事，若其素日居官做人之處臣實不知，未敢妄奏，但奉差之員如康伍瑞王思訓可謂凜遵諭旨（硃批：知道了），非若涂天相之猖狂，挾勢求索（硃批：涂天相是個好的，挾勢求索可有實據否，不可聽信人言，若有據款奏來），茲蒙諭旨下問，謹一併奏知。再圖歷琛到廣自盤查布政司庫後，每日靜坐公館，並不出外，即家人總不許出街，今已住壹月，絕無招搖多事之處，臣遵旨先為奏聞，倘或後有乖張多事之處，另據實奏聞，謹奏。

雍正元年玖月拾柒日

硃批：知道了，向後看了，據實奏，此人才甚堪用，如若能有守，是個好的□□，勸勉大家做好官，與朕掙體面。

附錄修訂摺一件

廣東巡撫臣年希堯謹奏，為回奏事。

康伍瑞臣去年在京始識面，並無交往，王思訓到廣臣纔認識，二人奉差點試關防閱卷，弊端盡絕，發榜後輿論悅服，出場各止住拾餘日，皆小心謹慎，毫不多事，若其素日居官做人之處臣實不知，未敢妄奏，但奉差之員如康伍瑞王思訓可謂凜遵諭旨（硃批：知道了），非若涂天相之猖狂，挾勢求索（硃批：挾勢求索有實據否，涂天相頗好，不可聽信人言，果有款蹟據實奏來），茲蒙諭旨下問，謹一併奏知。再圖理琛到廣自盤查布政司庫後，每日靜坐公館，並不出外，即家人總不許出街，今已住壹月，絕無招搖多事之處，臣遵旨先為奏聞，倘或後有乖張多事之處，另據實奏聞，謹奏。

硃批：知道了，向後看明據實奏聞，朕知圖理琛才頗堪用，如更有守方可大用，共相勸勉做好官，為朕効忠可也。

〔7〕廣東巡撫年希堯奏回明欽奉上諭緣由並繳硃諭摺（雍正元年十二月初六日）[2]-[2]-288

廣東巡撫臣年希堯謹奏，為回奏事。

臣齎奏承差回廣，欽奉上諭，臣不勝惶悚，臣去年出京，蒙怡親王面諭事

情，臣因未有辦完，適家人進京，令先向怡親王門上包衣昂邦說知，啟知怡親王，又恐家人不明白事情，開寫一單令其記憶，不意家人將單送交怡親王門上包衣昂邦轉啟怡親王，此中錯誤臣亦不敢辯，但臣應該即具啟帖，乃一時愚昧無知，未有具啟，草率疏忽，臣罪何辭，若臣驕慢不恭，臣何人斯，即於相等人處尚且不敢，何況怡親王前敢驕慢無禮，臣即具啟怡親王請罪，懇求大度包容，恕其愚昧無知，更懇聖恩赦臣草率疏忽失體之罪。總之臣本庸愚，蒙皇上天恩，事事教訓，得以欽遵奉職，嗣今仰遵聖訓，愈加留心，苦中尋苦，慎中又慎，不敢有一毫上負聖恩，其在廣辦事筆帖式趙明事情辦完，於未奉諭旨之先已於拾壹月貳拾捌日起程回京矣，為此具摺回奏，恭繳上諭，臣不勝悚懼戰慄之至，謹奏。

雍正元年拾貳月初陸日

硃批：覽。

附件硃諭一紙

字諭年希堯，你大有傻公子的秉姓，自朕登基以來怡親王之赤心效力，公忠體國，朕待王子之殊恩，天下共知，你豈比得別人，此等寔心為朕之人，你當十分敬重纔是，那里有將王諭你之事輕忽草率，不理不辦猶可，豈有一啟帖不呈，吩咐你家裡奴才的口話寫一個帖兒送來，無知失體驕慢不恭之甚，你若果不存私，不結交王公，不欺隱朕，就當將此事□利不管，一面奏聞纔是。當日及當面應承，又不曾奏聞，而大失王臣交接之國體，而又應[註3]騙君之大過，甚屬無知可惡，況怡王不是背朕在你這樣尋常督撫前托情作威福的人，如果他是如此等人，朕亦不如此重用，此買賣事王亦原奏過交托你，朕當你自然盡心料理，不想你如此無知，笑話之甚，諭到可速速完結，在王處請無知之罪，竭力挽回，他不是喜歡你的銀錢的人，不要又錯了，獻主意，看你這個才情，如何辦一省之繁冗。前日吏部有你一件解銅胡謅之事，若如此蠻來，恃恩仗寵，恐大負朕之用汝之恩也。前日又有一奏，恐結怨於部臣之言，難道你件件記來，只要你與朕私自辦理罷，不經眾議，亦無此理，當事事留心，不可圖受用，玩那公子秉性，仗皇上恩典都使不得，把官當個苦事做，纔得好，為臣不易四字時刻忘不得一句，果乎為官恐身家之難測，凡事苦中尋苦，慎中又慎，方能保全始終也，慎之。部中若有委曲你的事，如果理正，只管那本頂，朕不是不看本的不識字的皇帝，若外怕結怨部臣一句，將無理的事密奏了，指望朕乾綱獨

〔註3〕「應」應為「膺」之誤。

斷，莫想有理無理，只要明白出來，朕就有主意了，糊塗事朕生平不慣。

附錄修訂摺一件

廣東巡撫臣年希堯謹奏，為回奏事。

臣齎奏承差回廣，欽奉上諭，臣不勝惶悚，臣去年出京，蒙怡親王面諭事情，臣因未有辦完，適家人進京，令先向怡親王門上包衣昂邦說知，啟知怡親王，又恐家人不明白事情，開寫一單令其記憶，不意家人將單送交怡親王門上包衣昂邦轉啟怡親王，此中錯誤臣亦不敢辯，但臣應該即具啟帖，乃一時愚昧無知，未有具啟，草率疎忽，臣罪何辭，若臣驕慢不恭，臣何人斯，敢于怡親王前驕慢無禮，臣即具啟怡親王請罪，懇求大度包容，恕其愚昧無知，更懇聖恩赦臣草率疎忽失體之罪，臣嗣今惟有欽遵聖訓，愈加留心，苦中尋苦，慎之又慎，不敢有一毫上負聖恩，為此具摺回奏，恭繳上諭，臣不勝悚懼戰慄之至，謹奏。

雍正元年十二月初六日

硃批：覽。

附錄修訂硃諭一紙

諭年希堯，爾年已老大，猶有童心，殊覺可笑，自朕登基以來怡親王之赤心効節，公忠體國，朕待王之推誠置腹，股肱寄托，天下人所共知，況爾非比他人，此等忠誠事朕之臣當百分敬重纔是，豈可將王所交之事輕忽草率，置之不理已屬不合，而竟不具一啟回覆，止吩咐家奴將口話寫一說帖，殊為無知失禮，驕慢不恭之甚，爾若果守不私交之義，盡不欺之忠，彼時即當謝絕，隨一面奏聞于朕，當日既經覿面應諾，並不奏聞，則是已蹈欺隱之大咎，復蹈失敬敬愛皇上之禮，甚屬無知可惡之至，且怡親王豈背朕想爾等庸常督撫前請托而作威福之人耶，如係彼等之人，朕亦豈肯如此重用。前貿易之事，王將交爾情由久已奏明，朕謂爾定，當盡心料理明白，不意爾如此怠慢，可笑之極，諭到即速行完結，向王處請無知之罪以贖前愆，王並非希圖爾饋送之人，不得錯會妄加揣量，觀爾如此才情，何能辦理一省之繁冗，日前吏部奏爾一件，解銅無理之事亦甚屬不合，悉如此，恃恩倚寵而行，殊大負朕任用之恩，前又有爾一奏，恐結怨于部臣云云，若所奏則凡一切事只須爾與朕私相辦理，不必經眾議矣，有是理乎，嗣後當事事留意，不可躭於安逸，以逞爾童心，以謂仗托皇恩不妨，此想斷乎不可，須將居官當做一苦事，庶不致大謬，為臣不易四字時刻

不可去懷，否則恐身家性命禍福難測，凡事苦中尋苦，慎之又慎，方能保全始終也，慎之戒之，倘或部中駁議不公，涉於屈抑，爾若理正，只管具疏奏辨，朕非不閱本章之主，自能鑒察，若云惟恐結怨部臣，數將經理之事密奏，欲望朕偏聽獨任，慎毋作此想，無論有理無理，但須指陳明白，朕即有乾斷，若似是而非之事朕主平，不慣模糊放過也，特諭。

〔8〕奮威將軍岳鍾琪奏謝疊賜寶物授以公爵並繳御批摺（雍正二年四月初四日）[2]-[2]-626

奮威將軍三等公臣岳鍾琪謹摺，為恭謝天恩事。

雍正二年三月二十一日臣旋師至一揹哈爾吉地方，准兵部咨，為欽奉上諭事，職方清吏司案呈雍正二年三月初九日奉諭，苦苦腦兒〔註4〕賊人羅卜藏丹盡〔註5〕一事，大將軍年羹堯、奮威將軍岳鍾琪以下至軍兵非常出力，十五日之間即將叛賊大事剿滅平定，深屬可嘉，將年羹堯授為一等公，再賞一精奇尼哈番，岳鍾琪着授為三等公，凡効力官兵從優敘功恩賞，着戶部發庫銀貳拾萬兩，差官送至大將軍年羹堯處，按官兵効力等次特加恩賞，欽此欽遵等因，備咨到臣，隨恭設香案，望闕叩頭謝恩訖。伏念臣以邊鄙庸愚，至微極陋，蒙聖祖仁皇帝破格擢用，准以候選同知改授松潘游擊，嗣以永寧協副將領兵進藏，隨蒙特簡提督重任，伏遇聖主纘承大統，恩賞頻加，已難殫述，復荷俯念微臣前此出師西藏微勞，及征剿郭羅克逆番，疊給世襲職銜，茲奉命出征西海，又加奮威將軍，更蒙宸衷俯惜微軀，以御用甲冑為臣護身禪符，又賜彤弓以張撻伐。臣統兵出塞，仰仗天威平定西海諸部落，一切軍機早在大將軍臣年羹堯欽遵聖主方略，籌畫盡善，決勝萬全之中，臣奉令奔走實無寸功，乃沐曠典授以公爵，是臣繆邀千古之奇恩，愧居具臣之班列。至臣子濬邀恩受廕，齎摺引見，復蒙皇上溫綸訓諭，儼如家人，隨賜克食端硯火鐮貂皮並賜臣龍緞寧綢人參，又令臣子濬隨臣軍前行走，君恩逾格，臣分難安，縱糜頂踵莫報涓埃，惟思世篤忠誠，子子孫孫共答高厚無既，所有微臣感激下忱，理合繕摺恭謝天恩，並繳御批三摺，為此具摺奏謝以聞。

〔註4〕即青海湖，這裡代指青海地區，《欽定西域同文志》卷十四頁一載，庫克淖爾，蒙古語庫克青色，淖爾水聚匯處，即青海，地以水名，亦稱庫庫淖爾，音之轉也。

〔註5〕《蒙古世系》表三十七作羅卜藏丹津，顧實汗圖魯拜琥幼子即第十子達什巴圖爾之子。

雍正二年四月初四日具。

硃批：朕原許你國家梁棟，不世出之名將，朕實愧尚未酬爾之忠誠勤勞也，若能體朕重愛之意，凡百慎重，惜力保養精神，舒心暢意，受朕之恩就是矣，朕生平不負人三字信得及的，但年羹堯與你朕寔不知如何待你們方與良心無愧也。

附錄修訂摺一件

奮威將軍三等公臣岳鍾琪謹奏，為恭謝天恩事。

雍正二年三月二十一日臣旋師至一揖哈爾吉地方，准兵部咨，為欽奉上諭事，雍正二年三月初九日奉諭，苦苦腦兒賊人羅卜藏丹盡一事，大將軍年羹堯、奮威將軍岳鍾琪以下至軍兵非常出力，十五日之間即將叛賊剿滅平定，深屬可嘉，將年羹堯授為一等公，再賞一精奇尼哈番，岳鍾琪着授為三等公，凡効力官兵從優敘功恩賞，着戶部發庫銀二十萬兩差官送至大將軍年羹堯處，按官兵効力等次特加恩賞，欽此欽遵等因，備咨到臣，隨恭設香案望闕叩頭謝恩訖。伏念臣以邊鄙庸愚，蒙聖祖仁皇帝授以提督重任，伏遇聖主纘承大統，恩賜頻加，已難殫述，茲奉命出征西海又加臣奮威將軍，臣統兵出塞仰仗天威平定西海諸部落，一切軍機早在大將軍臣年羹堯欽遵聖主方略籌畫盡善，決勝萬全之中，臣奉令奔走實無寸功，乃沐曠典授以公爵，是臣繆邀千古之奇恩，愧居具臣之班列。至臣子濬邀恩受廕，齎摺引見，復蒙皇上溫綸訓諭，儼如家人，隨賜克食端硯火鐮貂皮並賜臣龍緞寧紬人參，又令臣子軍前行走，君恩逾格臣分難安，縱糜頂踵莫報涓埃，惟思世篤忠誠，子子孫孫共答高厚無既矣，所有微臣感激下忱，理合繕摺恭謝天恩，並繳御批，謹奏。

雍正二年四月初四日

硃批：朕原許爾為國家梁棟，不世出之名將，今果不謬，爾之忠勤尚未酬及一二，殊為抱歉，須體朕望重之意，慎養精力，舒暢心志，以俟加恩頒賞可也，朕生平不負人三字，自信得及，今年羹堯暨汝二人，朕不知如何寵錫方愜寸衷。

〔9〕奮威將軍岳鍾琪奏謝恩授三等公併賜龍褂等物摺（雍正二年四月十五日）[2]-[2]-661

奮威將軍世襲三等公臣岳鍾琪謹摺，為恭謝天恩事。

雍正二年四月十一日大將軍臣年羹堯口傳上諭，授臣三等公，恩加世襲，又賜臣四團龍褂五爪龍袍，臣隨望闕叩頭謝恩，跪領訖。伏念臣一介武夫，奉

命出征，皆仗聖主天威，海氛掃蕩，微臣委無寸功，乃謬邀公爵，恩賜世襲，榮及子孫，實千古未有之殊恩，蒙將御服解賜微臣，昭其黼黻，更史冊未聞之曠典，受恩深重，揣分難安，惟有竭盡駑駘，仰答高厚於萬一耳，所有感激下忱，理合繕摺恭謝天恩，為此恭摺奏謝以聞。

雍正二年四月十五日具。

硃批：卿智勇兼濟，忠勤懋著，前者立奏青海之功，克壯國威，榮膺殊典昭示允宜，兼以方炎之候復有靖番之行，念爾孔勞，實用弗安，想自能膚功早奏，慰朕遠懷也。

附錄修訂摺一件

奮威將軍世襲三等公臣岳鍾琪謹謹奏，為恭謝天恩事。

雍正二年四月十一日大將軍臣年羹堯口傳上諭，授臣三等公，恩加世襲，又賜臣四團龍褂五爪龍袍，臣隨望闕叩頭謝恩跪領訖。伏念臣一介武夫，奉命出征，皆仗聖主天威，海氛掃蕩，微臣委無寸功，乃謬邀公爵，恩賜世襲，榮及子孫，實千古未有之殊恩，蒙將御服解賜微臣，昭其黼黻，更史冊未聞之曠典，受恩深重，揣分難安，惟有竭盡駑駘，仰答高厚於萬一耳，所有感激下忱，理合繕摺恭謝天恩，為此恭摺奏謝以聞。

雍正二年四月十五日

硃批：卿智勇兼全，忠勤懋著，昨者戡定青海，克壯國威，榮膺殊典，乃分所宜，茲值炎天復有靖番之行，言念孔勞，賞用弗安，諒能早平蠢類慰朕遠懷也。

〔10〕雲貴總督高其倬奏謝恩賜御書匾額等物摺（雍正二年四月十六日）[2]-[2]-666

雲貴總督臣高其倬謹奏，為恭謝天恩事。

雍正二年三月二十五日永北鎮總兵馬會伯到滇，齎捧皇上賜臣御書表率方隅匾額一幅貂皮八張，內造寧綢四聯，臣謹恭設香案望闕叩頭謝恩祗受訖。又接臣家信臣胞弟高其傃中式武進士，復荷聖恩賞在侍衛上行走。伏念臣過受重寄，報稱無能，方切祗懼，乃復叨恩格外，錫以瑰鹿之宸章，被服之上品，且數月之間四蒙御賜，一門之內均沾殊恩，臣仰荷之下不知所言，惟有朝夕兢兢，敬繹聖主表率之訓，竭力整飭屬吏，料理地方並教臣弟事事勤慎，務盡犬馬之忱，冀稍酬高厚於萬一耳，臣謹繕摺恭謝天恩，謹奏。

雍正二年四月十六日

硃批：覽卿奏謝，知道了。

〔11〕兩廣總督孔毓珣奏遵旨密陳年希堯等官聲摺（雍正二年六月二十四日）[2]-[3]-147

奏，兩廣總督臣孔毓珣謹奏，為遵旨回奏事。

臣奉密諭，左翼總兵金鐸聲名如何，查其實在具奏，原任道沈澄亦細訪察具奏，年希堯董象偉亦具實奏其賢否等因，欽此。查撫臣年希堯居官謹慎小心，臣因往省盤查藩庫會聚數日，凡事商酌，將來可無不同心之處。提臣董象偉未曾會面，聞得不留空糧，約束兵丁亦嚴，臣初到廣東，所知者乃其大槩，臣細察確實自當不時啟奏。又原任左翼總兵金鐸離粵已有十年，臣於無意中探問營內兵丁，多有感激者，細問其故，因金鐸當日全不操練，兵感其寬也（硃批：大笑話），且好飲（硃批：尤妙）疏懶，在任及巡海之年地方洋面失事甚多，大約行不逮言。原任雷瓊道沈澄臣初到時見過二次，詢以地方利弊情形，應對明白，似有才幹者，至其在雷瓊居官何如，俟臣察訪詳細另行具奏，緣奉密諭事，理合先回奏。

雍正貳年陸月貳拾肆日

硃批：知道了，所論公當，爾所奏漁船一摺朕意尚未決，必詳悉斟酌而后可，摺留中，大槩仍禁為是，暫不可弛禁，俟奉旨行。

〔12〕四川巡撫臣王景灝奏陳委員修城並報蔡珽起身赴京日期摺（雍正二年十一月初二日）[2]-[3]-710

四川巡撫臣王景灝謹奏，為奏聞事。

臣於陛辭之日欽奉諭旨，以蔡珽在川修城効力，係離任巡撫，恐呼應不靈，工程有悞，命臣委員代為料理，臣仰承皇上廑念邊方至意，城堡營房俱關緊要，臣於到任後謹即籌畫辦理，隨查蔡珽應修南坪隆康兩河口會龍保縣并中渡河越巂等處工程已委建昌通判崔鴻圖茂州知州邊鴻烈等，令各分路前往備辦物料，以便於來春凍解之時一齊興工，至夏秋間俱可告竣，臣仍不時嚴查，務令各委員將工程修築堅固，錢糧雖係捐項，亦不致於糜費，俟工完之日將用過銀兩再具摺奏聞。至蔡珽認捐銀五萬兩陸續交庫，於十月二十七日全完，臣已給咨令其回旗，於十一月初四日起程赴京，理合將收明銀兩料理工程緣由並蔡珽起身日期謹繕摺具奏以聞。

雍正二年十一月初二日具。

硃批：知道了，川省爾之屬員要你自己詳悉甄別優劣，不可全聽年羹堯指揮以定去就也。

〔13〕四川巡撫臣王景灝奏敬領溫綸恭謝天恩摺（雍正二年十一月初二日）[2]-[3]-712

四川巡撫臣王景灝謹奏，為敬領溫綸恭謝天恩事。

雍正二年十月二十六日臣齎摺家人權德回川，捧到御批摺子四件，上諭一道，黃匣四個到臣，隨恭設香案望闕叩頭祇領訖，跪讀之下不禁感愧涕零，伏念臣才本庸愚，寸長未効，乃荷天語褒嘉，益令悚惶無地，惟有竭盡駑駘，力圖報稱，以仰答高厚於萬一而已，所有感激微忱不能已，為此繕摺恭謝以聞。

雍正二年十一月初二日具。

硃批：知道了，朕着寔看你重，勉為之，年羹堯今來陛見，不知精神不加，不知功高志滿，有許多朕不取處，你雖係是他薦舉，乃你自勉與朕恩之所致，今既為相等封疆大臣，不可低頭下氣，若應同有理處同之，不得理存私，當異應異之，年羹堯不能致汝於禍福，朕非年羹堯能如何若何之皇帝也，朕從不慣心口異相，你來陛見時那時朕意原是那樣，因那樣諭你，今胸中既有如此意見，亦即明白諭你，朕生平無隱也，特諭你知朕意，好主主意而行，不然不解意，恐你錯誤也，若能密之，不能亦可。

〔14〕直隸總督李維鈞奏宋師曾應賠銀兩照數清完摺（雍正二年十一月十三日）[2]-[4]-1

兵部尚書兼督察院副都御史總督直隸等處地方加叄級紀錄玖次臣李維鈞謹奏，為遵旨奏聞事。

切臣面奉諭旨，宋師曾虧空完日令臣一面具題一面摺奏，欽此。查商欠虧空一案，宋師曾名下應追賠補不足銀肆萬柒千肆百玖拾叄兩有奇，勒限叄年清完，今據宋師曾於壹年限內將賠補不足銀陸續交還守道鹽法道庫貯訖，除俟守道桑成鼎鹽法道段如蕙將所交銀兩彙差詳覆，另疏題報外，所有宋師曾名下應追銀兩於壹年限內照數清完緣由，臣謹繕摺先行奏聞，伏祈皇上睿鑒，謹奏。

雍正貳年拾壹月拾叄日兵部尚書兼督察院副都御史總督直隸等處地方加叄級紀錄玖次臣李維鈞。

硃批：具題來，宋師恩乞恩是你主意，是年羹堯主意，若是你主意，朕開此恩，若是年羹堯，朕不準行此恩，近者年羹堯奏數事，朕甚疑其居心不純，有些弄巧攬權之景，況朕待你原出朕之目力物色，且先早一經聞爾之名，自□□一見，見你真誠愛君之心，發諸形色，所以用你，自用你之後，卿之竭誠為國料理地方，毫不瞻顧，因又見重於朕，年羹堯有何能，令朕如此待你也，我君臣之間有一物之隔二人，皆減價矣，年羹堯既不能與李紱田文鏡諾敏為禍，焉能為你作福也，諾敏前日之嚴飭乃其自取之也，並非為他地方事宜吏治怪他。近日有人奏你送年羹堯禮物過厚，而更有言覓二女子饋送之論，朕想斷無此事，但卿既蒙朕如此知遇，卿事朕以如此忠誠，朕凡有言再不隱卿，即年羹堯卿之與他來徃，亦奉旨之舉，朕不怪卿，朕近既少疑年羹堯，亦明示卿，朕意卿知道了當遠之，不必令覺，漸漸遠之好，朕試問黃叔琳一案外邊論是何人奏聞，他又茫然無知，云眾論，將軍安泰借此再三套問，朕之總未向他言，以此觀之卿並未將朕諸論全告年羹堯也。又奏俞兆晟在京不利於卿，招搖多事云云，此一節朕面諭俞兆晟來回諭你，總之朕待卿再不瞞你一字，卿亦當惟命，寔心奉行就是了，諸王大臣中秉公為國家惜人材者亦惟一怡親王耳，朕意其他卿總一槩平平而已，好我君臣之間不用如何若何也，密之不使□□屑小隱情，怡王盡可照看你，怡王若有見疑與疑處，朕亦如此諭他也，何不樂為此不捲干係之坦途也，大笑書之，特諭。

〔15〕河道總督齊蘇勒奏謝恩裳奶餅菓乾恭奉硃批天語摺（雍正二年十二月十三日）[2]-[4]-134

總督河道提督軍務臣齊蘇勒跪奏，為恭謝天恩事。

雍正貳年拾壹月貳拾叁日臣賫摺家人丁柱南回，恭捧到皇上恩賞內製奶餅菓乾壹匣，臣於清口工次望闕叩頭謝恩祗領訖。伏念臣以草芥微軀，叨蒙聖恩不次拔擢，畀以宣防重任，復荷殊榮，優加世職，賞賚頻仍，雖竭盡犬馬之力何能報稱，今又奉到皇上硃批密摺，天語垂戀，乃以臣一塵不染，獨立不倚，上邀聖慈，令臣有為難掣肘處只管密奏乞恩，臣跪讀之下不禁感激涕零，竊思臣生逢聖世，上有明主（硃批：近來旧旧隆科多年羹堯大露作威作福攬勢之景，朕若不防微杜漸，將來必不能保全朕之此二功臣也，爾等當遠之，況旧旧只說你操守不好，而年羹堯前數奏你不能料理河務，言不學無術，今歲已安瀾告成，今陛見來，言大奇，皆皇上洪福，朕依此知卿之獨立，只有怡親王深言汝

之好處，況你與王總無交接，朕知之最真，今既奉旨不必疑，不必料，可奏摺之便問好請安，親近之，與你保管有益，況王公廉忠誠當代諸王大臣中第一人也），臣雖獨立，亦無憂矣，惟有恪遵聖訓，愈加操持，一心出力，仰報皇上天高地厚之恩於萬一萬耳，為此繕摺恭謝天恩，伏乞皇上睿鑒施行，所有先經奉過硃批摺子共伍件理合密封循例恭繳，謹奏。

雍正貳年拾貳月拾叁日總督河道提督軍務臣齊蘇勒。

硃批：知道了，救生臺筏之奏甚好，摺留覽。

〔16〕廣東巡撫年希堯奏奉傳諭飭禁盜風摺（雍正二年十二月二十日）[2]-[4]-169

廣東巡撫臣年希堯謹奏，為恭謝聖訓事。

新補廣東糧驛道臣吳炯到廣，傳奉上諭，臣跪聆之下仰見我皇上仁同天覆，明並日月，所頒訓旨不特慮極周詳，且事如燭計，臣雖庸劣，受恩獨深，敢不竭其駑駘以盡萬分之一，以慰聖主無時不軫念民生之至意也。臣查地方盜賊情形已於奏覆密諭摺內略陳概梗矣，其營制將弁以及兵丁自上年至今俱皆振作鼓勵，及督臣孔毓珣抵任之後日事操演，至於兵民皆一體愛惜，文武莫不和衷，其人命重案廣省率多外結，難逃睿鑒，蓋以避案牘之煩者有之，畏內部之推索者有之，向來如此，臣撫粵後申飭州縣不許隱諱，以期於刑期無刑，不使豪強之徒視民命如草菅也，所以雍正元年恩赦之後審題命案僅止貳拾肆件，尚有咨參遲延未據解審者壹拾餘件，陸續解報，未經限滿者壹拾餘案，臣既不肯少為寬貸，更蒙天語申飭，刊刻所頒律條遍行曉諭，咸知國法之不可干，且以感發小民之善心，自秋迨今據各屬詳報，頓覺減少，益徵聖主以德化民之效神速若是，然臣斷不敢以多為諱，而使民玩法也。又廣省礦山鉛錫銅不一，斯乃天地自然之利，亦民生器用之所必須，雖在在禁採而貧民偷刨以藉糊口，亦勢有所不能禁絕者，然人多則慮聚眾以滋事，少則或令間取以養生，仰見聖主之智周乎萬物而不遺矣，至出洋採捕魚船先經督臣孔毓珣已奉旨遵行飭禁，魚船止用單桅，樑頭不得過伍尺伍寸，如此則不能遠出外洋，海面之盜當不查自戢，凡茲聖訓無非經國弘謨，惟有事事欽遵，臣藉得免隕越，皆出天恩之所賜，而粵省百萬黔黎咸登於仁壽之域矣，為此具摺恭謝，謹奏。

雍正貳年拾貳月貳拾日

硃批：總是叫給個蠻幕賓寫來套話，何常有一句你心裡的話，年希堯今日

如此待朕，真奇事，近日年羹堯為桑成鼎魏家人上的本，難道你不曾見麼，如此說你前番摺奏桑成鼎之事是挾私欺朕矣，如果你的奏要真，年羹堯能如此具本麼，若是你兄弟敢如此誑上，你如此隱忍得麼，你若挾私，具摺請罪，若年羹堯欺朕粉飾此事，你亦當具本，若無寔據，比不得摺子，本是亂動不得的，密之。

附錄修訂摺一件

廣東巡撫臣年希堯謹奏，為恭謝聖訓事。

新補廣東糧驛道臣吳焵到廣，傳奉上諭，臣跪聆之下仰見訓旨周詳，事如燭計，臣雖庸劣敢不竭其駑駘以盡萬分之一，以慰聖主無時不軫念民生之至意也。臣查地方盜賊情形已于奏覆密諭摺內略陳梗概矣，其營制將弁以及兵丁自上年至今俱皆振作鼓勵，文武莫不和衷，其人命重案廣省率多外結，難逃睿鑒，臣撫粵後申飭州縣不許隱諱，以期刑于無刑，更蒙天語申飭，刊刻所頒律條遍行曉諭，咸知國法之不可干，且以感發小民之善心，自秋迨今據各屬詳報頓覺減少，益徵聖主以德化民之效神速若是。至出洋採捕魚船先經督臣孔毓珣已奉旨遵行飭禁，止用單桅，樑頭不得過伍尺伍寸，則不能遠出外洋，盜當不查自戢，凡茲聖訓無非經國弘謨，惟有事事欽遵，臣藉得免隕越，皆出天恩之所賜，為此具摺恭謝，謹奏。

雍正二年十二月二十日

硃批：無非令幾個幕賓敷衍一篇套文，何嘗有一句切實之語，年希堯今乃如此待朕，真屬奇事，頃爾弟年羹堯為桑成鼎及魏姓家人所上一疏，爾豈未之見耶，據伊疏稱云云，則爾日前摺奏桑成鼎之事明係挾私欺朕矣，若云前奏不虛，汝詎敢如此公然具疏乎，設或伊敢如此誑奏，爾竟嘿嘿隱忍不置一辭可乎，爾其審之，如爾挾私是寔，則當具摺請罪，如係爾弟誑辭粉飾，爾亦當具疏辨析，然題疏非摺奏可比，若無確實憑據，殆不容輕率具題也，慎之密之。

〔17〕安徽巡撫李成龍奏請暫留臬司朱作鼎効力摺（雍正三年正月十一日）[2]-[4]-213

安徽巡撫臣李成龍謹奏，為再行回奏仰請聖裁事。

臣具回奏按察司朱作鼎一摺奉硃批，知道了，你還惜他否，若不惜他就去他，另更換好的來，欽此。欽惟我皇上明同日月，群臣優劣無一不在照察之中，有過必懲，無長不錄，大小臣工莫不感激思奮，今跪誦硃批，更蒙聖主體恤下

情，無微不至，臣感極繼泣，敢不永矢犬馬愚誠，上圖報効。竊朱作鼎自臣到任後辦理事件原無貽誤，江省民情亦所熟悉，近年來蒙皇上諄切委訓，更知凜惕，似可暫留策其後效，倘不益加勉力，臣當不時奏參，但可否臣不敢擅便，謹據實冒昧回奏，伏乞聖恩裁奪，為此具摺耑差把總余邦俊兵丁李世昌賫捧，謹具奏聞。

雍正叁年正月拾壹日安徽巡撫臣李成龍。

硃批：朱作鼎年羹堯奏數次言此人斷不可，而朕向他處訪問，總未聞甚劣之蹟，不過庸碌些，所以問你，既如此何必去他。近日年羹堯甚作威福，貪取賄賂，朕甚怪他負朕，況你兒子在陝，你等原是世交，若通情則可，若畏懼附合他，恐為他連累也，諸事當慎之，不但年羹堯自己仗不等，憑誰不能致與爾等禍福也，除你本王之外，總耿介好，今雍正三年矣，向日得力之行為今皆不靈應矣，改之勉之。

〔18〕湖廣總督楊宗仁奏遵旨陳報年羹堯居官為人情形摺（雍正三年正月二十日）[2]-[4]-255

湖廣總督臣楊宗仁叩首謹奏，為遵旨奏聞事。

竊臣回奏採買米石摺內於雍正二年十二月二十二日奉到硃批，知道了，年羹堯何如人也，就你所知據實奏來，純之一字許他不許他，欽此。該臣看得大將軍公川陝督臣年羹堯特蒙皇上簡拔，節制九邊，遣將發師皆遵聖主密授方略，動出萬全，膚功立奏，如能不矜不伐（硃批：任其矜伐，爾等內外大小臣工能仰體朕意，不附不合則朕之功臣，自能報答朕恩，不虧臣節也），謹慎自持，赤心辦事，上報主恩，洵稱臣節無虧，近代少與為匹者也。至於純之一字惟當推照於心，因臣與羹堯宦途並未共事，憶昔聚晤之年，斯時羹堯尚在內館肄業，泛以親道往來，全未深悉底裡，所以純之一字非臣不許，臣實不敢浮誕敷陳，自干欺誑，理合遵旨據實回奏。再湖北撫臣納齊喀〔註6〕腹患瀉痢已將半年，朝夕辦事並未倦勤（硃批：公），但自入春以來容顏頗覺瘦減（硃批：賜醫到來，不知近日光景如何，朕甚惜之），合併奏聞，敬繳硃批原摺三合，伏乞皇上睿鑒。

雍正三年正月二十日

硃批：知道了。

〔註6〕《清代職官年表》巡撫年表作湖北巡撫納齊哈。

〔19〕直隸總督李維鈞奏請漸散隆科多年羹堯黨勢摺（雍正三年二月初一日）[2]-[4]-303

兵部尚書兼督察院右副都御史總督直隸等處地方加叁級紀錄玖次臣李維鈞謹奏，為敬抒愚悃，仰祈聖鑒事。

竊臣蒙皇上恩遇，信任優渥已極，感激彌深，報效無地，苟知識所及，敢不披誠入告，如舅舅隆科多大將軍年羹堯過失多端，疊頒上諭，固已昭示於天下，然不即加罪者誠我皇上恩同覆載，布寬大之仁，欲使其聞而知悔，悔而知改，仍保全其始終也，但臣恐二人不悟，罔知悔改，及生疑畏，則難以辦理事務，而君臣上下未免有所間隔，以臣愚見，將二人之黨以斷而散，二人之權以漸而輕，則其權勢已去，自知循分謹守，仍祈皇上錄其微功，示之以恩，時加賚予，既凜天威，更沐矜全，是皇上之恩威並著而二人之感戴亦罔替矣，臣受寵實屬不揣冒昧，披瀝愚忱，密摺奏聞，是否可採伏祈皇上睿鑒，謹奏。

雍正叁年貳月初壹日兵部尚書兼督察院副都御史總督直隸等處地方加叁級紀錄玖次臣李維鈞。

硃批：卿之忠誠可嘉，朕悉知之，前已面奏過，朕已明諭矣，此奏更見悃忱，但朕有灼見也，不必過慮，隆科多年羹堯之輩安能逃朕之範圍也。

〔20〕河南布政使楊文乾奏遵旨寄書川撫王景灝俟接回札具呈摺（雍正三年二月初二日）[2]-[4]-311

臣楊文乾謹奏，為奏覆事。

正月初拾日臣面奉俞旨，令臣寄書四川撫臣王景灝，取其回札具奏，欽此。臣遵於貳月初壹日作札密遣家人霍七前去，所有書稿謹此錄呈御覽，俟回書到日另行具奏，伏思王景灝熟練官常世情之人，臣與景灝素無深交，若忽用端方詞語突然致書，恐啟其疑寶，反致掩飾實情（硃批：來必得其實情也），是以仍照外官體統，借伊新任聊備食物致賀為開口進言之地，庶覺妥協，合將情由據實附奏，伏乞皇上睿鑒。

雍正叁年貳月初貳日

硃批：即此字亦過些了，他必覺也。

〔21〕廣東巡撫年希堯奏預支官兵俸餉原委摺（雍正三年二月初三日）[2]-[4]-323

廣東巡撫臣年希堯謹奏，為奏聞事。

竊照廣東各標營兵餉自康熙肆拾壹年經前撫臣彭鵬題明，近省營分每月貳拾日准支次月糧餉，惟年節准支兩月，邊海窵遠按季支領，部覆奉旨俞允欽遵奉行在案，去年封印前臣准將軍提督移送在省標營請領兩月糧餉印領前來，臣照舊例發司支放，而布政司圖理琛謂曾經具摺奏明，官兵俸餉概不預支，止允發正月分壹月糧餉，無如省城各營兵丁以每年歲暮准支兩月，久經題定之例，遵行貳拾餘年，今忽不准，度歲艱難，遂歸咎藩司不恤兵苦，遍貼謗言。臣隨細查近省兵餉，年節准支兩月，前撫臣彭鵬實有題定之案，況轉瞬壹月即可扣還原款，無損於國帑而有濟於窮兵，是以出示曉諭并飭司仍照舊例支給，該司亦即遵照，拾營遂皆悅服，惟是圖理琛之以按月給餉概不預支乃慎重錢糧起見，然廣東向有成例，似應因地制宜，稍為通變，除商督臣孔毓珣會疏具題外，合將原委具摺奏明，謹奏。

雍正叁年貳月初叁日

硃批：已有旨了，你的力量也只好行小惠，做好人而已。

附錄修訂摺一件

同日又奏，為奏聞事。

竊照廣東各標營兵餉經前撫臣彭鵬題明，近省營分每月二十日准支次月糧餉，惟年節准支兩月，邊海窵遠按季支領，部覆奉旨俞允欽遵奉行在案。去年封印前臣准將軍提督移送在省標營請領兩月糧餉印領前來，臣照舊例發司支放，而布政司圖理琛謂曾經具摺奏明，官兵俸餉概不預支，止允發正月分一月糧餉，兵丁度歲艱難，遂歸咎藩司不恤兵苦，遍貼謗言，臣隨細查近省兵餉年節准支兩月，前撫臣彭鵬實有題定之案，況轉瞬一月即可扣還原款，無損于國帑而有濟於窮兵，是以出示曉諭并飭司仍照舊例支給，該司亦即遵照，十營遂皆悅服，惟是圖理琛之意乃慎重錢糧起見，然廣東兵餉向有成例，似應因地制宜稍為通變，除商督臣孔毓珣會疏具題外，合將原委具摺奏明，謹奏。

硃批：已有旨矣，爾之本領原只可行小惠沽虛譽而已。

〔22〕廣東巡撫年希堯奏報解送粵海關羨餘銀兩摺（雍正三年二月初三日）[2]-[4]-324

同日又奏，為奏解海關稅羨銀兩事。

竊臣蒙聖恩兼管粵海關稅務，于雍正二年二月接管起至三年正月止，連閏

一年已滿，共收過洋船及各口稅銀九萬七千二百九十四兩零，查粵海關額銀并銅觔水腳及加徵湖絲共銀四萬三千七百八兩零，發布政司兌收貯庫，取具庫收送部，給發經制各役工食及解費各項共用銀六千五百八十六兩，尚剩羨餘銀四萬七千兩，臣現在解部兌收轉解內庫，理合具摺奏報，伏乞皇上睿鑒，謹奏。

雍正三年二月初三日

硃批：知道了，業經報明該部之事又何必多此一奏，想爾粵省更無事可入告矣，如許遙遠特差人齎奏此三事，殊為可笑。

〔23〕四川提督岳鍾琪奏賑濟西疆流離黎民緣由摺（雍正三年二月十一日）[2]-[4]-354

奮威將軍世襲三等公拜他喇布勒哈番提督四川總兵官臣岳鍾琪謹奏，為奏明事。

竊緣苦苦腦兒郡王厄爾德尼厄爾克托克托奈、公噶爾丹達什、親王代青和碩氣插漢丹進、貝子索諾木達什因羅卜藏丹盡背叛，被遭搶奪之後流離失所，蒙我皇上矜憫貧弱安插撫恤，感戴天恩已自無極，臣見所屬部落之人資生無計，窘乏異常，仰體聖主仁及要荒之意，因與大將軍臣年羹堯密札相商，用資賑濟以廣皇仁，茲大將軍年羹堯捐發銀一萬兩解到西寧，以為賑濟之用，臣隨於正月十九日差副都統達鼐前往該郡王等住牧地方行查去後，今于二月初六日該副都統回至西寧，據稱郡王厄爾德尼厄爾克托克托奈、公噶爾丹達什所屬部落窮苦寔甚，果係艱難，其親王代青和碩氣插漢丹進、貝子索諾木達什所屬部落雖覺稍好，亦屬窮乏，臣即將此項銀兩買備炒麵茶葉差員解送出口，仍令該副都統按名給散，更買給牛羊令其孳生，念此殘黎均可得所矣，今將賑濟緣由理合繕摺奏聞。

雍正三年二月十一日具。

硃批：如此據實奏聞甚屬可嘉，朕已嚴諭年羹堯矣。

附錄修訂摺一件

奮威將軍世襲三等公四川提督臣岳鍾琪謹奏，為奏明事。

竊緣苦苦腦兒郡王厄爾德尼厄爾克托克托奈、公噶爾丹達什、親王代青和碩氣插漢丹進、貝子索諾木達什因羅卜藏丹盡背叛，被遭搶奪之後流離失所，蒙我皇上矜憫貧弱安插撫恤，感戴天恩已自無極，臣見所屬部落之人資生無

計，窘乏異常，因與大將軍臣年羹堯密札相商，用資賑濟以廣皇仁，茲大將軍年羹堯捐發銀一萬兩解到西寧，以為賑濟之用，臣隨於正月十九日差副都統達鼐前往該郡王等住牧地方行查去後，今于二月初六日該副都統回至西寧，據稱郡王厄爾德尼厄爾克托克托奈、公噶爾丹達什所屬部落窮苦實甚，果係艱難，其親王代青和碩氣插漢丹進、貝子索諾木達什所屬部落雖覺稍好，亦屬窮乏，臣即將此項銀兩買備炒麵茶葉差員解送出口，仍令該副都統按名給散，更買給牛羊令其孳生，念此殘黎均可得所矣，今將賑濟緣由理合繕摺奏聞，謹奏。

雍正三年二月十一日

硃批：如此據實奏聞甚屬可嘉，朕已嚴飭年羹堯矣。

〔24〕雲貴總督高其倬奏宜防年羹堯舉動摺（雍正三年二月十二日）[2]-[4]-359

雲貴總督臣高其倬謹奏，為密奏事。

臣欽奉到密諭一道，所有微臣欽遵等情臣已於另摺奏聞，臣更有密奏者，年羹堯近來舉動聖鑒已洞悉無遺，人臣在君父之前正加敬加謹矜持不暇之時，乃尚流露有攬權施勢之景，則在外可知，從來人臣才具稍裕者皆足圖功立事，然必夙夜小心，知止知足方能自戒驕盈，上承睿澤。臣與年羹堯相識頗早，當日觀其為人才情有餘，謙靜不足，以為不見十六七年，其德量因年俱進，與昔不同，今乃尚如此，在年羹堯既不自知謙益之道，本省外省望其獎拔提挈之人復趨迎合，紛紛不已，內有滿假之病，外無逆耳之言，日流於愆戾而不覺。皇上天地為心，思所以保全之者已無微不至，然賞罰乃皇上治天下之公柄，亦恐不能獨為寬假，臣觀古來人臣稍有功績而驕滿者處以閒地，與假以事權，其事遂迥然不同，年羹堯既不知自處，惟皇上有以處之，臣以為宜早宜預，伏乞睿鑒，我皇上天縱聖神，知明處當，臣庸下之識，所知淺小何敢妄言，但事關重大，犬馬寸心不能自已，不敢畏禍不以奏聞。若因其言臣短即思報復（硃批：朕豈作如此想之理），因皇上賜諭即揣摩具奏，稍有此心（硃批：卿非如此人也，朕深悉你為人居心），明難逃皇上之誅戮，暗難免鬼神之殄罰，臣臨奏不勝悚慄之至，謹奏。

雍正叁年貳月拾貳日

硃批：奏及此者甚多，朕惜其才，尚用其力，自有保全他之道，他近日亦深知愧悔矣。

〔25〕雲貴總督高其倬奏謝訓諭如何與年羹堯相處並陳下悃摺（雍正三年二月十二日）[2]-[4]-361

雲貴總督高其倬謹奏，為欽遵聖訓，恭謝天恩並陳下悃事。

雍正三年正月二十八日臣賫捧硃批奏摺承差莊鳳回摺匣內欽奉到皇上硃筆密諭一道，密諭總督高其倬，朕原因年羹堯待你好，才情本領出色，兼西邊事熟練，所以幾次諭你事事問他，想他自然秉公，大家望全好的，不料此番陛見不知因功高自恃，不知精神不加，在朕前有大失言，亂奏處，間之有攬權施勢之景，朕甚怪其不純，而兼奏你不稱雲貴總督之職，楊名時要錢，李衛瘋狂，張謙迂執，雲南刑名錢穀鹽政銅政均屬不可問，不過因路遠蒙蔽耳等奏，不但此，如此者他省不可枚舉，朕深為之駭然。年羹堯既如此存心，朕前諭則大錯矣，恐你不知朕意，勉強遵行，則與你有害無益也。況爾等朕皆用一例總督，未有厚於羹堯而薄於汝之理也，自此後你應料理之事竟可不必通音問，各自辦理各省事好，若有軍需知會大將軍事，仍照常行，他若有與你作梗為難，只管密以奏聞，朕恐他愚弄你，陷汝於不是，總誤朕之政事也，所以明白寫來，朕非負其功，正所以成全年羹堯也，亦為爾等大臣，知朕任誰亦不能惑朕之耳目，爾等亦可放心，惟求諸己也，年羹堯有些乖張，不但你，即蔡珽、塞爾圖亦恨如〔註7〕骨髓矣，奇得狠，朕為此甚為年羹堯憂之，彼若自不能保全，則朕何顏對天下臣工也，即書此諭與你，朕亦愧之，無奈何也，密之密之，欽此。臣跪讀再四，不禁涕淚如雨，肺肝感振，臣自顧何人，蒙聖心俯慮，恐為所愚，陷於不是，指示臣以各自辦理，惟求諸己，雖天地之生成，父母之顧，復無以逾此，天恩至此，聖訓至此，臣感激不知所言，雖粉骨碎身生生犬馬又何能仰荅高厚於萬一，除臣庸下之見謹另摺密奏外，臣謹刻骨鏤心，仰記聖諭，一一欽遵，不敢一刻暫忘，不敢一事稍忽。其雲貴省事務，臣向來原不與年羹堯商量，臣仍自行料理，嗣後即口外軍需之事臣亦細加斟量，其尋常事件應知會大將軍衙門者臣仍照常行，其有關緊要而又必須知會大將軍衙門者，臣俱一面具摺奏聞，一面知會年羹堯，若應臣自行辦理者臣仍自行辦理，伊若有巧行愚弄及作梗為難之處，臣斷不入其術中，斷不受其脅壓，即遵旨密以奏聞。總之臣一切惟守職據理，上仰皇上，下求諸己，止知有皇上之恩遇，皇上之封疆，此外非所知也。至臣讀皇上密諭內有朕前諭則大錯矣（硃批：實愧識人之明），又書此諭與你，朕亦愧之等諭，臣心動淚下，此我皇上聖不自聖處，乃正歷代

〔註7〕「如」應為「入」之誤。

帝王所不能及處，臣仰瞻我皇上御極以來，所以待臣下者皆一片至誠，臣下稍有寸善即褒賞之，惟恐有不及，臣下如有過失即教戒之，惟恐其不改，即如皇上前後賜臣之諭旨，因見年羹堯邊事稍熟即教臣以凡事和衷，及見年羹堯有些乖張，即慮臣為其愚陷（硃批：朕之所賴，對天地祖宗者只此一點誠耳）。皇上待臣下如天地之仁天地之公，更何愧於臣下，惟臣子仰愧皇上耳。至臣之與年羹堯，臣本非後進，受其栽培提攜之恩，又臣生平器小，硜硜守分，不肯為夤緣趨附之行，彼此原在一旗，又是聯襟（硃批：八旗人不關親者甚少），然起初相見極稀，甚屬平平，後欽奉聖祖仁皇帝特旨，令旗下翰林俱在國史館幫修功臣列傳，從此在一館行走，日日相見，臣謂年羹堯才長可以勝繁劇之任，年羹堯亦知臣拘謹，不敢為敗檢之事，以此相知，實非因親戚綢繆，乃交友知重。自年羹堯為四川巡撫之後十七年不相見（硃批：朕知道，向日聞你甚輕他），或半年一年亦有間二三年者有書劄問候，然昔日相知之舊意尚在，是以臣前於皇上之前不敢隱諱，曾奏稱與臣相好（硃批：此亦不過體朕之奏也，朕亦錯矣），不謂其遂至誣及臣之操守名節，其謂臣不稱雲貴總督之職，臣毫無所辨，臣實是一至無能之書生，原無封疆之才，過蒙重任，才實不及，日夜自懼，常思辭卸重負，討一臣力能勝之小可識掌，以竭犬馬之報，即對巡撫兩司亦曾言之，因受恩深重，跡涉憚勞，不敢遽奏，欲俟得覲天顏之日，面跪陳請，是臣不稱職任之處臣亦自知自懼，年羹堯知臣甚確。至謂雲南刑名錢穀塩政銅政均屬不可問，不過因路遠蒙蔽之語，臣不能無辨，臣在總督任內除存留銀一年二萬六千兩以為賞賚養廉之外，此外實無所染指，雲貴萬耳萬目共見共聞，何能掩飾，若謂臣於此中曖昧，臣實一無取可以上對君父，質諸天地鬼神，若謂容他人作獘，臣不自為而為他人，臣雖至愚亦不至此，臣實不甘，伏乞皇上命員徹底清查，則臣誣得白，名節亦全矣。抑臣更有不得已之苦衷不得不冒瀆天聽者，臣一父兄弟五人，一兄一弟早亡，僅餘二弟現在，臣父蔭爵臨終執二弟之手以之付臣，今一小者在臣署內讀書，一弟高其儀倖中武進士，蒙聖恩賞授侍衛，臣正謂從此或可學習成人，今忽得家信挑帶陝西，臣不勝愁慮，自年羹堯在四川陝西，臣之本門之弟及子姪從不曾遣一人徃川陝効力，今臣弟其儀年幼無識，多不歷練，倘蹈罪失，臣實無以見臣父於地下，臣抖膽懇乞聖主格外之恩，賞賜調回，仍在侍衛上行走，臣干冒宸嚴，不勝戰慄之至。所有臣欽遵聖訓，恭謝天恩及詳陳微細下悃之處，臣謹繕摺奏聞，伏乞睿鑒，謹奏。

ᅳᅳᅳᅳᅳᅳ

雍正叁年貳月拾貳日

硃批：朕恐你不知朕心之所向，故有前明白之諭，今覽此奏卿洞達矣，所奏句句合朕之心，可嘉之至，夫復何諭，始末情節朕亦明矣，高其儼朕看便有諭。

〔26〕四川提督岳鍾琪奏恭聆諭旨敬謝恩賜摺（雍正三年二月十六日）[2]-[4]-381

奮威將軍世襲三等公提督四川總兵官拜他喇布勒哈番臣岳鍾琪謹奏，為恭聆諭旨回奏兼謝天恩事。

雍正三年二月十六日未時由兵部遞到奉聖主賜臣人參十劤平安丸五百丸，封固發回奏匣一個，臣恭設香案叩頭迎接謝恩領受畢，謹開奏匣伏讀諭旨，上諭將軍岳鍾琪，朕安，你好麼，朕歲前賜你福對尚未見你回奏謝恩，朕只當你使人雇驛來，至今限期已過，想你必然身子有些不爽，朕甚懸念憂心，即有些不爽亦當據實入奏，其未奏緣由速速明白奏聞，再南坪壩一事亦未奏聞，你今統兵西寧，比不得大將軍同在一處也，凡事應另奏聞者不可全推委年羹堯也，特諭，欽此。臣本至愚，荷蒙皇上寵恩逾格，猶之親心無事不為子憂，感激難名，惟有涕零。臣在本年正月初二日接蒙皇上賜臣福對併鹿尾等珍味，理合當時回奏謝恩，因兵部知會文內有云，又口傳旨意此賞物令岳鍾琪等不必特行謝恩，如有順便再行謝恩，是以臣遲至二月十一日在于奏聞賑濟苦苦腦兒郡王厄爾德尼厄爾克托克托奈等部落緣由時一同奏謝，未曾特拜奏摺，致厪聖懷懸念，臣實懵昧無知。臣自出兵之後駐劄西寧，歲前患病危殆，沾沐聖主福庇得以痊癒，惟自交春以來心內每發怔忡，夜多不寐，手足疼痛，身子比前自覺軟弱，然臣上荷聖主知遇隆恩，即肝腦塗地亦是常分，前患大病時感蒙天心仁愛，節次降旨恤問，臣已日夜頂戴跼蹐，今大病已去止有微病（硃批：將此微餘之疾亦須調理全愈方是，不可忽略），何敢又奏聖主天知。且顧西寧內外寧一，曾在正月內咨商大將軍臣年羹堯，擬欲奏請撤兵，撤兵後恭請陛見，得邀俞允，併於仰觀天顏之下實將殘病纏綿情狀面奏，後見南坪逆番未得完結，犬馬私情輙為中阻到今，其在從前一切軍務俱由大將軍臣年羹堯入奏，是以南坪事起臣亦止據報文轉報，但與大將軍臣年羹堯同在一處時不同，臣愚竟未想及，迷昧失奏之咎益切惶懼難辭（硃批：應當如是者），茲將南坪赴勦情形另具摺奏外，臣伏念人參為藥中

貴重極品，平安丸係內府製造靈丹，臣沐聖主湛恩汪濊有加無已，一賜再賜，浹髓淪肌，理合繕摺同原奉諭旨恭謝奏繳，伏乞睿鑒。

雍正三年二月十七日具。

硃批：着你隨便回奏之諭朕忘記了，其餘知道了。

附錄修訂摺一件

奮威將軍世襲三等公四川提督臣岳鍾琪謹奏，為恭聆諭旨回奏兼謝天恩事。

雍正三年二月十六日由兵部遞到奉聖主賜臣人參十觔平安丸五百丸，封固發回奏匣一個，臣恭設香案叩頭迎接謝恩領受畢，謹開奏匣伏讀奉到上諭，欽此。臣本至愚，荷蒙皇上寵恩逾格，猶之親心無事不為子憂，感激難名，惟有涕零。臣在本年正月初二日接蒙皇上賜臣福對併鹿尾等珍味，理合當時回奏謝恩，因兵部知會文內有云，又口傳旨意，此賞賜之物令岳鍾琪等不必特行謝恩，如有順便再行奏謝，是以臣遲至二月十一日在於奏聞賑濟苦苦腦兒郡王厄爾德尼厄爾克托克托奈等部落緣由時一同奏謝，未曾特拜奏摺致厪聖懷懸念，臣實懵昧無知。臣自歲前患病，沾沐聖主福庇得以痊愈，惟自交春以來心內每發怔忡，身子比前軟弱，然臣上荷聖主知遇隆恩，即肝腦塗地亦是常分，今大病已去止有微痾何敢又奏聖主天知（硃批：將此微痾亦須調理全愈為是，不宜慢忽）。且顧西寧內外寧一，曾在正月內咨商大將軍臣年羹堯擬欲奏請撤兵後恭請陛見，併于仰觀天顏之下實將殘病纏綿情狀面奏，後見南坪逆番未得完結，犬馬私情輒為中阻到今。其在從前一切軍務俱由大將軍入奏，是以南坪事起臣亦止據報文轉報，但與大將軍臣年羹堯同在一處時不同，臣愚竟未想及，迷昧失奏之咎益切惶懼難辭，嗣後凡事有應另奏者臣凜遵諭旨不可全然推委（硃批：應如是者），茲將南坪赴勦情形另具摺奏外，理合繕摺恭謝天恩併繳原奉上諭，伏乞睿鑒，謹奏。

硃批：命爾順便奏謝之諭旨朕偶爾遺忘，其餘覽奏俱悉。

附錄修訂硃諭一紙

諭奮威將軍岳鍾琪知悉，歲底賜爾福字對聯未見奏謝之摺，朕料爾不肯勞驛或因僱覓腳力差人齎進，自應稍遲數日，至今為時已久仍未見到，必係爾身抱病，為此心甚懸念，如有不適亦當據實告朕知之，則所以未及奏謝緣由了然明白矣。再者南平壩一事亦未奏聞，爾今統兵駐劄西寧，非比與大將軍同城居住之時，諸凡悉應另行奏聞方是，不可全諉之年羹堯也，特諭。

〔27〕四川巡撫王景灝奏恪遵諭旨盡心料理南坪番子事務摺（雍正三年二月二十七日）[2]-[4]-418

四川巡撫臣王景灝謹奏，為覆奏事。

臣於二月二十五日准兵部咨文，由驛遞送內廷捧出黃匣一個到臣，隨即跪接開匣伏讀訖，仰見皇上訓旨嚴明，天恩浩蕩，臣自知猥無調馭之才，實切悚惶之懼，前者臣聞南坪番子蠢動一事，恐差委之建城人員或有擾累番寨之處，臣即遣松茂道孟以恂星往松潘料理，並密加訪察，如有委員生事，臣即據實題參，斷不敢稍有狥隱，自罹咎戾，近聞各番已經平復，不日即可興築城工。再查年羹堯原題給與大金川號紙，以分小金川之勢，今差人往取宗圖，必由小金川路過，因而攔阻，不令前往，今年羹堯已令奮威將軍岳鍾琪差人由打箭爐僻路直達大金川後山往取宗圖冊結矣。至雜谷土司所轄之囊索沙加布意欲爭管新經招撫之赤進、赤物等寨，署松潘副將張瑛〔註8〕一面申飭，隨將情由通報岳鍾琪，差把總郭子侯持文曉諭，臣與署提督納欽〔註9〕亦行文開導，今據張瑛報稱，已經遵依回巢，此不過土俗常情，易於完結之事。今奉諭旨嚴切，不禁戰慄無地，伏念臣實庸陋膽小之人，自到蜀以來，遇事兢惕，不敢妄為，乃蒙聖恩屢加勉力，臣惟恪遵諭旨，實心盡力奉行，仰答高厚隆恩，又何敢見小尚氣，致滋事端，上干國典也。前者臣以革達地方建城，該鎮事屬創舉，曾經具摺請往彼處相度形勢，蒙皇上御批，臨時相機，擇其輕重而行，臣因南坪之事，所以未曾出口，謹繕摺一併奏聞。

雍正三年二月二十七日具。

硃批：封疆大吏清慎勤公四字，時常放在面前，何愁諸務不理也，所奏知道了。

附硃諭一紙

諭巡撫王景灝，昨據年羹堯奏，南坪壩番子之事，朕問蔡珽云南坪等處雖屬新附，然伊曾遣劉應鼎前往踏勘建城地方，諸番甚恭順情願，今云為建城謀逆，大相錯謬，年羹堯目下又奏雜谷、大金川、小金川等處土司漸有多事之狀，如此看來必是你料理措治不妥，況此亦土司之常，惟在地方官調馭得法，自然平穩，土司原非內地之民可比，爾為巡撫湏平和寬大，不可見小尚氣立威，致生事端，此責必歸於爾，定獲大罪，斷不爾寬，其南坪等處建堡蓋房之員若不

〔註 8〕《四川通志》卷三十二頁四十七作永寧協副將張瑛。
〔註 9〕《欽定八旗通志》卷三百十八內大臣年表雍正三年作護軍統領那親，六月革。

能體朕愛恤遠人之意，肆行蹂躪，事出朕必正法，皆汝用人不當之遇也，諭到爾可實心盡力調劑駕馭，並嚴行飭察所遣文武，務令安妥，爾果忠誠任事，無二無疑，再無不辦之理，勿得他諉，特諭。

〔28〕四川巡撫王景灝奏恭領聖訓敬陳愚悃摺（雍正三年二月二十七日）[2]-[4]-419

四川巡撫臣王景灝謹奏，為恭領聖訓，敬陳愚悃事。

臣於二月二十日捧接硃批諭旨，再四跪讀，仰見皇上保全功臣，致厪宸衷，誠千古未有之殊恩，凡屬臣工有不感激奮勵者，亦難逃於國法也，至臣不肯為人之犬馬，已在聖鑒之中，臣又何敢致辯，然臣復荷天語，以三利三害諄諄開導，臣伏讀至此，不禁感懼涕零，況臣家世受國恩，倘臣不以大義報君，而以阿附順從報薦舉之私恩，不但於年羹堯無益，抑且與臣有損，徒招物議，上負皇上愛惜之恩，下有玷於祖父，臣雖愚昧亦知君父為重，惟有恪遵諭旨，實在內外奉行做好官好人，以仰報皇仁於萬一而已，為此瀝陳下悃，伏祈睿鑒，謹繕摺密奏以聞〔註10〕。

雍正三年二月二十七日具。

硃批：覽此奏朕甚嘉之，你明白朕旨，心領朕意矣，朕看的出的，你若能不聽年羹堯指令，毫不掣肘，各出己見辦理，保你是一個上等封疆大臣就是了，朕看人不得錯，你若件件請教年羹堯，不但一切遲誤機宜，而年羹堯〔註11〕不過向你要艮子〔註12〕古董而已，不能遂其意，塞爾圖、蔡艇不是榜樣麼。他看你重你，向日交情未必能及此二人也，當法塞爾圖蔡艇之為人可也，何等體面，何等是，何等平安，今朕何等愛重，你這個人着實當自惜，勉力為之。

〔29〕署陝西涼州總兵宋可進奏請聖安並謝賞御書福字摺（雍正三年三月初一日）[2]-[4]-442

署陝西涼州總兵官臣宋可進恭請皇上天安。

竊臣於雍正叁年貳月貳拾玖日據臣子新補河南開封府都司宋愛在京蒙皇上御書福字壹張，差家人楊恩捧齎到涼，臣出郊跪迎至署，恭設香案望闕叩頭謝恩祇領訖。又據臣子密稟，於雍正貳年拾貳月貳拾伍日荷蒙皇上訓諭，天語

〔註10〕「聞」字輯者補。
〔註11〕「堯」字輯者補。
〔註12〕「艮子」應為「銀子」之誤。

煌煌，有加無已，臣何人斯得邀聖恩成全至此也。伏念臣邊鄙庸陋，才識疏淺，荷蒙聖恩擢用總兵，今臣子宋愛在侍衛行走，寸長未効，又蒙聖恩補放都司，賞賜寶物種種，臣與臣子宋愛不識何修仰邀皇上優渥，雖捐糜頂踵實難圖報，今復蒙聖恩頒賜臣御書福字，臣跪領之下瞻仰宸翰，不勝悚惶，臣惟朝夕供奉，傳為至寶，永戴聖主高厚隆恩於生生世世耳，臣謹遣家人劉復興齎摺奏謝天恩，伏乞皇上睿鑒，謹此繕摺奏謝以聞。

雍正叁年叁月初一日署陝西涼州總兵官臣宋可進。

硃批：朕安，年羹堯不大喜你，你防着些，諸凡不需將把柄着他拿住，去春前冬你建如此大功，効如此大力，他忍居此心者，朕實□之，但你亦不可恃功傲物以干法紀也，更當自愛以圖永遠受朕深恩方是，至於都中權要更要不必來他們，就仗自己，靠着朕躬妙不可言，少有沾染徒有害而無益，朕這樣皇帝他人豈能為你作禍福也，信而勉之。

〔30〕山西太原總兵袁立相奏覆與年羹堯無交往遵旨與撫臣商酌辦事摺（雍正三年三月初七日）[2]-[4]-465

鎮守山西太原等處地方總兵官署都督僉事臣袁立相謹奏，為奏明事。

竊臣生長直隸宣化府宣化縣人，由庚辰科貳甲進士荷蒙聖祖仁皇帝恩隆深渥，敕賞三等侍衛，繼後復蒙特放涿州參將，歷任河間長沙通州副將，陞授天津總兵官，如臣賦性滯陋，才非折衝，叨逢聖祖仁皇帝覆幬，皆出特恩簡授，並無薦舉邀榮，臣雖粉骨碎身奚能仰報於萬一。欽惟我皇上不以臣駑駘，即行廢斥，恩移三晉，寵眷極矣，顧茲鈍質，尸素自慚，伏念臣子士林士傑士弼等鄙樸下愚，食祿聖朝，是臣一家父子世受皇恩隆天厚地，深重如此，固宜守法奉公，同心竭力上答天恩，曷敢不思敬君之義而懷盡忠之心以圖唧結之報，臣等犬馬之誠日夜不能忘也。臣接得撫臣伊都立移札，臣於貳月貳拾柒日到太原，值大同鎮臣馬覿伯亦至撫臣署內，傳宣恩旨，爾等於陛見時朕曾面諭諸事着聽巡撫諾岷教導，近聞爾等諸事俱聽年羹堯指示，殊為不是，此舉干係爾等功名，嗣後諸事當與署撫臣伊都立商酌而行，欽此欽遵。臣跪聽宣示之下驚惶無措，涕零無已，臣遵奉聖訓每事必與前任撫臣諾岷商酌，不敢陽奉陰違以取背旨之罪，至於年羹堯臣素日從未覿面，且無交際，茲因年羹堯往來晉地方得會見，臣豈肯苟藉私光致損名節，臣受皇上深恩浩蕩，不思赤心報主，躬行無恥趨勢之事，為不忠不孝之人，有何面目立於天地之間，雖皇上仁恕寬其誅戮，

臣祖父之靈斷不容臣活於人世。臣生平一片血誠，惟知有聖主不知有他人，臣諄諄囑臣諸子須學正人端士書紳，自勵忠君孝親，刻骨為銘，臣等父子鞠躬盡瘁，趨惜其身，伏惟皇上憫臣愚衷，憐臣孤立，察臣無偽，此臣之大幸也，聖諭諸事與署撫臣伊都立商酌，臣凜遵不敢有違，致繫聖慮耳。前臣肆子士弼蒙皇上天恩發徃陝西，臣並不知聞，及士弼到平陽方知，臣見之惡其不行，懇告留京，深加痛責，惟勉其盡忠王事，守正自持，遂具疏恭謝聖恩訖。但臣子士弼年幼無知，不諳外務，遠辭聖主，疎聆聖訓，臣心何能少安，況臣警惕存心謹飭，烏念陰附以取榮，臣實恥之，非臣之所願也，謹將微臣愚悃繕摺直陳睿鑒，為此謹奏以聞。

雍正叁年叁月初柒日

硃批：過惟一改，辯無益也。

〔31〕署甘肅提督岳鍾琪奏已革守備胡廷選未完兵馬錢糧摺（雍正三年三月初七日）[2]-[4]-466

奮威將軍世襲三等公兼理甘肅提督印務拜他喇布勒哈番臣岳鍾琪謹奏，為上陳天聽事。

切臣駐劄西寧於去年八月接署甘提印務，事無鉅細躬親料理，綆短汲深，時憂覆餗，今于本年二月二十六日忽有甘肅提標前營革職守備胡廷選將銀一千五百一十八兩九錢呈交貯庫，當即傳問據稱奉大將軍發西寧道收管，今奉文調徃西安是以將銀解交。臣案查康熙五十四年聞哈密之警即調提標兵馬出口征防，所有征兵馬匹料草銀兩扣存司庫，入缺曠項下，八年無支，至康熙六十一年內提督臣路振聲以征兵甘苦皆同，額餉支欠不一等事通咨請領，計扣存司庫銀已共一十四萬有奇，應照督標肅州等鎮關領之例支領，隨經總督臣年羹堯咨請部示，飭給提督臣路振聲在軍前差守備胡廷選赴甘藩司先領出銀五萬兩，胡廷選止將一萬五千兩解交甘州收貯，提督臣路振聲節次調解巴里坤銀九千五百兩，止存銀五千五百兩，俱經署提督寧夏鎮臣楊啟元查明收貯，于雍正二年九月准總督臣年羹堯咨文，經臣飭行中軍參將董如宣就近給散提標各征防兵丁家屬關領訖，尚有三萬五千兩無從着落，從前各署提俱未置問，臣接署之日因見總督臣年羹堯已將此案嚴查，亦未參與，今胡廷選又經別事參斥，忽從西寧止將銀一千五百十八兩九錢呈請貯庫，因係督臣行調之人，臣又不便稽留細詢，乃將所交銀兩暫令西寧道收貯外，查此案督臣行查未結，司庫尚有扣存

銀九萬餘兩亦未請領，事關兵馬錢糧，謹敢據實具奏，仰祈聖主明察，臣不勝惶懼待罪之至，伏乞睿鑒，因係甘肅提督事務原不敢由御塘遞送，且奏匣俱已拜發無餘，故特雇騾崽差馳進，合併聲明，為此具摺謹奏。

雍正三年三月初七日具。

〔32〕山西大同總兵馬觀伯奏覆未曾聽年羹堯指示摺（雍正三年三月初七日）[2]-[4]-471

鎮守山西大同等處地方總兵官署都督僉事加三級臣馬觀伯謹奏，為奏聞事。

竊臣接准署理山西巡撫事伊都立移咨，內稱本部院奉命署撫，晉邦地方營伍關係緊要，必須面商，希速行赴省，幸勿遲滯等因移咨到臣，隨於貳月貳拾貳日起程，貳拾柒日到太原，署撫臣伊都立轉傳上諭，爾等於陛見時朕曾面諭諸事着聽巡撫諾岷教導，近聞得爾等諸事俱聽年羹堯指示，殊為不是，此舉干係爾等功名，嗣後諸事當與署撫臣伊都立商酌而行，欽此。臣跪聽之下，惶悚是懼，臣與年羹堯素未視面，昨臣領兵赴甘，年羹堯駐劄西寧，臣駐防山丹，未久西陲平定，即令撤兵回汛，至山陝隔省，事各有分，況蒙皇恩，凡所屬營伍事宜准臣具摺奏請，臣世受國恩，擢任總兵，雖極愚鈍，而犬馬之心，惟知戀主，何敢聽年羹堯指示，屢蒙天恩教誨（硃批：滿口胡說，一槩支吾，豈可如此欺詐以對君父，如此看乃不明文義，過而不改之庸愚下流人也），自當益加警惕，恪遵聖訓，竭盡職守（硃批：天地間亦有能欺朕者乎），仰報高厚於萬一耳，今臣於叄月初肆日已回抵臣署，於初陸日天降細雨，自卯時至未時方止，大同地方春麥俱已佈種。為此謹將離汛回署日期一併具摺差標下左營千總郭安、家人馬進賢齎捧奏聞。

雍正叄年叄月初柒日鎮守山西大同等處地方總兵官署都督僉事加三級臣馬觀伯。

〔33〕署山西巡撫伊都立奏呈年羹堯回箚摺（雍正三年三月初八日）[2]-[4]-479

署理山西巡撫事務刑部左侍郎臣伊都立謹奏。

臣於貳月拾玖日差臣標左營把總馮正祿送臣書與年羹堯，馮正祿於貳拾柒日到陝投遞，於貳拾玖日年羹堯給與回書，令其回晉，馮正祿於三月初柒日回至臣署，謹將年羹堯與臣回札恭呈御覽，謹奏。

雍正叄年叄月初捌日署理山西巡撫事務刑部左侍郎臣伊都立。

硃批：字中下游夯字面甚有意者，可惡之極，況此字只用得刃字，犯不着用夯字，再有回字中與他可用一句，至於游夯之能乃年兄不世出才具之所能，非弟輩鉛刀伎倆之所能，或可彷彿等語。

〔34〕署山西巡撫伊都立奏傳諭袁立相馬覲伯勿聽年羹堯指示行事摺（雍正三年三月初八日）[2]-[4]-481

署理山西巡撫事務刑部左侍郎臣伊都立謹奏，為奏聞事。

臣奉旨着傳諭平陽總兵官袁立相、大同總兵官馬覲伯，爾等於陛見時朕曾面諭諸事俱着聽巡撫諾岷教導，近聞得爾等諸事俱聽年羹堯指示，殊為不是，此舉干係爾等功名，嗣後諸事當與署撫臣伊都立商酌而行，欽此欽遵。臣於貳月拾伍日抵任後隨移扎兩鎮，令赴大原〔註13〕，茲於貳月貳拾柒日袁立相馬覲伯俱至臣署，臣將聖諭宣示兩臣，並以君臣大義令其精白乃心，嗣後務宜屏絕營援趨勢之私，益勵臣節如山之操，以圖報稱。袁立相馬覲伯跪奏云，臣等世受國恩，擢任總鎮，臣等雖極愚鈍，而犬馬之心惟知戀主，平日並不與年羹堯徃來，今蒙天恩教誨，自當益遵聖訓，竭力供職，仰報皇恩於萬一，臣已將聖諭宣示及兩臣陳奏之言謹具摺奏。再臣細看兩人，袁立相質地魯鈍，馬覲伯人涉儇巧，已早在聖明洞鑒之中，臣隨即於貳拾捌日令伊等各回本鎮訖，合併奏聞。

雍正叄年叄月初捌日署理山西巡撫事務刑部左侍郎臣伊都立。

硃批：朕那里有許多諱，無知沒道理胡說不敬之至，此風是什麼人開的，豈有此理。

〔35〕福建福寧總兵顏光昕奏奉聖訓告以朋黨之誠摺（雍正三年三月十九日）[2]-[4]-519

福建福寧總兵官臣顏光昕跪奏。

欽惟皇上恩同天地，明並日月，凡於臣工有勳必獎，雖微弗棄，有過當黜，猶沐寬全，此誠三代以來堯仁舜德無過我皇上者也，即如川陝督臣年羹堯雖有安邊之功，皆出於聖主廟謨勝算所致，我皇上聖不自聖，俱指為臣下之力，大加寵賜以重爵，人臣隆遇若斯顯榮極矣，應宜受寵若驚，愈加謙抑方合臣節。臣前聞年羹堯在西寧時其尊榮權勢中外無與比倫，出入以土墊街，以水壓塵，

〔註13〕「大原」，應為「太原」之誤。

其巡撫提督等官名雖平行實同屬下，凡直省之督撫附近之提鎮或以營謀請托，或勉強趨奉者指不勝屈，臣一介稚魯，頗知大義，聞聽之下實深駭異。臣前陛見時因事係風聞，職非言路，謹以皇上酬勳之典過於隆重冒昧瀆奏，回署後時切拳拳於心，幾欲奏陳而終未敢。近閱邸抄深仰我皇上身居九重，明察萬里，上諭告誡洞徹隱微，實字字金玉句句珠璣，曲加保全功臣之處洵亙古帝王所不能發此劼切詳明之旨意也，此不獨年羹堯聞命感泣，即天下大小臣工莫不共相激勸，均沐皇仁，臣受聖訓示以朋黨之誡，時惕於心，茲讀諭旨益矢丹忱，圖報主恩於萬一耳，所有臣慶幸歡欣愚衷謹具密摺奏聞。

雍正三年三月十九日

硃批：此奏甚屬可嘉，但稍遲耳，仍屬可嘉。

〔36〕吏部等奏遵旨會審胡期恆揭參庸劣病廢官員情由摺（雍正三年三月二十五日）[2]-[4]-533

吏部等部謹奏，為遵旨審理事。

據胡期恆奏摺內稱，雍正叁年貳月初玖日准吏部咨開，為特參庸劣病廢官員等事，考功清吏司案呈，查得川陝總督年羹堯疏稱，道員職任監同，同知分理郡務，縣令有地方民社之責，必須才幹優長，精神強健之員方克稱職，今有西安驛傳道金南瑛、漢中府同知朱黑子、藍田縣知縣尚璠俱秉性罷軟，事多廢弛。榆林同知呂大雲、鎮安知縣武維緒舉動乖張，居官不謹，蒲城縣知縣陳錦浮躁性成，且縱容家人長隨招搖生事，白河縣知縣黎安久患目疾，漸至失明，似此庸劣病廢之員均難姑容，貽悞地方，所當特疏糾參，請旨將金南瑛分別議處以勵官方等因，於雍正叁年正月拾肆日奉旨，年羹堯將道員金南瑛等如許官員參奏前來，金南瑛係朕選作頭等任用之人，經朱軾保題，任會考府行走，怡親王、舅舅隆科多亦曾奏薦過，并非無才之人，年羹堯題參是屬錯誤，金南瑛仍着留任，去歲年羹堯來京陛見時朕將文武官員內揀選多人，今年羹堯帶去者因年羹堯識見優裕，辦理外省事務熟練，令伊等隨去學習耳，並非即使全用之意，且此等歷俸亦未至於即用，揆年羹堯將金南瑛等參奏情狀，特欲出缺用朕所發往之人，此斷不可，有違朕發往官員之本意，着降旨年羹堯朕所發往之人如有缺出不得即行題補，雖委署印務亦着請旨再行委署，如此內有應即用之人着密摺請旨。又據稱本內所參官員俱係胡期恆詳揭等語，胡期恆朕未曾見，這所參官員朕亦不識，除金南瑛外其餘官員着胡期恆帶領來京，聲明情由具奏，

伊等員缺暫且不必補人，巡撫印務着彭振翼署理，該部知道，欽此，抄出到部，備咨到臣，欽此。竊臣以一介微末，至愚極陋，上荷聖恩不次拔擢，泑膺重任，顧以愚貿昏庸，動多過失，仰蒙聖慈不即加嚴譴，令臣聲明情由具奏，聞命自天，悚惶無地，臣不勝戰慄待罪之至。臣謹遵旨帶領漢中府同知呂大雲，藍田縣知縣尚璠、鎮安縣知縣武維緒、蒲城縣知縣陳錦、白河縣知縣黎安等到京，理合遵旨聲明情由具奏。該臣伏查雍正貳年冬季乃舉行大計之年，督臣年羹堯陛見回署之時臣尚未交代離任，令照例舉行計典，臣以撫臣范時捷已奉旨不日進京，新撫臣石文焯未到，例應題請展限，而督臣云，大計雖應展限，但陝西計典拾餘年並未舉行，屬內有溺職之員不便姑容地方，是以於拾貳月初拾日會同撫臣范時捷及布政使臣胡期恆按察使臣黃焜於督臣公署將屬員按名考核，議得有干八法者令布按兩司仍照例用大計內字樣具揭題參，布政使乃首領之員，故疏內首列臣名，其道員金南瑛已蒙皇上洞鑒至聖至明，臣愚昧無知不合會揭，罪實難逭，伏乞敕賜嚴處以懲不職。至漢中府同知朱黑子倉糧乃其專司，霉爛伍千叁百餘石，已經撫臣范時捷題參，現奉議處在案。榆林同知呂大雲將本管同城之稅課司錢天錫虧空一案屢次抗延不肯承審，兩經延安府詳揭，二參限滿又屆，屢行催飭始據審報。藍田縣知縣尚璠原係虧空革職留任之員，甫以耗羨補完開復，乃又任聽蠹役派累里民，於雍正貳年玖月貳拾陸日據縣民柴振成等告蠹役朱纘、尚仁等，經臣批發西安府查審禁革在案。鎮安縣知縣武維緒於雍正貳年捌月拾伍日據縣民張世榮等數拾人告縣蠹張明武撥官科派，又發官價糶賣米麥，更令家人梅管家強佔民房，開鋪重價發賣，經臣批發西安府查審，尚未結案。蒲城縣知縣陳錦於雍正貳年陸月初拾日據該縣監生吳瀚等貳拾玖人各持監照赴臣衙門繳納，情願退監為民，控告陳錦聽蠹吏李彥等借行查監生年貌冊結名色勒索使費，有監生原本厚不從鎖拏監禁，臣批西安府嚴查禁飭在案。白河縣知縣黎安二目昏瞶，已成廢人，於雍正貳年柒月初叁日據興安州以目疾失明，實難供職通詳在案，理合聲明具奏，伏候皇上睿鑒施行等因。雍正叁年叁月貳拾叁日戶部尚書張廷玉，都察院左都御史蔡珽捧出硃批諭旨，吏部刑部確審定擬具奏，欽此欽遵。臣等會同審問胡期恆，你係壹道員貳年之內蒙皇上天恩補授巡撫，理宜公忠盡職，壹無依附，凡有參奏當據實無隱，若擅作威福，定干國法，如妄參壹人便是作威，妄舉壹人便是作福，你揭參金南瑛等柒員，看你備來奏摺內稱驛傳道你自知不合會揭，認罪，其同知朱黑子先已題參霉爛倉糧，奉部議處，何故復行揭參，明係急於出缺，同知呂大雲交伊承

審之案既已審報何故還說他抗違，將他揭參。藍田縣知縣尚璠，鎮安縣知縣武
維緒既據縣民控告批發查審，俱未審報，何故遽行揭參，蒲城縣知縣陳錦屢經
派令辦差，在任只得伍拾肆日，將從前有監生控告之事既不題參質審，事過已
久，今復填入疏內題參，黎安兩目久已失明，因何延至今日始行湊數揭參，況
陝省大計係該督撫題明俟雍正叁年舉行，如何上年冬季參官仍用捌法填註，明
明是你阿附總督年羹堯，要急於出缺顯然可見，又況你補授巡撫已於上年拾壹
月初壹日聞命，初陸日拜本謝恩，旨意令你俟年羹堯回任後起行，年羹堯於拾
貳月初玖日回至西安就是你布政司離任之日，如何你已陞巡撫肆拾餘天仍用
布政司官銜，受人指使，附和揭參，自來有如此之例否，此等情景豈能逃出聖
明洞鑒，皇上令你將陸員官帶來引見，你即應將所有情由據實奏出，乃將未行
審究參出之款預備奏摺，欲實其事，掩飾前非，此等去處壹壹明白供來。據胡
期恆供，我蒙皇上天恩由副使道陞授布政司，壹年拾個月即放巡撫，乃聽總督
年羹堯指使揭參道員金南瑛，其署印令詳榆林道朱曙蓀署理，胡期恆原說金南
瑛並無應參之處，年羹堯說他近來走得遲鈍，我已參奏了，因此具揭的。漢中
府同知朱黑子霉爛倉糧既已揭參，我原不該又揭他，榆林同知呂大雲原係總督
年羹堯說他乖張，主意要參，令兩司具揭的，藍田縣知縣尚璠因科派差使被百
姓鬧閙公堂，躱入床下，有里民柴振成等告他，但已據西安府審詳結案，事屬
已徃，不應又揭參他，鎮安縣知縣武維緒雖有里民控告伊家人強佔民房的事，
我已經發審，尚未審實完結，胡期恆要揭他的，蒲城縣知縣陳錦在任未久，且
已久過之事，將他揭參，原是年羹堯說他到任未久，便如此舉動，若再久了地
方如何受得，必要題參，白河縣知縣黎安既久失明，原該早參，況我已陞巡撫，
自不應仍辦西安藩司的事，因平素年羹堯待我甚好，他說這參官是要緊事情，
你不可推諉，我因順從是實，至於參官照捌法字樣填註，是年羹堯說西安久不
行大計了，這參官可用捌法字樣填註，所有一切情由已蒙聖明照鑒，自應據實
陳奏，乃又畏罪掩飾前非，罪更難逭等語。又問胡期恆揭參官員亦是任怨之事，
你自己也知道陞任巡撫不應仍用布政司官銜揭參官員，你必待揭官之後方行
交印是何意見。據供年羹堯平素待我甚好，他說這參官是要緊事情，你不可推
諉，我因順從揭報了這幾員官，實在是我的不是，我還有何辯處等語。問朱黑
子你是怎麼樣被參的，據供我漢中府同知，所司屯糧一項共拾萬壹千石有零，
因漢中地氣潮濕，倉厫漏壞以致霉爛糧伍千叁百貳拾餘石，我已買補過好糧貳
千柒百貳拾石，出具倉收申司在案，其餘貳千陸百石零現在陸續買補，切思黑

子所管倉糧霉爛理應受參，但若限內賠完仍可照例開復，不料胡期恆又以罷軟揭參，不知是何情由等語。問呂大雲你是為什麼事被參的，據供大雲効力補授榆林同知，到任叁年並無愆事，至承審錢天錫案係雍正元年，大雲告假葬親回京以後，延安府詳參之人承審係同知安塞縣徐珩，已經延安府揭參在案，大雲於雍正元年封印後自省銷假回任，貳月內奉布政司又委大雲承審，大雲因見此案二參在即，豈肯徒受易結不結處分，曾以此情移明延安府是實，布政司必要大雲承審，大雲只得星速審明，詳出尚在限內，並無抗違之處，今將大雲題參，實不知道是何情由等語。問尚璠你是為什麼事被參的呢，據供尚璠是康熙伍拾捌年伍月貳拾伍日補授藍田縣，因辦差那用錢糧貳千玖百餘兩，蒙總督年羹堯以璠居官稱職題請革職留任，遵限壹年內賠補全完開復在案，胡期恆說我被百姓打鬧，從前曾有此事，但彼時何以不參，直至去年方以秉性罷軟諸事廢弛揭參呢等語。問武維緒你是為什麼事被參的呢，據供我是康熙伍拾伍年揀選効力，伍拾捌年川陝總督鄂海題授鎮安縣知縣，仍留軍前辦事捌年，雍正元年拾月內回任，壹年之內仍出差肆次，雍正貳年拾貳月胡期恆將我以舉動乖張，居官不謹揭報題參，我尚在解送軍前餉銀，回至安定地方摘印的等語。問陳錦你是為什麼事被參的呢，據供陳錦是雍正貳年正月分選授蒲城縣知縣，於柒月拾壹日奉調解餉徃寧夏修城，總督年羹堯即委題授之員署理，我於玖月初陸日回省，即奉總督年羹堯吩咐不必回任，在省候差，至拾月初陸日又奉布政司胡期恆差徃鄜縣運米，至拾月貳拾捌日回省，仍復不許回任，候至拾貳月拾壹日忽被胡期恆詳揭題參，陳錦在縣只有伍拾肆天，至於蒲城縣監生柒百捌拾餘名成群結黨包攬詞訟，因奉部文查取監生有無假冒頂替年貌履歷冊結，有監生原本厚公然扯毀印票，抗不具結，反到縣堂肆行無狀，又到布政司衙門誣告，胡期恆發西安府審明監棍誣告是實，已經銷案，到了臘月將我揭參，不知是何緣故等語。問黎安你是為什麼事被揭參的呢，據供我是左眼先壞，曾於康熙六十年貳月內詳請休致，本州知州張世雄批令調治不肯轉詳，至雍正貳年舊疾復作，肆月內又請休致，因委驗之官到遲，未曾申到驗結，今被題參等語。該臣等會看得，胡期恆叨荷殊恩補授巡撫，奉旨令胡期恆俟總督年羹堯回到西安徃赴新任，是年羹堯到陝之日即胡期恆徃蘭之日也，胡期恆於拾壹月初壹日聞命，初六日拜疏謝恩，則期恆已非西安之布政使矣，年羹堯於拾貳月初玖日到陝，期恆於初拾日仍用布政司職銜詳揭道員同知知縣柒員，然後於拾貳日將布政使印信交送新任藩司，始行赴任，其附會行此一事情節顯然，且所揭之驛傳道金

南瑛胡期恆亦稱居官勤慎，榆林同知呂大雲接審虧空案並無遲誤，乃竟揭其抗違，鎮安縣知縣武維緒軍前辦事捌年，甫於雍正元年拾月回任，而壹年之內又復出差肆次，乃竟以不謹揭參，尤為可憫，蒲城縣知縣陳錦到官未滿壹載，委令解餉運米不令回任，委員署事，在縣只有伍拾肆日，乃因包訟，監生原本厚往省誣告，且經期恆批審銷案，旋復題參。漢中府同知朱黑子既因霉爛倉糧業已題參離任，又復揭參，藍田縣知縣尚璠因辦差事那用錢糧，既已補完，又以罷軟揭參，白河縣知縣黎安果屬目疾失明應令休致，乃遷延肆年始行揭報，詢據胡期恆供稱，金南瑛呂大雲陳錦叁員係總督立意要參，其朱黑子尚璠武維緒黎安肆員係期恆有心揭報，此內朱黑子委屬虧空完不及半，尚璠不得民心，致民鬧入內堂，尚璠躲入床下，因此揭其罷軟，黎安久已失明，至今方纔揭報委屬不合。又供期恆已陞巡撫，於起行兩三日內尚辦藩司揭官之事，爰因年羹堯素日待我甚好，他向我說這參官是緊要事情，你不可推諉，我因順從是實，至一切情由已蒙聖明照鑒，自應據實陳奏，乃又掩飾前非，罪更難逭等語。據此胡期恆違例出揭，視屬員之枉罷參章，全不矜惜，今遵旨令將其揭參官員朱黑子等帶領來京，尚敢牽引已往事故，備摺掩飾，懷私阿附，行止卑微，而又陳奏不實，胡期恆既經奉旨革職，應照上書不以實者杖壹百徒叁年律應杖壹百徒叁年，胡期恆曾為大吏，應徒叁年，免其杖責，其妄被揭參之驛傳道金南瑛已經奉旨仍留原任外，榆林同知呂大雲，鎮安縣知縣武維緒、蒲城縣知縣陳錦叁員俱無實跡，委屬誣參，仍令各回原任，再漢中府同知朱黑子先經霉爛倉糧解任賠補，其員缺於雍正叁年正月分選授張坦諫在案，應將朱黑子發回陝省賠補，如限內補完具題開復另補，白河縣知縣黎安兩目久已失明，應令休致，藍田縣知縣尚璠據胡期恆供被百姓鬧入縣堂，躲避床下，所以揭他罷軟，質諸尚璠亦供曾有其事，尚璠應照罷軟例革職，臣等未敢擅便，謹奏請旨。

　　雍正三年三月二十五日
　　太保吏部尚書兼管理藩院事公舅舅臣隆科多
　　左侍郎臣查郎阿
　　經筵講官左侍郎兼翰林院學士加壹級臣史貽直
　　右侍郎加貳級紀錄拾貳次臣沈近思
　　議政大臣刑部尚書臣塞爾圖
　　經筵講官尚書加貳級臣勵廷儀
　　經筵講官右侍郎臣塞楞額

都統右侍郎軍功加肆級臣高其佩

硃批：胡期恆寬其徒罪，發與田文靜河南堤工効力贖罪，如抗違躭延，發徃黑龍江〔註14〕當差，將此事着〔註15〕年羹堯明白回奏，餘依議。

〔37〕雲南布政使李衛奏謝聖訓並繳硃批摺（雍正三年四月初一日）[2]-[4]-548

雲南布政使兼管驛鹽道事臣李衛謹奏，為恭繳硃批奏摺並謝聖恩訓諭事。

竊臣因彙奏雍正貳年分以前所辦事宜蒙皇上硃批，不避嫌怨，與上□凌人驕慢無禮什麼相干，涵養字甚要緊，務必做個全人以報朕，方不有負朕知遇之殊恩也，竭力勉之，若不中心改革，將來必受此累，悔之不及矣，欽此。於本年貳月貳拾柒日撫臣楊名時便差帶回，跪讀之下仰見我皇上神明睿鑒，深悉臣愚昧招愆之由，誠令諄諄，務使臣做全人，屬望之優至此，臣非木石寧不感痛流涕，刻日濯磨以副聖主策勵殊恩。但臣之職任皆通省財賦之場，實嫌疑指摘之地，且謬荷天恩於格外，尤為羣情嫉忌之所歸，是以臣抵任以來無時敢忘後來地步，凡收發錢糧不拘多寡皆委官眼同存庫，即聚零合總，稍有羨溢不在常規之內者亦必彙報督撫，今未及貳年除正項並贏餘外，又有多出之數幾至肆萬，前奏明此等亦在其中，現存貯庫俟伍月奏銷時一並查造，但係瑣屑湊集之項，難以具題，擬與督撫貳臣公同摺報留充公項，誠恐嗣後猶有言臣勉辭贏羨，掩飾巧取者，名節攸關，伏願皇上特差正直無私內員徹底清查，倘臣於日用養廉之外再有欺瞞入己昧心營私之處，不但難逃國法，上蒼亦必不容，更有請者臣一介愚魯，原無才識學術，錢穀亦非臣所長，皆為皇上面為訓諭，奉持而行，故得勉為辦理，未至隕越，然自雍正元年正月叩辭天顏，將及叁載，久不得親承訓旨，後事無以遵循，犬馬依戀之忱時廑夢寐，兼有外省情形要務非面陳無由得悉，懇乞皇恩准臣於奏銷後秋月進京，面請聖訓（硃批：候旨），並望回時便道一省臣母，則殊恩異數逾於造化生成萬萬矣。臣前誤因部頒本摺貳式，錯用火筒，愚昧之咎難辭，今照舊繕摺交督臣高其倬便差帶進，臨奏曷勝感戀待命之至，謹奏。

雍正叁年肆月初壹日

硃批：一切謗讟之言皆出年羹堯之口，今其欺詐負恩之情已露，你的事不

〔註14〕輯者補「江」字。
〔註15〕硃批原文作「本發與」，後硃筆塗改為「此事着」。

辯自明，但氣傲凌人處朕看你此人恐中此病，是朕意見之言，有則改之，無則加勉，何妨乎，戒之。

〔38〕廣東巡撫年希堯奏陳桑成鼎來由實情摺（雍正三年四月初七日）[2]-[4]-587

廣東巡撫臣年希堯謹奏，為據實回奏，仰籲聖鑒事。

竊桑成鼎係臣家人孫七繼子，後因捐納得職，自四川中江縣令歷任至直隸守道，臣不敢隱瞞，故於雍正元年捌月內將其隨母嫁歸孫七併臣家配妻生子，隨臣服役歷來原委逐一具摺奏明在案。只因成鼎先係跟臣伴讀，臣幼年在京時出入皆伊跟馬，朝夕伺候，通國皆知，皇上聖明無微不照，況臣家中之事能瞞聖主之洞鑒乎，臣若不早為奏明，非但奉旨查詢臣無詞可對，且臣受恩如此深重，而將自家之事敢於隱瞞，此心何以自問，此臣不得不奏之苦衷，實無他意也，若謂成鼎偶來探母，留為伴讀，臣年拾柒即不讀書，此時何不回去歸宗，而尚在臣家服役，臣家又何故將張廚子之女配伊為妻，成鼎何故即從孫七之姓，起名孫宏遠。至康熙叁拾捌年臣補授雲南景東府同知時，成鼎何故同伊繼父孫七隨任驅使，及至成鼎捐官年已肆拾，何故仍從孫姓，直至陞任西安府始改姓桑，是成鼎實係臣之跟隨之僕，歷歷有據，臣前摺內如有壹字涉虛，甘伏皇上斧鉞之誅。惟是臣弟羹堯小臣捌歲，當成鼎隨母來時臣弟方在繈褓，或不盡知底裏，故有此本具題，茲蒙硃批諭旨，臣跪讀之下不勝戰慄，伏念臣與臣弟乃至親手足，以兄證弟謂之不友，且臣父年老在堂，聞之必加憂慮，以子累父謂之不孝，似此不孝不友之人何以立於天地之間，惟有哀懇聖主鴻慈俯垂憐憫，免臣與臣弟對質是非，矜全一家骨肉，則臣父子兄弟世世感戴皇恩靡有涯矣，為此瀝血具奏，臣不勝激切籲恩之至，謹奏。

雍正叁年肆月初柒日

〔39〕廣東巡撫年希堯奏蒙硃批教誨瀝陳愚衷摺（雍正三年四月初七日）[2]-[4]-588

廣東巡撫臣年希堯謹奏，為瀝陳愚衷，仰祈睿鑒事。

竊臣前因糧驛道吳炯傳奉上諭，臣逐一具摺奏覆，蒙硃批諭旨，總是給個蠻幕賓寫來套話，何常有一句是你心裡的話，年希堯今日如此待朕，真奇事，臣跪讀之下不覺愧汗交流，容身無地。伏念臣一介庸愚，荷蒙皇上於臣患難之中多方救全，上費皇上幾許神思心力，凡可為臣之處無所不至，及至龍飛登極，

即授臣以巡撫封疆重任，自泥塗而拔置雲霄，是皇上之加惠微臣，非特臣父子兄弟之中惟臣最厚，即天下諸臣之中總無如臣之受恩獨重者也，臣清夜捫心雖捐糜頂踵何足報稱萬一，但臣學疏識淺，才具平常，久荷皇上洞鑒，並非有心玩忽，安于下愚，竟不思上報聖主天高地厚之隆恩也，祗緣前奏摺內言不切實，致成套話，是臣一時愚昧無才之處，荷蒙皇上批諭，臣罪何辭，伏乞皇上矜憐寬宥，凡臣不逮之處恩賜教誨，使臣得以勉圖後効，仰報高深，則臣生生世世頂戴聖恩靡既矣，為此披瀝奏明，仰籲睿鑒，謹奏。

雍正叁年肆月初柒日

〔40〕四川提督岳鍾琪奏謝諭令兼理甘肅巡撫併陳才力難勝下情摺（雍正三年四月十三日）[2]-[4]-619

奮威將軍世襲三等公提督四川總兵官拜他喇布勒哈番臣岳鍾琪謹奏，為欽奉上諭事。

雍正三年四月十二日准吏部咨文，內開雍正三年三月二十五日內閣交出奉上諭，甘肅巡撫胡期恒朕素不識其人，因西海初經收定，必得熟悉邊地情形者畀以巡撫之職，朕詢問年羹堯，薦胡期恒謂可勝任，前年羹堯曾薦王景灝，求令陛見，及王景灝來京朕觀其才具實屬可用，是以此番薦舉胡期恒朕不疑即用為甘肅巡撫，後見揭參金南鍈等七人，朕察其情節甚不允協，且年羹堯於王景灝則請令引見，於胡期恒則不請令引見，是殆欲借王景灝一人使朕信其言之不誣，遂可薦舉胡期恒之類，以肆其蒙蔽也，今胡期恒來京所奏之言皆屬荒唐悖謬，自云途次曾經撰著以卜其應否據實奏對，夫人臣奏對應以實不以虛，此互古不易之理，乃竟以此決之神明，無論褻神逆理而其心之疑貳不定，欺罔詐偽即此一事可見其居心為人矣，觀其人甚屬卑鄙下賤，豈特不稱巡撫即道府之職亦屬有玷，著令革職，朕已諭問年羹堯去矣，其揭參一案現交與吏刑二部審擬自然明白，甘肅地方甚屬緊要，巡撫員缺著將軍岳鍾琪兼理，該部知道，欽此，為此合咨前去，欽遵查照施行等因，欽此。臣捧誦綸音，隨恭設香案望闕九叩謝恩，一時惶悚伏地跼蹐汗流，竊念臣本武夫，內顧庸昧一無所長，仰荷聖主隆恩異數，以四川提督原銜畀領奮威將軍印務署理甘肅提督，已懼喆負難勝，時虞隕越，巡撫管理刑名錢穀一切庶政，有振綱肅紀表帥羣僚之責，臣之短淺才識何能兼理，然已聞命自天，不敢固辭，仰遵聖主明旨暫為兼理，唯念口外現在分編佐領，兵丁新撤，臣未敢即離，查蘭州西寧相距不遠，巡撫事務容臣即在西寧辦理，可無兩顧，庶為妥便，伏望聖慈憫臣闇劣，簡命賢能速於

赴任，俾臣得安愚分專供武職任使，則頂戴聖主天地覆育仁愛深恩于無既矣，俟接印視事另行恭疏題報，所有奉到寵命日期及臣才力難勝下情合先具摺恭謝陳奏，伏乞睿鑒，謹奏。

雍正三年四月十三日具。

硃批：用你總督矣，年羹堯近來甚昏憒之極，一切章奏悖謬乖張，舉止狂妄縱肆，甚屬不妥，川陝任大責重非卿不得其人，勉為之，但年羹堯如此負朕亦大奇事，朕實愧對天下臣工，即此一諭亦含羞落筆也，可愧可愧。

附錄修訂摺一件

奮威將軍世襲三等公四川提督兼理甘肅提督印務臣岳鍾琪謹奏，為欽奉上諭事。

竊臣准吏部咨文，內開雍正三年三月二十五日內閣交出奉上諭，甘肅巡撫胡期恒朕素不識其人，因西海初經收定，必得熟悉邊地情形者畀以巡撫之職，朕詢問年羹堯薦胡期恒謂可勝任，前年羹堯曾薦王景灝，求令引見，及王景灝來京朕觀其才具實屬可用，是以此番薦舉胡期恒朕不疑即用為甘肅巡撫，後見揭參金南鍈等七人，朕察其情節甚不允協，且年羹堯於王景灝則請令引見，于胡期恒則不請令引見，是殆欲借王景灝一人使朕信其言之不誣，遂可薦舉胡期恒之類以肆其蒙蔽也，今胡期恒來京所奏之言皆屬荒唐悖謬，自云途次曾經撲著以卜其應否據實奏對，夫人臣奏對應以實不以虛，此亙古不易之理，乃竟以此決之神明，無論褻神逆理而其心之疑貳不定欺罔詐偽即此一事可見矣，且觀其人甚屬卑鄙下賤，豈特不稱巡撫即道府之職亦屬有玷，著令革職，朕已諭問年羹堯去矣，其揭參一案現交與吏刑二部審擬自然明白，甘肅地方甚屬緊要，巡撫員缺著將軍岳鍾琪兼理，該部知道，欽此，為此合咨前去，欽遵查照施行等因，欽此。臣捧誦綸音，隨恭設香案望闕九叩謝恩訖，竊念臣本武夫，仰荷聖主隆恩異數以四川提督原銜畀領奮威將軍印務署理甘肅提督，已懼黽負難勝，時虞隕越，巡撫管理刑名錢穀一切庶政，有振綱肅紀表帥羣僚之責，臣之短淺才識何能兼理，然已聞命自天不敢固辭，仰遵聖主明旨暫為兼理，伏望聖慈憫臣闇劣，簡命賢能速于赴任，俾臣得安愚分專供武職任使，則頂戴聖主天地覆育仁愛深恩于無既矣，候接印視事另行恭疏題報外，所有奉到寵命日期及臣才力難勝下情合先具摺恭謝陳奏，伏乞睿鑒，謹奏。

硃批：已用卿為總督矣，年羹堯近來昏憒之極，一切章奏悖謬乖張，諸凡舉動狂妄縱肆，甚屬不妥，今調伊為杭州將軍，川陝任大責重非卿不能稱職，勉為

之，但年羹堯如此負朕亦大奇事，朕實愧對天下臣工，即此一諭亦含羞落筆也。

〔41〕西安右翼滿洲副都統伊禮佈奏陳大員子弟假冒軍功摺（雍正三年四月十五日）[2]-[4]-624

鎮守西安等處右翼滿洲副都統臣覺羅伊禮佈謹密奏，為假冒軍功事。

竊照征勦西海桌子山等處，我皇上格外殊恩重疊議敘，原為在事有功之人勞績可嘉，予以爵賞，非為勢宦朋黨樹恩營私，開一冒濫之門也，乃有候選知府高綱係高其佩之子，身未嘗一離西安，軍功亦邀議敘，又范時捷之子範弘濟雖曾到過西寧，次日即回陝署，並未出兵，何有功績，至於蘇丹之子蘇圖，隨眾出兵，旅進旅退，羅卜藏丹津既已潛逃，只剩老弱，丹津黃台極〔註16〕亦係眾官兵拏住，蘇圖從未嘗特著奇勳，此皆萬耳萬目，人所共知之事，乃彼此串通，忍欺陛下，然但據臣所深悉者而言，其餘不知之人甚多，則軍功冊籍豈足為憑，況僕夫廝豢瓜葛親知，凡有粘連，靡不得濟，是以人間嘖有煩言，難逃公論，臣據見聞所及如此，謹奏。

雍正三年四月十五日

〔42〕西安右翼滿洲副都統伊禮佈奏陳彭振翼王景灝浮冒軍需摺（雍正三年四月十五日）[2]-[4]-625

鎮守西安等處右翼滿洲副都統臣覺羅伊禮佈謹密奏，為軍需浮冒事。

臣見西寧出兵以來一切錢糧皆係彭振翼經手辦理，而查核造報即係王景灝，毋論兩人見女姻親，如出一手，況同為督臣年羹堯提拔之人，彼此相蒙，弊端甚大，雖辦事才情可用，然知為督臣營私而未必能出於至公者，以非督臣之推薦不至此也，故彼等辦理軍需將糧料等項預先買足，以致物價騰貴，而臨期運用仍照時價開銷，節次生枝，虛糜數倍，臣風聞如此，不敢欺飾，謹具奏聞。

雍正三年四月十五日

〔43〕西安右翼滿洲副都統伊禮佈奏陳全陝提鎮皆附年羹堯宜加抑制摺（雍正三年四月十五日）[2]-[4]-626

鎮守西安等處右翼滿洲副都統臣覺羅伊禮佈謹密奏，為欲全臣節宜抑黨與事。

〔註16〕此人封公，故稱公丹津，待考。

　　竊惟我皇上用人行政至仁至明，故悖謬之人始雖掩飾一時，旋即到處敗露，皇上不忍遽加誅戮，始終保全，在督臣年羹堯自當洗心滌慮，悔罪自新，但全陝提鎮諸臣皆樂附和心腹，平昔肆行無忌，罔顧國法，則此時勢盛而憂其敗，未免有危懼自防之計，況諸人心跡實多遺議者乎。如西寧總兵黃喜林原係販馬出身，貪而且愚，曾在塔兒寺〔註17〕偷取金佛一尊，鑿去其半，後被喇嘛供出，在伊馬槽之下搜獲半節，乃推在家人身上，故代行正法，其無臉面如此。又如寧夏總兵王嵩，言談似乎明白，乃拜在魏之耀門下，又認蘇丹為義父，稱王景灝為叔子，一味鑽營，全無品行，興漢總兵武鎮安捏造言語，諂媚求容，伊在西海出兵之地竊取羅卜藏丹津之母阿爾太財物，以致綠旗兵丁傳為笑話，此等情事若輩敢於為之者，因皆係督臣一黨，謂可合夥欺瞞，今既彰明較著，勢必求為自全，以小人患失之心而成其騎虎之勢，是豈督臣之福耶。若夫岳鍾琪比眾雖優，然亦稱督臣為老師。涼州總兵宋克金〔註18〕更出一路提拔之人。至固原提督楊起元〔註19〕係嚴堂官之親家，人亦老弱不堪，況固原居三邊適中之地，形勢險要，其兵丁又係潘育龍素所練習，最為精悍，皇上似宜在親信諸臣之內擇其熟諳綠旗營伍補放前來，則足以消其意外之萌，而於皇上保全之心亦可以始終矣，臣愚蒙皇上高厚之恩，無可報答，故不避忌諱冒昧直陳，伏乞睿鑒，謹奏。

　　雍正三年四月十五日

〔44〕西安右翼滿洲副都統伊禮佈奏知縣簡廷佐向日居官廉正被劾堪惜摺（雍正三年四月十五日）[2]-[4]-627

　　鎮守西安等處右翼滿洲副都統臣覺羅伊禮佈謹密奏，為賢令堪惜事。

　　竊惟縣官之賢否民生之休戚關焉，而考成之最所關係者莫如虧空一項，陝西火耗起解藩庫，原為填補虧空而設，乃有實在愛民之官，因其平日守正不阿，遂至窮年莫補，如原任華陰縣行取知縣簡廷佐居官材守兼優，目今卸事四年而百姓愛戴獨如一日，又韓城縣改教知縣向日昇治行優裕，綽有聲名，只因與胡期恆不對，所以亦被彈章，此二人者臣並未識面，然在秦日久，訪問最確，相應奏聞，謹奏。

　　雍正三年四月十五日

〔註17〕即塔爾寺，位於青海省湟中縣魯沙爾鎮。
〔註18〕《甘肅通志》卷二十九頁二十三作鎮守安西總兵官宋可進，應即此人。
〔註19〕《甘肅通志》卷二十九頁十六作提督固原總兵官楊啟元。

〔45〕西安右翼副都統伊禮布奏陳年羹堯將鹽務羨餘撥充將軍等養廉實為市恩摺（雍正三年四月十五日）[2]-[30]-294

鎮守西安等處右翼滿洲副都統臣覺羅伊禮佈謹密奏，為請旨事。

竊照督臣年羹堯於去冬陛見之時請將河東鹽務羨餘銀兩內給與陝西將軍養廉銀壹千兩，副都統養廉銀伍百兩，此種羨餘銀兩莫非朝廷錢糧，國家賞罰之柄惟天子得而操之，若權臣竊以營私，交結文武，以致受賞，皇家拜惠私室，甚不取也，據臣愚見縱使此種養廉銀兩在所應給，亦必皇上明下恩綸，以示格外憂典，不可使督臣掠美市恩，遂其權奸之計，臣愚識見淺陋，未諳之處總求聖訓遵行，謹奏請旨。

雍正三年四月十五日

硃批：此等相幫助之事何妨，只想督撫不肯為耳。

〔46〕四川提督岳鍾琪奏謝恩諭署理川陝總督印務併請陛見摺（雍正三年四月二十四日）[2]-[4]-662

世襲三等公四川提督署理四川陝西總督印務拜他喇布勒哈番臣岳鍾琪謹奏，為恭謝天恩事。

竊臣才不如人，功無足齒，受恩逾格，宵旦慚惶，復荷聖慈畀署川陝總督印務，拜命之下驚懼益深，顧總督憲綱文武，節制兩省，以臣才弱洵難勝任，伏念成命已頒，於諭旨內一切事務不容曠待，是以不辭闇鈍，即於四月二十四日從西寧起程訖，一到西安遵旨明白接代後，將一切接受事務再行具摺奏聞，如遇事有萬難措置處臣亦密請訓旨料理，斷不敢因循苟且上負聖恩任使，且臣受恩已極，未見天顏，今望闕日近，俟到西安諸務稍知頭緒即便奏請入覲，面求聖訓，矢竭精誠以期報稱於萬一也，所有感激微忱謹先恭摺奏謝，伏乞睿鑒，謹奏。

雍正三年四月二十四日具。

硃批：卿乃曠代奇才，國家棟梁大器，朕雖未見卿之面，中外輿論，一路次第來歷章奏辦理事件，所效之力，明明設在目前，朕實知卿之居心立志也，朕實慶喜，陛見何必速，俟卿諸務料理妥貼時再奏聞朕斟酌，萬不可強急，責任地方關係甚大，勉為之。

附錄修訂摺一件

世襲三等公署理川陝總督印務臣岳鍾琪謹奏，為恭謝天恩事。

　　竊臣才不如人，功無足齒，受恩逾格，宵旦慚惶，復荷聖慈畀署川陝總督印務，拜命之下驚懼益深，顧總督憲綱文武，節制兩省，以臣才弱洵難勝任，伏念成命已頒，于諭旨內一切事務不容曠待，是以不辭闇鈍，即于四月二十四日從西寧起程訖，一到西安遵旨明白接代後，將一切接受事務再行具摺奏聞，惟是臣受恩已極，未見天顏，今望闕日近，俟到西安諸務稍知頭緒即便奏請入覲，面求聖訓，矢竭精誠以期報稱于萬一也，所有感激微忱謹先恭摺奏謝，伏乞睿鑒，謹奏。

　　硃批：卿乃曠代奇才，國家棟樑，朕尚未謀面，採聽中外輿論，披閱一切章奏及所辦事件，所効勞績明明設在目前，朕實知卿之居心立志也，陛見何必急速，俟諸務料理妥貼再行奏請，候朕斟酌降諭，目下萬萬不可，地方責任關係重大，勉為之。

〔47〕署川陝總督岳鍾琪奏報交明西寧軍務摺（雍正三年四月二十四日）[2]-[4]-663

　　世襲三等公四川提督署理四川陝西總督印務拜他喇布勒哈番臣岳鍾琪謹奏，為欽奉上諭事。

　　臣遵奉聖旨命速赴西安署理總督印務，所有交送甘肅巡撫提督印信，已另疏題報外，再奉諭旨，其署理西寧軍務提督印務著岳鍾琪將伊所知之人舉奏，奮威將軍印如有用處，留于彼處，其應委何員署理之處亦着岳鍾琪指名保題，如無用處，亦着齎送來京，欽此。竊臣拜領奮威將軍敕印，受命駐節西寧，原為彈壓青海，今已內外寧謐，臣故先請撤兵，俟口外佐領編定，臣再恭請陛見，將敕印親齎奏繳，茲奉聖主諭旨，明見萬里，臣復查青海左右兩翼地方諸王台吉部落番土百姓一體共樂升平，更無別事，其將軍印信實已無有用處，似毋庸保題委署，臣謹九叩封固選委筆帖式奇書、守備王剛即於四月二十四日齎捧由驛赴京恭繳，伏乞聖慈飭收天府（硃批：好），臣不勝感切惶恐之至。惟是前准部文內開，口外蒙古新定，內裡番民初安，應將現在兵丁四千名揀選一千留駐彈壓，振揚威武，于事有益，今此西寧軍務相應交與副都統臣達鼐管理（硃批：好），但達鼐正在口外查編佐領，應俟事竣回日統領彈壓，臣一面嚴飭各該管將領小心鈐束，一面具文知會達鼐訖。再臣仰遵密諭，凡有土司番蠻之事，令臣揀員料理，是以臣於留兵時原留川陝大小官三十三員，內除領兵官外，多留熟諳番情四川之守備千把官十員，今臣既赴西安，倘遇番情，有必須遣員料

理者，恐督標官內未能熟諳，臣懇仍帶守備一員王剛，千總四員宋宗璋、羅林、胡璉、何登朝，把總一員徐介眉，共六員以備任使（硃批：甚是），其餘四員亦交達鼐聽用，則於西寧事務俱已措置穩妥，臣亦於四月二十四日兼程速赴西安訖，所有交明西寧軍務謹摺具奏，伏乞睿鑒，因奏匣拜進無餘，謹用夾板封進，合併聲明，謹奏。

雍正三年四月二十四日具。

硃批：知道了。

附錄修訂摺一件

同日又奏，為欽奉上諭事。

竊臣遵奉聖旨命速赴西安署理總督印務，所有交送甘肅巡撫提督印信已另疏題報告外，再奉諭旨其署辦理西寧軍務提督印務著岳鍾琪將伊所知之人舉奏，奮威將軍印如有用處留于彼處，其應委何員署理之處亦著岳鍾琪指名保題，如無用處著齎送來京，欽此，竊臣拜領奮威將軍敕印，受命駐節西寧原為彈壓青海，今已內外寧謐，其將軍印信實已無用處，似毋庸保題委署，臣謹九叩封固，委員即于四月二十四日齎捧由驛赴京恭繳，伏乞聖慈飭收（硃批：好），臣不勝感切惶恐之至，唯是前准部文，內開口外蒙古新定，內裡番民初安，應將現在兵丁四千名揀選一千留駐彈壓，今此西寧軍務相應交與副都統臣達鼐管理（硃批：交伊管理是），再臣仰遵密諭，凡有土司番蠻之事令臣揀員料理，是以臣于留兵時原留川陝大小官三十三員，內除領兵官外多留熟諳番情四川之守備千把官十員，今臣既赴西安，倘遇番情有必須遣員料理者，恐督標官內未能熟諳，臣懇仍帶守備一員王剛，千總四員宋宗璋、羅林、胡璉、何登朝，把總一員徐介眉，共六員以備任使（硃批：甚是）其餘四員亦交達鼐聽用，則于西寧事務俱已措置穩妥矣，所有交明西寧軍務謹摺具奏，伏乞睿鑒，謹奏。

雍正三年四月二十四日

硃批：覽奏俱悉。

〔48〕直隸總督李維鈞奏與年羹堯互絕往來摺（雍正三年五月初一日）[2]-[4]-700

兵部尚書兼督察院副都御史總督直隸等處地方加叁級紀錄玖次臣李維鈞謹奏，為奏明事。

　　切臣受恩深重，惟有實心報主，凡蒙聖諭凜奉恪遵，但識見愚陋，常多未能領略，是以奏覆雖意出真誠，而敷陳不達文意，口氣實非學年羹堯而與之相仿也，臣與年羹堯於康熙陸拾年在順德途中始相認識，以後通問歲不過壹貳（硃批：是何言歟，西安總官庭隔四五天無有不見直隸李維鈞之使人也，眾目昭彰，如何辯得，若今日掩飾，於後而不能悔過於前也，人非聖賢孰能無過，若如此巧飾，非徒無益而有害也），自蒙恩旨臣遂與年羹堯相絕，並無一字跡來往，雖年羹堯恨臣日深，然臣既知年羹堯不純，若仍與來往，則臣心亦不純矣。矧臣蒙皇上知遇之隆，更何求於年羹堯而尚敢依回以蹈欺天之大罪也（硃批：若果能如此則無過也，若仍留地步，以隱密為務，恐再有所覺則有心之罪也，朕亦難矣，若欲盡釋朕疑，明明與年羹堯打成對，與天下人看則不辯而自明矣，又在你樂為與否也，若與年羹堯商酌做象來，不能惑朕也，只教他恨了即能解朕之疑矣，不然如傅鼐惑朕耳目之論，朕是沒奈何要聽的呢），謹陳愚悃，伏祈睿鑒，再欽奉硃批奏明事奏覆事，遵旨奏聞事密奏事恭報瑞雪事計共伍摺，一併恭繳，謹具奏聞。

　　雍正叁年伍月初壹日兵部尚書兼督察院副都御史總督直隸等處地方加叁級紀錄玖次臣李維鈞。

〔49〕鎮海將軍何天培奏敬遵聖誨與年羹堯絕跡摺（雍正三年五月初三日）[2]-[4]-715

　　鎮海將軍臣何天培跪奏，為敬遵聖誨事。

　　雍正叁年肆月叁拾日有撫標馬兵祁祿賫摺回南，臣跪閱皇上硃批，年羹堯甚作威福，大負朕恩，當絕跡遠之，倘密留地步，與爾無益，密之，朕實愧悔等因，欽此。臣伏思皇上之待臣子，皆出一片至誠，推心置腹，悉從寬厚，為臣子者即小心敬謹，尚不能報效於萬一，若擅作威福，此乃喪心病狂，在天理亦不相容，臣與年羹堯實係素常認得，曾經往還，今年羹堯負皇上大恩，此等之人臣寔在願與永遠絕跡，恭繹御批，全是愛惜微臣訓誡微臣之處，臣不勝感激，惟有凜遵旨意，絕勿與通，仍不敢稍有洩露，臣並警惕自勉，以仰副我皇上諄切誨諭之至意，為此繕摺敬覆，謹奏。

　　雍正叁年伍月初叁日

　　硃批：朕待人即當日在藩邸亦從不知慝怨而友人，何況今日此位乎，朕總以目下就朕所見而行耳，一切固執不得，所奏知道了，當如是。

〔50〕江蘇巡撫張楷奏覆江南提督高其位居官情形摺（雍正三年五月初六日）[2]-[4]-746

江蘇巡撫臣張楷謹奏，為遵旨回奏事。

竊臣於肆月初貳日陛辭之日欽奉上諭，江南提督高其位老成持重，雖然年紀老了，叫他坐鎮松江還強似別人，但不知他近日精神何如，若老邁糊塗亦難辦事，再者他兩耳重聽，必得簡好中軍相幫料理，方能無悞，你到江南可細細打聽明白，據實具奏，欽此。臣到蘇州即細加確訪，適松江府廳到蘇，臣又詳加探問，俱云提督高其位年紀雖老，精神還照舊，兩耳仍然重聽，事體上狠明白，並不糊塗，百姓的事亦甚留心，兵民相安，中軍參將吳進義盡心幫助，人亦爽快，並不招搖悞事，與臣所訪無異。再江蘇錢糧倍於他省，近奉新例，州縣起解錢糧先赴臣衙門驗兌後發布政司兌收，徒費解役，徃返守候，於錢糧究無裨益，臣經面奏，欽奉上諭，到任後具本題進，遵經另疏奏聞外，合併繕摺，恭遣家人劉玉賫摺回奏，伏乞皇上睿鑒施行，右謹奏聞。

雍正叁年伍月初陸日江蘇巡撫臣張楷。

硃批：知道了，近聞他有一二眾改的事不甚妥，可添的兵訪奏聞，大笑話。

〔51〕直隸總督李維鈞不徇私情已發參本摺（雍正三年五月初十日）[2]-[4]-762

兵部尚書兼督察院副都御史總督直隸等處地方加叁級紀錄玖次臣李維鈞謹奏，為密陳實情事。

切臣受我皇上重恩，內外臣工莫可企及，報效微忱雖赴湯蹈火亦所不懼，豈以朋友私情而及有所顧惜依回，實緣秦中情事未知確切，不敢以虛泛之語冒昧劾參，今就臣所知聞者繕就參本，已於初拾日拜發，由通政司轉交內閣，伏乞我皇上恕臣從前愚昧，俾臣得盡心力料理地方，為聖世無虧之人，臣不勝榮幸歡洽之至，謹奏以聞。

雍正叁年伍月初拾日兵部尚書兼督察院副都御史總督直隸等處地方加叁級紀錄玖次臣李維鈞。

硃批：便不盡心力亦不過好，年羹堯案之不用而矣，歷觀四十餘年用之為虎，不用為羊，亦未見國家乏人可用也，亦未見超卓常人，關國家興廢之奇才也，即如年羹堯可謂國家人材矣，今既敗露，聞得陝省之遭害，兵民之怨恨勝於蘇克濟、李樹德、常鼐、滿丕等遠矣，何益之有，只講自己利害則可，若為

朕仗賴倚任，必欲天下人皆能為無虧之臣子，堯時尚有四兇，朕豈能也，大槩不能為師徒之愚惑，或可勉強一二，勉之慎之，竭力為之，過之一病惟有改之一藥餘無良方，須務真實，若謀隱巧機密，恐病愈深而害愈大也，參本取來覽過，朕自然澈汝肺腑也。

〔52〕鑲白旗漢軍都統范時捷奏參年羹堯欺罔貪婪摺（雍正三年五月初十日）[2]-[4]-765

鑲白旗漢軍都統世襲一等精奇呢哈番臣范時捷謹奏，為特參欺罔貪婪之大臣，以正國典，以警奸邪事。

竊惟人臣事君必居心誠實，清操愛民，不敢少存欺偽，為己營私，庶能辦理公事，報效朝廷，乃有原任川陝總督今陞杭州將軍年羹堯者，立心詐偽，秉性兇頑，欺罔多端，貪戀無厭，擅作威福，虐害官民，蒙皇上燭其奸惡敕令解任，量移鎮守，然罪惡昭彰，婪贓無殼，道路怨騰，兵民交怒，臣同在陝西知之最確，謹據實陳奏，請旨敕部提拏審訊，按律治罪，以彰國法，以警奸邪，所有欺罔貪婪實跡，謹一一為我皇上陳之，計開。

一、年羹堯因運米四萬石至軍前，依捐納價銀不開細數，總銷銀一百四十四萬兩，臣查軍前運米，蒙聖祖仁皇帝軫念邊氓，恐邊塞米價騰貴，不惜重費自內地買米運出口外，照依西安運起，計算路程，按站給價，是以議准每石共費銀三十六兩，年羹堯並不遵旨，於西安買運，私向沿邊甘肅等處買米運送，西安至甘肅一路腳價俱侵蝕入己，共侵蝕銀四十萬兩，自恐敗露，乃不開細數，止以總用銀一百四十四萬兩請銷，巧為掩飾，侵冒軍需，有年羹堯報部冊籍可証。

一、欽奉上諭事例，每駝一隻定價折銀七十二兩，每米一石亦定價折銀七十二兩，年羹堯管理捐納，每駝一隻額外勒銀三十六兩，每米一石亦額外勒銀三十六兩，計共收捐過銀六十一萬六千餘兩，年羹堯共婪銀三十餘萬兩，有經手收捐官原任西安府知府桑成鼎、金啟勳等可訊。

一、陝省俸工向因軍興費繁，前督臣鄂海題明捐補各項，雍正元年十一月准部文奉旨，凡地方公事請捐俸工之處永行停止，年羹堯妄稱已經奏過，將雍正二年俸工照舊公捐，及臣屢諭藩司胡期恆催取公捐數目支銷款項冊檔，胡期恆匿不交出，明係將此項銀兩借名公捐侵為私用，共計侵用雍正二年陝屬俸工銀五萬餘兩，有原任藩司胡期恆及陝屬各官可証。

一、西海逆酋惟羅卜藏丹進一人，其餘一時迫脅並非得已，王師一到，各部感恩慕義，舉皆歸順，年羹堯並無仰體皇上如天好生之心，安輯撫綏，肆行屠戮，擄掠番彝男婦，收取牛馬資財，又不奏聞請旨，擅自佔用及任意分給屬員，有西寧道廳及隨征將弁可訊〔註20〕。

一、將軍督撫係朝廷大臣，自王以下俱係平行，先時圖海為大將軍，與督撫往來俱用咨文，年羹堯職掌大將軍，妄襲允禵之例，與將軍督撫擅用令諭，書官書名，妄自尊大，蔑視官常，有各衙門行文可証。

一、年羹堯保舉題補各官悉多營私受賄，或於事前收禮，或於過後取謝，恃總督為謀利之區，倚屬員為肥家之計，廣納賂遺，贓私鉅萬，俱用伊家人魏之耀、嚴大等過付經收，但形跡詭秘，不能悉其細數，必須將伊家人魏之耀、嚴大等嚴行審訊，方能盡得實情。

以上侵冒軍需，勒索捐項，私用俸工以及肆行殺戮，妄自尊大，招納貨賄，種種惡跡，俱臣在陝西時親知灼見，確鑿不虛，似此大奸奇貪之員，上負隆恩，下妨民命，實民人所共疾，國法所不容，伏祈皇上將年羹堯並通同欺罔之桑成鼎、金啟勳、胡期恆，及伊家人魏之耀、嚴大等一併敕部提拿，嚴行審究，按律治罪，庶奸惡之輩知所警懼而國法亦得伸矣，臣謹據實參奏，伏乞皇上睿鑒施行，臣謹奏。

雍正三年五月初十日

〔53〕都察院左僉都御史吳隆元奏參隆科多年羹堯欺君負國摺（雍正三年五月十五日）[2]-[5]-23

都察院左僉都御史臣吳隆元謹奏，為特參欺君負國之臣以肅法紀，以昭大義事。

竊惟人臣之義當以盡忠報恩為心，以謹慎恪恭為念，況內而台衡，外而節鉞，受恩極重尤當勉圖報稱，乃有禮部尚書隆科多、浙江將軍年羹堯專權欺罔，誠覆載所不容者也。自我皇上龍飛登極以後隆科多以總理事務為吏部尚書，儼然以國舅元老自居作威作福，其始也人皆知隆科多之竊弄威權，已為公論所嫉，既而牛倫、六格之事相繼敗露，行賄之門大開，黷貨之心無厭，以此兩事而推則其餘未經敗露之事必多，從前之越次保舉道府等員其納賄懷私自有不可枚舉者矣，夫正己方能治人，齊家方可佐國，今隆科多不能正己，不能齊家

尚可靦顏為大臣乎，賄賂昭然名節掃地而毫無愧悔，號於人曰我失於不知，豈可以欺天下乎，且隆科多於奏對之時屢次出言狂悖，大為不敬，雖聖主包容如天覆地載，而事君無禮實可痛恨，當其總理事務之時三公九卿皆受其頤指氣使，我皇上屢加訓飭之後始稍知斂抑，而前愆已莫可挽矣。其在吏部辦事顛倒錯亂，如盛京放員外郎一事隆科多將聖旨改換，我皇上睿鑒洞察，隆科多托言失記，試問傾聽綸言何至失記，其有心改換可知，又有放大學士一事將聖祖仁皇帝加恩舊臣之例竟不奏明，幸我皇上記憶舊章，否則幾於紊成規而薄於大臣矣，又有雲南所舉孝廉方正一事吏部議覆之語有傷名教，幸我皇上洞鑒發還改正，否則無以勸孝即無以勸忠矣，即此數事乖舛已極，且我皇上勵精圖治，萬幾皆出宸斷，隆科多總理事務不過奉行聖訓，何功之有，及奉議敘之旨怡親王尚且躑躅不寧，再四懇辭，而隆科多晏然直受，自以為輔政有功，止圖家門一時之榮貴不顧人臣服勞之大義，臣查四月內議處夸岱一案，因夸岱不知聖主恩德，不應呼為舅舅，將夸岱舅舅革去，竊以為隆科多官銜內亦有舅舅字樣，自當因此警省，力辭寵名，而猶罔知愧怍，居之不疑，此隆科多欺君負國之大罪也。年羹堯以總督而為大將軍，逞威肆虐，挾詐行私，誣陷忠良，獎拔匪類，是非顛倒，毀譽失實，老成忠厚之員則遭其彈劾，庸劣無恥之輩則概行保題，要皆以貨賄之多寡為愛憎，以逢迎之工拙為喜怒，借私茶以詐富民之銀，佔塩窩以奪商人之利，用嚴士俊魏士瑛等流害晉省，民怨沸騰，又私用印票增引十萬道，夫塩引必由部頒，猶制錢必須局鑄，如塩引而可私頒也，豈制錢亦可私鑄乎。魏之耀者年羹堯之奴僕也，在西安為堂官，狐假虎威，屬員畏懼，餽送夤緣皆經其手，冒軍功而為副將，年羹堯知公論不容，為之掩飾具題，稱係乳母之子，欺罔之罪欲蓋彌彰矣。且年羹堯貌視國憲僭越不臣，其見屬吏也逐名挨問，長跪稟話，幾同綠頭牌啟奏之儀，其在道途也行路無人，督撫跪接幾如出警入蹕之制，見者無不驚訝，聞者為之髮指。大將軍勅印原為用兵而設，青海既定應即繳送，而年羹堯遲遲不繳意欲何為，直至奉旨着賫送來京，於四月十八日部文到陝年羹堯於二十四日始將大將軍勅印交學士懷親捧賫赴京，其間又遲六日，不知此六日遲留又復何意，豈輾轉籌度於繳與不繳之間而不能遽定耶。春秋誅意之法，繩之宜服上刑矣。青海之捷年羹堯自以為奇功，臣見左副都御史梁文科向臣說云青海叛番其中有願投誠者年羹堯竟一概誅戮，梁文科身到西寧其言鑿鑿，夫殲厥渠魁脅從罔治古之制也，投誠即係無辜何得概誅，年羹堯殺降之罪實所難辭，又何功之有耶，乃竟自恃其功，氣驕志溢，甚

至章奏之間傲慢悖謬不一而定，人臣之大不敬未有過於此者，其餘惡蹟莫可殫述，此年羹堯欺君負國之大罪也，伏乞皇上大奮乾斷，將此二臣立加斥革，從重治罪，則法紀常昭而大義明於天下矣，臣謹奏。

雍正三年五月十五日都察院左僉都御史臣吳隆元。

〔54〕甘肅巡撫石文焯奏恭繳硃批並抒謝悃摺（雍正三年五月十八日）[2]-[5]-40

奏，甘肅巡撫臣石文焯跪奏，為恭繳硃批併抒謝悃，仰祈睿鑒事。

竊臣於河南巡撫任內有督催肆案，部議罰俸，悉蒙聖恩寬免，臣聞命自天，感激無地，隨恭設香案，望闕叩頭謝恩，并具疏恭謝在案。又臣摺奏河南常平倉穀冊一事，欽奉硃批（硃批：是，已諭怡親王矣）諭旨，臣隨將情由咨明戶部訖。臣弟石文焜荷蒙聖主格外殊恩，棄瑕錄用，感激思奮圖報宏恩，此臣兄弟交相勉勵而不敢一刻少懈者，特是臣弟石文焜閒散拾年，舉此粗鄙（硃批：有些），仰蒙聖鑒，特賜指示，令臣教導他着實黽勉以圖上進，仰見我皇上至仁育物，曲賜栽成之至意，臣已諄切寄信，教以小心敬謹，竭力辦事，着實黽勉以上副聖主拔用之深恩，下盡人臣報効之微悃（硃批：只著他務真無隱，不要疑畏）。再西安布政使圖理琛已於伍月拾叄日到任，臣即於是日將巡撫印務交送署理，因奉到密諭之事，臣隨同岳鍾琪欽遵聖旨會摺覆奏（硃批：已覽過）。又蒙皇上發下臣弟石文焜一摺，奉旨令岳鍾琪同臣詳議奏聞，亦經會議覆奏外，臣即於拾玖日起程前赴新任，理合一併奏聞，伏乞睿鑒，謹奏。

雍正叄年伍月拾捌日具。

硃批：只當你清理西安錢糧，方赴新任亦好，但陝省經用兵多年之後，兵民疲困，兼西海初定，許多創始之事，實此時巡撫中第一繁雜之任也，可件件悉心籌畫萬全，永久行而無碍者而為之，勉之勉之。

〔55〕署川陝總督岳鍾琪奏報到任日期暨年羹堯面交任內事務摺（雍正三年五月十八日）[2]-[5]-41

世襲三等公署理四川陝西總督印務四川提督拜他喇布勒哈番臣岳鍾琪謹奏，為欽奉上諭事。

竊臣奉命署理川陝總督印務，已於本年五月十三日到任視事，業先題報訖，至欽奉諭旨，年羹堯任內一切事務面與岳鍾琪逐一明白交代，朕密交年羹堯事件亦着年羹堯密交岳鍾琪，欽此欽遵，今將軍臣年羹堯已經遵旨將任內一

切事務逐一面交與臣外，又將奉聖主密交年羹堯事件俱已密交與臣，臣俱領受，敬謹在心，將軍臣年羹堯即於五月十七日起程赴杭州去訖，所有遵旨交接明白緣由理合恭摺奏聞，伏乞睿鑒，謹奏。

雍正三年五月十八日具。

硃批：遵諭交與卿，自然繼續奏聞，年羹堯有什麼私語閑話隨便亦密奏以聞，其光景心跡知悔與否可據實奏聞，不可少為隱飾，他日不應在你身上有干係，密之。

附錄修訂摺一件

世襲三等公署理川陝總督臣岳鍾琪謹奏，為欽奉上諭事。

竊臣奉命署理川陝總督印務，已於本年五月十三日到任視事，業先題報訖，至欽奉諭旨，年羹堯任內一切事務面與岳鍾琪逐一明白交代，朕密交年羹堯事件亦着年羹堯密交岳鍾琪，欽此欽遵，今將軍臣年羹堯已經遵旨將任內一切事務逐一面交與臣外，又將奉聖主密交年羹堯事件俱已密交與臣，臣俱領受，敬謹在心，將軍臣年羹堯即於五月十七日起程赴杭州去訖，所有遵旨交接明白緣由理合恭摺奏聞，伏乞睿鑒，謹奏。

硃批：將年羹堯所交事務逐一陸續奏聞，至其背地之閒言私語隨便亦密奏以聞，尚有悔心之萌乎，纖毫不可為之隱飾，他日如有不符，則干係汝身也，密之。

〔56〕署川陝總督岳鍾琪等奏遵旨面視延信年羹堯對質情詞摺（雍正三年五月十八日）[2]-[5]-42

世襲三等公署理四川陝西總督印務四川提督拜他喇布勒哈番臣岳鍾琪等謹奏，為遵旨回奏事。

雍正三年五月十二日接准由兵部加封遞到內閣傳單一紙，恭錄上諭一道到臣，傳單內開內閣大學士馬齊等欽奉上諭一道，於雍正三年五月初一日封發署理川陝總督岳鍾琪處，到日凡關係旨內將軍巡撫處即各行知，一體遵奉施行。伏讀上諭，雍正三年四月二十八日議政王大臣莊親王允祿等面奉上諭，年羹堯因皇考大事來叩謁時，曾奏貝勒延信向伊言，貝子允禵在保德州遇延信，聞皇考升遐並不悲痛，向延信說如今我之兄為皇帝，指望我叩頭耶，我回京不過一覲梓宮，得見太后，我之事即畢矣，延信回說汝所言如此，是誠何言，豈欲反耶，再三勸導，允禵方痛哭回意，朕聞此奏頗訝之，及見允禵到京又舉動

乖張，行事悖謬，朕在疑信之間，去冬年羹堯來京陛見朕問及未見延信奏聞此事，年羹堯云皇上可問延信彼必實奏，朕言他若不應如何，年羹堯奏他當臣面言之事不應如何使得，朕發諭旨問延信，延信奏稱並無此語，及延信至西安，朕又令年羹堯面問之，年羹堯回奏云延信如今不肯應承，臣亦無可如何等語，此事着岳鍾琪石文焯二人面視延信年羹堯對質明白回奏，欽此。臣即行知將軍貝勒臣延信、杭州將軍臣年羹堯、巡撫臣石文焯外，於五月十三日臣到署總督任所，十四日臣與巡撫臣石文焯即會集延信年羹堯在總督公署內宣讀上諭畢，臣等面視延信年羹堯對質。據年羹堯向貝勒延信說你在甘州告訴我的，自京裡出來到了雙山堡西邊遇着貝子允禵，又回到堡子裡坐下，貝子並不悲痛，向我說如今我哥哥為皇帝，指望我給磕頭嗎，我回到京不過叩謁梓宮，得見太后，我的事就畢了，我說要是這樣說，這是什麼話，豈不是要反了嗎，貝子禵拉着我的手儘着痛哭了一會走了，你說的這些話我到京見皇上都奏了，前日你到西安看我病來，我略提起問你，你說不知道，我說貝勒你在甘州向我說的話難道就忘了嗎，你總說不知道，如今主子着我兩人對質，良心昧不得，你怎麼說。據貝勒延信向年羹堯說，貝子允禵在雙山堡遇見我，下了騾子，拉着我的手哭了一會，回到堡子裡坐下問我皇考甚麼病症也，有這樣的理麼，此事做夢也想不着，我說我們查倉完了徃海子裡啟奏，主子問倉裡的事情，說了好一會話，那一日見主子臉上清減，氣也弱了些，第二日我們八旗大人同去請安，主子上諭你們再不必來了，從此我再沒去，到十四日方纔聽見，貝子允禵只是哭，我勸他起身了，貝子允禵拉着我哭，伊跟隨的人不少，眾目共見的，我在雙山堡遇見並不在保德州遇見，我到了西安你問我貝子遇見你時說我這兩條腿也跪他麼，此話你曾向我說過，我說我遇見貝子，貝子並沒這話，你說或者是允禵向查克旦〔註21〕說的，我說他向查克旦說我也並不知道，你捏這沒影兒話害我麼，你在皇上面前奏了許多話，怎麼問我又只將兩條腿也跪他麼這一句問我呢。又據年羹堯說，貝勒你來看我的那一日我因為你將對我說過的話不肯應承，我總沒再問了，況我正要問貝勒你告訴我的話，豈有反說到別人身上的理，又豈有替你尋一個代替的人之理嗎。又據延信說你捏這沒影的話啟奏要害我，因難以問我了，你不全問我，只將一句話問我，有這理麼，我總不知道。又據年羹堯說你明向我說的話你今不承認，總之良心昧不得等情。據此該臣等看得年羹堯原奏延信遇見允禵所說之話，臣等欽遵諭旨面視延信年羹堯當面對質，

〔註21〕《清代職官年表》部院滿侍郎年表康熙五十七年作兵部左侍郎渣克旦。

在延信終於不認，年羹堯仍執前說，彼此互相面折，均無着實，但查年羹堯所奏之事如果是真，則允禵為不忠不孝，延信隱瞞不奏亦屬不忠，似此關係忠孝大義大節之事，年羹堯身為大臣彼時即應一併據實參奏，何得遲至次年因聖祖大事進京陛見始行奏聞，罪實難辭，且去冬年羹堯又進京陛見，皇上問及未見延信奏聞此事，年羹堯即請皇上下旨問延信，彼必實奏，當蒙皇上聖明，問他若不應如何，年羹堯又奏他當臣面言之事不應如何使得，嗣蒙皇上發諭旨問延信，延信果然不應，又蒙皇上令年羹堯面問延信，年羹堯回奏延信如今不應，臣亦無可如何，是與從前所奏不應如何使得之言自相矛盾，又年羹堯原奏延信在保德州遇見允禵，今又說在雙山堡遇見，亦屬互異，如此種種，前後全不相照之處，年羹堯雖百喙亦難置辯，合將臣等面視延信年羹堯對質情詞會摺奏聞，伏乞睿鑒，謹奏。

雍正三年五月十八日

世襲三等公署理川陝總督印務四川提督臣岳鍾琪

巡撫甘肅等處地方都察院右副都御史臣石文焯

硃批：允禵向來若非傲悍無知，秉性非拘小節，不明大義之人，從甘州回，其行事若不狂悖，年羹堯即有此奏，朕亦置之不問，今看此延信年羹堯對質光景，只可存為疑案耳，內閣知道。

〔57〕署川陝總督岳鍾琪奏雍正二年八月官兵驟至郃陽鄉民有死非命緣由摺（雍正三年五月十八日）[2]-[5]-44

世襲三等公署理四川陝西總督印務四川提督拜他喇布勒哈番臣岳鍾琪等謹摺，為密奏事。

竊臣奉命於五月十三日抵西安署事，留心察訪郃陽鹽梟一案，因知前任督臣年羹堯已於四月內委按察使黃焜帶理事同知薩爾泰前往郃陽地方確查去年八月內有無守法良民投繯赴井跳崖身死等緣由，臣隨詢按察使黃焜，據稱前後查得去年八月內官兵到彼有良民李雲斗等或自縊或墮溝或躲避破窰被壓身死者計老幼男女一十二人，各取屍親確供無異等情，臣細查情節皆因奉委之游擊馬忠孝并運使金啟勳奉行不善，帶領兵役乘夜驟至，驚怖鄉民倉皇失措，是以有死非命，究亦前督臣年羹堯之僉差不慎所致，據報身死人數恐有草率不實，臣仍差員密訪確數另奏外，所有按察使黃焜查報緣由理合具摺先報，至於不職之差員金啟勳馬忠孝等俟差員密訪回日容臣另疏題參，理合繕摺密奏，伏乞

睿鑒，謹具奏聞。

雍正三年五月十八日

硃批：另有旨矣。

附錄修訂摺一件

同日又奏，為密奏事。

竊臣奉命于五月十三日抵西安署事，留心察訪郃陽鹽梟一案，因知前任督臣年羹堯已于四月內委按察使黃焜帶理事同知薩爾泰前徃郃陽地方確查去年八月內有無守法良民投繯赴井跳崖身死等緣由，臣隨詢黃焜，據稱前後查得去年八月內官兵到彼，有良民李雲斗等或自縊或墮溝或躲避破窰被壓身死者計男女一十二人，各取屍親確供無異等情，臣細查情節皆因奉委之游擊馬忠孝并運使金啟勳奉行不善，帶領兵役乘夜驟至，驚怖鄉民倉皇失措，是以有死非命，究亦前督臣年羹堯之僉差不慎所致，據報身死人數恐有草率不實，臣仍差員密訪確數另奏外，所有不職之差員金啟勳馬忠孝等俟差員密訪回日容臣另疏題參，理合繕摺密奏，伏乞睿鑒，謹奏。

雍正三年五月十八日

硃批：郃陽一案洵為草菅民命，候另有諭旨。

〔58〕四川巡撫王景灝奏謝硃批褒嘉摺（雍正三年五月十九日）
[2]-[5]-46

四川巡撫臣王景灝謹奏，為恭謝溫綸事。

雍正三年四月二十四日賫摺馬兵李有功捧到硃批奏摺回川，臣跪讀之下深蒙聖主垂諒愚臣下悃，兼荷天語褒嘉，感激無地，愈切悚惶，臣何人斯乃受隆恩異數如此其極也，臣惟欽遵諭旨而行，夙夜益加競惕以盡微臣職分耳，四川提督印務復蒙皇上格外弘恩命臣暫行代理，臣於軍旅事務雖未素諳，惟有竭力學習，盡心料理，以圖仰報皇仁於萬一而已，為此繕摺謹遣臣家人權德賫捧奏謝以聞。

雍正三年五月十九日具。

硃批：你為人才，朕保你，但守之一字，朕不知你，做官守較才，尤當最要，如年羹堯這樣禽獸不如之才，要他何用，朕再不料他是此等狗彘之類人也，朕這樣皇帝尚被他如此欺隱朦獘，若遇少年不經事之君，這還了得，今盡敗露，朕惟自認不明不識人之咎耳，還復何辭，如爾等向來被其愚惑之人，

今日若不為君為國，為天下臣工，為將來大榜樣，深惡而痛絕之，切齒而深恨之，不但罪無所逃，抑且為無父無君之類人也，如此等敗露之事，在年羹堯少有冤抑，不方為他雪白陳奏，但全當年友誼，抑且全朕用人的臉面，亦朕之顧希者，如年羹堯若實在負朕，惟有悔從前誤交匪類，重名節以圖改悔自全耳，今各省查年羹堯隱匿臟物，此正你贖疑與朕，表明心跡與天下後世之機，如今人皆云王景灝〔註22〕乃年羹堯乾兒子犬馬，在朕前奏者豈止數十百人，朕亦代你恥之，此所交事，若少狥私，留一點地步，仍瞻顧向日之小惠私情，恐朕亦難庇爾也，全在你自己立主意。再朕觀史冊所載，從古來臣之負君，忘情悖理，辜恩負義者，年羹堯為第一人也，即至今日，未見他一點知過改悔的念頭，真奇，非喪心病狂則天奪其魄也，可惡至極，豈有此理。

〔59〕鑲白旗漢軍都統范時捷奏參年羹堯有隱瞞郃陽用兵逼死男婦節略數目情弊摺（雍正三年五月二十一日）[2]-[5]-54

鑲白旗漢軍都統世襲一等精奇呢哈番臣范時捷謹奏，為奏聞事。

竊臣前奏郃陽用兵逼死男婦一事近閱邸抄，蒙皇上勅諭年羹堯查明人數，將金啟勳革職交與史貽直高其佩審明在案，茲臣於本月二十日接到陝西按察使黃焜寄臣書一封，內稱奉總督委令查勘郃陽縣受傷男婦數目緣由，並開具略節一紙，內有總督諭令刪去及不收受詳文等語，臣竊查臣子往來私書本不敢上瀆宸聽，但細閱該按察使黃焜所開節略數目年羹堯顯有朦朧隱瞞，不據實奏報情弊，理合將原書恭呈御覽，伏候聖裁，臣謹奏。

雍正三年五月二十一日

〔60〕河南河北總兵紀成斌奏年羹堯居功驕縱作孽自斃摺（雍正三年五月二十二日）[2]-[5]-66

河南河北總兵官臣紀成斌謹奏，為遵旨回奏事。

雍正叁年伍月拾壹日准河南撫臣田文鏡差家人張兆熊齎送手札壹函，內封皇上硃批臣奏摺壹封到臣，臣叩展跪讀，細繹聖諭，因思年羹堯父子兄弟世受國恩，昔年年羹堯荷聖祖寵眷，加恩宥過，已沐數拾載之仁恩，繼又蒙我皇上非常隆遇，異數頻施，彼年羹堯身被殊恩，自應鞠躬盡瘁，始終不渝，斯為盡職，在昔年羹堯凡奉皇上委辦一切軍務，無不盡心竭力，敬謹辦理，我皇上

因念其體國之勤勞，所以寵任不疑，指授方畧，以故克奏膚功。乃年羹堯自西海功成而後忽爾恣肆驕縱，諸事疎慢不敬，頓異夙昔行為，竟如兩截人然，誠為奇事，但年羹堯負我皇上隆恩，蓋彼器局褊淺，載不起我皇上委任厚福，以致變為病狂喪心之人，譬如人受天地覆載之恩，不敬天地，褻慢神祇，是人自作孽欲自速其死也，抑何損於天地哉，彼年羹堯既如此負國，應即治罪以正國法，彼亦無辭，且足以快天下臣民之心，乃我皇上猶復包容，仍將年羹堯調補浙江杭州將軍，益見年羹堯之負皇上，而我皇上不忍即棄背恩之臣，更為千古帝王未有之盛德也。臣因年羹堯自西海平定後任性自滿，為人行事大不類於往時，臣私心驚疑已久，但非微臣所宜言之事，故不敢妄言，今欽奉皇上硃批下詢，臣謹略陳愚見，伏惟睿鑒，為此繕摺謹差臣標馬兵張大忠同家人蘇法齎捧具奏聞，併繳硃批奏摺。

雍正叄年伍月貳拾貳日

硃批：此奏朕覽之不舒暢，甚不足，可惜你這漢子，人品血戰功勞當務為國家大器，豈可屈身人下，務小節而輕大義，貽譏天下後世也，年羹堯今日之負朕天高地厚之恩，狂悖已極，眾罪敗露，凡所聞見若不發指深惡痛絕者非大清臣子也，向日所市私恩小惠，負君竊柄之所亂為何須絲毫瞻顧也，審之審之。

〔61〕吏部等衙門奏隆科多年羹堯結黨招搖自當悔過群臣不敢執迷鑽營摺（雍正三年五月二十四日）[2]-[5]-68

吏部等衙門謹奏。

我皇上開誠布公，恩禮臣下，凡為臣子者即竭心盡力奉法守職猶不足仰報高厚，乃有隆科多年羹堯者受皇上心膂之任，寵榮已極，不思圖効，結黨招權作威納賄，種種罪惡皆在聖明洞鑒之中，皇上寬仁免其刑誅，赦其既往，誠其將來，特降諭旨曉諭諸臣，臣等伏讀之下仰見皇上仁同天地明並日月，隆科多年羹堯若不從此改惡悔過，反懷怨望則國法斷所不容，其諸臣內或有曾為貳人薦引，若仍蹈舊習鑽營希冀，則常刑亦斷所不宥，至阿爾松阿、鄂倫岱等固黨趨勢，同惡相濟，大罪昭著，苟稍識君臣大義者無不憤恨，若仍執迷不悟則自干重典，又復何辭，臣等再四捧讀上諭貳道，無不感激惶悚，交相勉勵，仰副皇上殷殷誨誠之至意，謹奏。

雍正叄年伍月貳拾肆日

太子太傅吏部尚書加貳級臣朱軾

經筵講官右侍郎教習庶吉士加壹即臣傅敏

經筵講官起居注太子太保戶部尚書監管翰林院掌院學士事臣張廷玉

左侍郎臣常壽

經筵講官左侍郎在學士裏行臣蔣廷錫

禮部尚書監管鑲藍旗滿洲都統加叁級臣賴都

經筵講官尚書臣李周望

左侍郎監管堤工事務加貳級臣牛鈕

左侍郎降壹級臣景日昣

經筵講官兵部尚書加壹級臣孫柱

右侍郎臣楊汝轂

議政大臣刑部尚書臣塞爾圖

經筵講官尚書加貳級臣勵廷儀

工部左侍郎臣薩爾納

左侍郎臣郝林

督察院左都御史臣尹泰

左都御史正白旗漢軍都統臣蔡珽

左副都御史仍兼管光祿寺事臣杭奕祿

左副都御史臣能忒

左副都御史臣梁文科

通政使司左通政臣陳良弼

左參議臣舒通格

左參議臣張國棟

大理寺正卿臣覺羅常泰

正卿兼順天府府尹事臣張令璜

〔62〕內閣等衙門奏年羹堯為郘陽良民畏兵身死之事欺隱巧詐 請予嚴完摺（雍正三年五月二十四日）[2]-[5]-69

內閣等衙門謹奏，為欽奉上諭事。

雍正叁年伍月貳拾壹日交下鑲白旗漢軍都統范時捷摺奏硃批上諭，覽此

奏，范時捷真不愧我太祖太宗時之中堂〔註23〕後裔，朕實甚嘉之，年羹堯朕如此嚴加教諭毫不知愧懼改悔，仍懷此等欺詐固執奸巧之心，殊屬不解，正所謂下愚不移也，可愧可歎之至，着中堂九卿看，欽此欽遵。該臣等公閱范時捷所奏黃焜書字節略，內開部陽縣屬柒村畏懼兵威無辜身死者拾有餘人，已取口供者柒人，其中保長李弘羲被縣官責死一節年羹堯諭令刪去，其餘不曾取供者因年羹堯計日授差，徃返甚急，且部陽及鄉保屢次出結業已預為安頓，是以未能確查姓氏，黃焜亦經備文再四面稟，乃年羹堯並不收受詳文，顯有朦朧隱瞞不據實奏報情弊等語。查年羹堯身為封疆大吏，理應飭屬愛民，乃令金啟勳率兵驟至部陽，不行告知黑夜圍其堡子，以致守法良民畏懼兵威多至斃命，曾經范時捷奏聞，奉旨着年羹堯明白回奏，年羹堯希圖朦混反奏稱並未傷損壹人，金啟勳料理此事甚屬妥當，迨范時捷再行摺奏，奉旨着年羹堯復查，始將金啟勳領兵圍堡逼死人口之處含糊具奏，今閱黃焜所開節略情由，年羹堯將按察使黃焜所報保長李弘羲身死情節擅令刪去，其未經確查姓氏尚有多人，黃焜已經具文面稟，年羹堯又不收受詳文，朦混具奏，欺罔殊甚，年羹堯身受重恩不思竭忠報効，任意妄行，屢干罪譴，皇上曲為寬宥，冀令改過自新，乃年羹堯欺詐奸巧，毫無悔悟，固執不悛，深負聖恩，誠臣民之所共嫉者也，臣等看閱之下無不憤恨，伏乞皇上將范時捷奏摺並黃焜書字節略一面令年羹堯將欺隱之處明白回奏，一面發與史貽直高其佩逐一查審嚴究，臣等未敢擅便，謹奏。

　雍正叁年伍月貳拾肆日
　太保兼太子太傅保和殿大學士戶部尚書世襲二等伯加肆級臣馬齊
　經筵講官辦內閣大學士事尚書加壹級臣徐元夢
　經筵講官太子太傅武英殿大學士兼工部尚書加叁級臣王頊齡
　文華殿大學士兼吏部尚書加壹級又加叁級臣田從典
　太保吏部尚書兼管理藩院事公舅舅臣隆科多
　太子太傅吏部尚書加貳級臣朱軾
　經筵講官右侍郎教習庶吉士加壹級臣傅敏
　經筵講官起居注太子太保戶部尚書監管翰林院掌院學士事臣張廷玉
　左侍郎臣常壽
　經筵講官左侍郎在學士裏行臣蔣廷錫

〔註23〕「中堂」二字硃筆改為「大學士」。

禮部尚書監管鑲藍旗滿洲都統加叁級臣賴都

經筵講官尚書臣李周望

左侍郎監管堤工事務加貳級臣牛鈕

左侍郎降壹級臣景日昣

經筵講官兵部尚書加壹級臣孫柱

右侍郎臣楊汝縠

議政大臣刑部尚書臣塞爾圖

經筵講官尚書加貳級臣勵廷儀

工部左侍郎臣薩爾納

左侍郎臣郝林

督察院左都御史臣尹泰

左都御史正白旗漢軍都統臣蔡斑

左副都御史仍兼管光祿寺事臣杭奕祿

左副都御史臣能忒

左副都御史臣梁文科

通政使司左通政臣陳良弼

左參議臣舒通格

左參議臣張國棟

大理寺正卿臣覺羅常泰

正卿兼順天府府尹事臣張令璜

硃批：知道了，是。

〔63〕河南開歸道沈廷正奏失教沈竹乖違不法慚感難名恭謝諭誨摺（雍正三年五月二十四日）[2]-[5]-70

奏，河南開歸道沈廷正九叩首謹奏，為恭蒙聖諭，微臣慚感難名，謹具摺奏謝天恩事。

竊臣因河南漕船在直隸內黃縣之草坡等處地方被淺阻滯，自草坡而下尚有河南之湯陰縣地方叁拾餘里河路，亦俱淤淺，臣遂親赴督率地方官建壩催儹，由草坡陸續過淺，於本年伍月拾貳日將漕船盡行催出豫境，今蒙河南巡撫田文鏡委員前赴直隸山東河南三省接壤之桃源集地方會勘地界，臣隨於伍月拾捌日回至河南省城，蒙巡撫田文鏡將臣傳至巡撫署中，捧出皇上硃批臣前奏

摺子，臣當即叩頭跪領，伏讀再四，殊令臣感激涕零。竊念臣姪沈竹性情貪鄙，行事乖違，乃蒙皇上先於藩邸時無言不教導，及登大寶又屢行嚴飭，寬以導之，威以攝之，蓋欲生全成就之，聖心不啻如父師之於子弟，此誠亙古未有之遭逢，臣姪竹自應洗心滌慮，痛改前非，竭圖報效以期無負聖恩，詎意臣姪竹心同畜類，蠢然無知，既不能悛改於外，復不能恐懼於內，只以錢之一字命都不顧，又作出這樣事來以自取重罪，此誠如聖諭所謂下愚不移者也，但臣身係親叔，在姪竹雖非可教之人，而臣實未能時為督責教誨，父兄之教不先，子弟之率不謹，臣亦不能解其愆罪，今蒙皇上深鑒臣姪竹行為不可化誨，宥臣失教之罪，曲賜垂諭，臣祇承之下既深感激，復切悚惶，所恨臣才短識庸，未知如何圖報始可仰酬高厚深恩於萬一耳，為此繕摺叩謝天恩，所有原奉硃批摺子理合恭繳，伏祈睿鑒，謹奏。

雍正叁年伍月拾肆日

硃批：你効力甚好，朕皆知之，勉力圖上進。

〔64〕吏部左侍郎史貽直等奏報抵晉查審私茶罰贖暨私佔鹽窩二案摺（雍正三年五月二十四日）[2]-[5]-72

吏部左侍郎臣史貽直、刑部右侍郎臣高其佩謹奏。

臣等奉旨查審河東私茶罰贖私佔鹽窩二案，於肆月貳拾肆日起行，伍月初玖日抵山西平陽府，據該府陸續解到人犯卷宗，逐細研訊，其私茶罰贖之第自義等貳拾柒人內，第自義姚久徵姚順臣李用臣李廷用張德昌第君佐許從敏嚴帝簡郭正心郭景唐尹烈趙廷瑞吳昌第自善素知晉省內地從無茶葉，故自楚販茶，在山西本省發賣，年羹堯所管之茶止於陝西邊口，其豫晉兩省並非伊所管轄，忽於雍正元年叁月內有批飭榆林道移行河東道嚴禁私茶之文，第自義等所販之茶行至河南陝州山西平陸縣地方聞知禁示森嚴，不敢前進，將茶包停卸客店，有山西茅津渡巡檢薛元祜聞知第自義等卸茶之處，頓萌詐害之心，獻計於運同嚴士俊轉報年羹堯，飭行護按察司金啟勳即差委巡檢薛元祜等將各店茶包封貯，解至西安發金啟勳查審，金啟勳違例擬徒，折贖茶包入官，未及申詳運同嚴士俊探知消息，恐照此結案則無從漁利，復向年羹堯請將第自義等一干人犯發伊審究，運同嚴士俊巡檢薛元祜回至運城，復與解州知州楊書、曲沃知縣魏士瑛肆人朋比作奸，串謀設計將第自義等橫加拷掠，又威逼趙廷瑞誣板監生高科高興漢挐入案內，勒令出銀贖罪，嚴士俊又因郭正心逃避，將正心之父

郭成夏年逾柒拾酷杖致斃，聞者怨嗟，巡檢薛元祜又暗訪曲沃縣生員王欽菴武生行世欽貢生雷自修雷自新武生王汾貢生衛寬武舉第紹倫監生狄錫瓚孫奇等家道素豐，為人庸懦，審交曲沃知縣魏士瑛差拿鎖禁，硬砌私茶案內在運在曲悉駕以出口通番大題，嚴刑恐嚇，勒令各承認捐餉贖罪銀萬餘或數千或千金數百金不等，共報捐銀玖萬兩，已此交銀肆萬壹千貳百伍拾兩，尚未交銀肆萬捌千柒百伍拾兩。自此曲沃等處殷實之家人人自危，負屈含冤莫可申訴。更可惡者署解州牧楊書無端竄入，指撥催比，只圖獻媚，罔顧民冤，其與嚴士俊手書內有此輩不見棺材不墮淚，又有愚已八面網定之語，喪心病狂，誠堪髮指。又據行子及供稱，行世欽之母於上年拾月內央世欽母舅李瑛進京尋覓年羹堯家人嚴鐏求免世欽之罪，有絳州富民王燕從中關說，在王燕鋪內現封銀貳千兩，嚴鐏寫書令其家人張仁持付嚴士俊，囑士俊且與寬比，後嚴鐏跟隨年羹堯回陝，道經曲沃縣，行世欽方謂事無效驗，此銀可以不與，而嚴鐏仍令家人張仁尋向王燕，硬索去銀貳千貳百兩，據眼証人李瑛張鏡供同，臣等隨即差提年羹堯家人嚴鐏張仁去後，旋據運使金啟勳呈解，鎖押年羹堯家人嚴福，緣即嚴鐏，并贓銀壹千伍百兩到平投審，臣等即嚴訊嚴福，緣據供上年隨主在京，原係同主家人徐輝祖之僱工張文來說此事，彼時原欲撞騙銀貳千兩，王燕止肯出壹千伍百兩，在京先給過銀貳百兩，餘俟回到曲沃縣隘口鎮再行交完，因令僱工人來福兒同張文向王燕索取銀壹千叁百兩，前後共得過銀壹千伍百兩是實，張文是山西潞安府人，他名字並不叫張仁，係同主家人徐輝祖之僱工，是上年拾貳月內在西安辭出去的，或與來福兒串通暗中瓜分銀兩亦未可定，來福姓宋，係直隸正定府人，今來福因聞茶案事發，遂爾潛逃，小的因亦心慌被小的主兒看出審問，只得說出實情，因將小的解來等語。再三刑訊堅供不移，除將嚴鐏收禁外，隨即分提王燕張文來福到案，再行質審。臣等細查罰贖私茶各卷其事皆由於年羹堯之威懾鄰封，飭行山西道府查拿私茶，以致嚴士俊等逢迎造作，先以不應禁之茶為私，繼以未販茶之人為犯，既不審招，又不援例，驟以捐銀贖罪具詳申報，年羹堯無不批允，更加牌催，歷年案卷鑿鑿可據。

其私佔鹽窩一案，查河東鹽法有坐商有運商，坐商納課，運商行鹽，故有鹽引之窩，有賣鹽之窩，坐商每引壹百貳拾張納課肆拾玖兩捌錢陸分壹厘柒毫，名曰壹錠，舊規拾貳錠為全商，名曰雙號，陸錠為半商，名曰單號，商名永遠不更，其名下之錠子孫或不能世守，展轉變賣，每錠時價高下不等，大約

壹百兩為價之平，今坐商或有多至百拾錠少至壹貳錠，及二三人朋坐壹錠者，此鹽引之窩也。運商各認山西陝西河南三省地方，報名達部，向坐商買引買鹽運至各該處賣鹽銷引，商名更替不一，山西陝西地方原無新舊接頂舊價，惟河南地方內或有立契議價接頂者，此賣鹽之窩也。若一人而兼坐商運商則獲利更溥矣，年羹堯於雍正元年肆月內將澤潞缺本虧課之商人王若綸革退，遂先捏商名台琳，後又捏傅斌之名私佔澤潞拾柒州縣地方，發本行鹽，因未有商錠，不免向坐商買鹽，嚴士俊獻計以歸併零星商錠為名，每錠用半價伍拾兩共強買商錠柒百叁拾肆錠，歸入澤潞拾柒處經國號內。此外嚴士俊及總商散商亦有彼此藉勢半價強買者甚多，嚴士俊又將運商之咸寧長安鎮安鄠縣華陰潼關太平曲沃垣曲解州安邑陝州南陽唐縣澠池拾伍處賣鹽之窩或革或勒令告退，嚴士俊領年羹堯本銀，假捏商名丁隆宗耀等，又用心腹總商張純申萬永張炳衛琇康載華等在各處行鹽，佔奪鹽利。舊商或有不從即尋事中害，如生員何遂，商名何德先，觸怒嚴士俊，於上年拾貳月貳拾叁日封印後將何遂違例夾打收禁，奪其鹽窩，此一証也。前月年羹堯聞知鹽茶二案奉旨發審，於肆月貳拾貳日出示運城，將強買商錠盡數退還舊商，希圖掩蓋，獨不思從前歸併商錠若非倚勢強買，何難靜聽查審，乃聞命下之日倉皇退還，則其平日侵奪鹽錠殘虐商民之處事跡昭然，已不待質審而自明矣，其認運陝西咸寧等拾叁州縣之新商王以仁係議敘候補太僕寺少卿王廷揚之商名，上年年羹堯在京時着伊承認，本年正月內廷揚令伊表親宋以仁即王以仁到運城具認，捐鹽窩銀拾貳萬兩，先交西安府庫銀貳萬兩，餘銀未交，所有鹽茶二案內尚有贓犯行提未到，俟審結之日遵旨定議，繕本具奏，現在審明牽連之人先行摘釋。至嚴士俊一犯贓私纍纍，聞伊叁月內自知情罪敗露，預遣家眷攜資回浙江山陰原籍，臣等一面檄行平陽府將嚴士俊任所家口資財什物等項查明封貯，造冊存案，并移咨署撫臣伊都立轉行浙江原籍，亦行查明家產人口資財，造冊存案，候審明追變完結。

　　臣等又於伍月拾肆日准戶部咨交殘引難以盡獲等事一件，年羹堯遣兵令運使金啟勳領徃郃陽逼死民人一案，臣等出京行至榆次縣地方即備咨署撫臣伊都立轉咨陝撫調取郃陽縣知縣去後，該縣尚未調到，於伍月拾玖日接到吏部咨文，欽奉上諭，前因年羹堯奏稱陝西郃陽縣有鹽梟兇惡，必得用兵彈壓，伊遂調兵交給河東運使金啟勳料理，金啟勳率兵驟至郃陽地方，不行告知，黑夜圍其堡子，遂致無知男婦人等自縊投崖跳井而死者有之，范時捷曾經奏聞，朕

將范時捷奏摺發與年羹堯令其明白回奏，而年羹堯希圖濛混，反奏稱並未傷損一人，金啟勳料理此事甚屬妥當，迨范時捷再行摺奏，復令年羹堯查明去後，今始將金啟勳領兵圍堡逼死人口名數奏來，金啟勳附和年羹堯生事擾民，甚屬可惡，着將金啟勳革職拿問，併將范時捷年羹堯奏摺發與史貽直高其佩等查明嚴審定擬具奏，河東鹽務原令年羹堯管理，今年羹堯已調杭州將軍，岳鍾琪所交事務繁多，不便兼理，着侍讀學士馬喀為管理河東巡鹽御史，長蘆運使段如蕙調補河東運使，保定府知府葛斗南補授長蘆運使，保定府知府員缺着將卓異人員帶領引見，吏部主事王又樸補授河東運同，欽此欽遵，臣等將金啟勳鎖拿交平陽府收禁，現在嚴審，次第議擬具奏，今將臣等抵晉後查審鹽茶二案事由略節謹先具摺奏聞，為此謹奏。

雍正叁年伍月貳拾伍日

硃批：知道了，主意少錯不得一點，只要真，不可巧。

〔65〕署四川川北總兵李如栢奏恭請陛見摺（雍正三年五月二十五日）[2]-[5]-75

署理四川川北等處總兵官印務加總兵銜臣李如栢謹奏，為微臣依戀情切，恭請陛見少展孺慕以抒積誠事。

竊臣于雍正元年六月內自三屯營赴陝効力，入覲天顏，如嬰兒之遇慈母，繼離乳哺，蒙我聖主隆恩，賜賚種種，溫諭切切，臣三復思繹，兢兢恪遵，抵陝以來時刻不忘，今托賴皇上天威，青海既已底定，萬民盡皆安居，川北當秦蜀之衝，非請聆訓，無所遵守。先是臣赴陝之時已蒙天恩允臣西事平定之後進摺恭請陛見，茲幸逢萬壽聖誕不遠，臣離陛下已逾二載，犬馬依戀之情日深一日，伏祈皇上允臣所請，輕騎馳赴闕廷，隨臣工班末叩祝萬壽無疆，跪受聖訓，永為遵循，庶臣孺慕之忱得以少抒，而于職分之當處者亦有所式遵矣，臣不勝瞻依待命之至，為此繕摺謹具奏聞。

雍正三年五月二十五日署理四川川北等處總兵官印務加總兵銜臣李如栢。

硃批：不必，年羹堯說你這人萬萬用不得，但朕看你有些自恃，如年羹堯如此不公不正的上司猶可，若清正秉公之大臣，傲上失體，使不得，如岳鍾琪，非年羹堯之比也，其人才情漢仗居心行事朕甚嘉重，你可虛心謹慎聽他指揮，求他教導，在地方不可任血氣，不可多事，愛惜兵民，行之即來見朕亦不過此數語耳，你不是朕不識認之人，來徃徒勞一無益處，至於你任內事件地方情形

朕未身歷，如何洞知訓汝，何事凡百謹慎為之，不要合年羹堯之論，全朕用人之體面就是你報朕矣，勉之。

〔66〕雲南布政使李衛奏陳威寧總兵石禮哈本質不端為人狡詐摺（雍正三年五月二十五日）[2]-[5]-76

　　雲南布政使兼管驛鹽道事□□□〔註24〕李衛□〔註25〕謹奏。

　　□□□□□〔註26〕聞得貴州威寧鎮總兵石禮哈亦□〔註27〕蒙□□□□〔註28〕同衛一樣□□□□□〔註29〕，但□□〔註30〕本質不端，巧飾外貌，狡詐中藏，昔為正定府同知，衛出差往返經由其地，深知彼之行徑，先為趙弘燮假子，總管私門，過付賄賂多存彼處，弘燮每年春秋貳次令妾數名換班，必由正定府經過，禮哈預為准備駄載，將各屬所送金銀綢緞交付其妾帶回甘肅，人所共知。彼時知府盧錫晉係進士出身，禮哈欲謀其缺，勒令休致，因正值雲撫楊名時作直隸巡道，掣肘未得題陞，故部選刑郎張玥，頗有勞疾，被禮哈生生逼命，數月氣斃，仍未得此府缺，故改為副將，復投李維鈞為門生，又奔走年羹堯，暗作心腹，交通甚密，今春正貳月間曾為羹堯置買烏蒙馬百匹，善走高山以助軍裝，反假借呈送□□□□〔註31〕名色逢人招搖，探係實獻西安者，因買未足其數，方至柒拾叄匹而西事敗露，故至今尚存。自伊到任，凡不係年氏門黨者無不刻忌，勾通羹堯互相指摘，即如貴提趙坤昔為雲鎮，頗屬平常，今作提督，操守訓練比舊不同，反云有過多端，威寧府姚謙才係中等以上人，實不甚老成，反說彼忠厚才短，以致安順威寧貳府兵民罷市來雲南各衙門號泣保留，似非虛應故事者，若非姚謙即往城隍廟苦為勸解，使禮哈得走脫赴省，幾遭兵民之變。且濫准民詞，勒向府堂提人，狂妄驕縱世所罕有，動則行文挾制兩省大吏，凡事輒云已經入告外等語，擅作威福，逞勢攬權，大有年羹堯之氣度，總督前赴貴州不接不送，且時常差人來雲查訪恐嚇無知者，久向人言不日可作督撫，今果得貴州署任，然其性妒賢嫉能，喜功好大，以有事為榮，此席

〔註24〕三字硃筆塗掉，硃筆改為「臣」字。
〔註25〕一字硃筆塗掉。
〔註26〕五字硃筆塗掉。
〔註27〕一字硃筆塗掉。
〔註28〕四字硃筆塗掉，硃筆改為「怡親王」三字。
〔註29〕五字硃筆塗掉，硃筆改為「傳奏奏摺」四字。
〔註30〕二字硃筆塗掉，硃筆改為「石禮哈」三字。
〔註31〕四字硃筆塗掉，硃筆改為「怡親王」三字。

自不足以展其驥足，必妄想雲南督撫之任，然□□□□□□□□□□□□□□□□□□□□□□□□□□□□□□□□〔註32〕略陳大概，□□□□□□□□□□□□□□□□□□□□□□□□〔註33〕奏，□〔註34〕皇上聖明，□〔註35〕久之必等洞悉其實，□□□□□□□□□□〔註36〕。

雍正叁年伍月貳拾伍日

〔67〕雲南布政使李衛奏陳威寧總兵石禮哈本質不端為人狡詐摺（謄清御改摺）（雍正三年五月二十五日）[2]-[5]-77

雲南布政使兼管驛鹽道事臣李衛謹奏。

聞得貴州威寧鎮總兵石禮哈亦蒙皇上交與怡親王，同衛一樣傳奏奏摺，但石禮哈本質不端，巧飾外貌，狡詐中藏，昔為正定府同知，衛出差徃返經由其地，深知彼之行徑，先為趙弘燮假子，總管私門，過付賄賂多存彼處，弘燮每年春秋貳次令妾數名換班，必由正定府經過，禮哈預為准備馱載，將各屬所送金銀綢緞交付其妾帶回甘肅，人所共知。彼時知府盧錫晉係進士出身，禮哈欲謀其缺，勒令休致，因正值雲撫楊名時作直隸巡道，掣肘未得題陞，故部選刑郎張玥，頗有勞疾，被禮哈生生逼命，數月氣斃，仍未得此府缺，故改為副將，復投李維鈞為門生，又奔走年羹堯，暗作心腹，交通甚密，今春正貳月間曾為羹堯置買烏蒙馬百匹，善走高山以助軍裝，反假借呈送怡親王名色逢人招搖，探係實獻西安者，因買未足其數，方至柒拾叁匹而西事敗露，故至今尚存。自伊到任，凡不是年氏門黨者無不刻忌，勾通羹堯互相指摘，即如提督趙坤〔註37〕昔為雲鎮，頗屬平常，今作提督，操守訓練比舊不同，反云有過多端，威寧府姚謙才係中等以上人，實不甚老成，反說彼忠厚才短，以致安順威寧貳府兵民罷市來雲南各衙門號泣保留，似非虛應故事者，若非姚謙即徃城隍廟苦為勸解，使禮哈得走脫赴省，幾遭兵民之變。且濫准民詞，勒向府堂提人，狂妄驕縱世所罕有，動則行文挾制兩省大吏，凡事輒云已經入告外等語，擅作威福，逞勢攬權，大有年羹堯之氣度，總督前赴貴州

〔註32〕三十二字硃筆塗掉，硃筆改為「臣蒙皇上天高地厚之恩，命臣凡有愚見愚聞據實直陳無隱，謹將臣所知石禮哈為人居心」。
〔註33〕二十一字硃筆塗掉，硃筆改為「具」字。
〔註34〕一字硃筆塗掉。
〔註35〕一字硃筆塗掉。
〔註36〕十字硃筆塗掉，硃筆改為「臣不勝悚惶之至謹奏」。
〔註37〕《雲南通志》卷十八頁一三八作鶴麗鎮總兵趙坤，即此人陞任者。

不接不送，且時常差人來雲查訪恐嚇無知者，久向人言不日可作督撫，今果得貴州署任，然其性妒賢嫉能，喜功好大，以有事為榮，此席自不足以展其驥足，必妄想雲南督撫之任。然臣蒙皇上天高地厚之恩，命臣凡有愚見愚聞據實直陳無隱，謹將臣所知石禮哈為人居心略陳大概具奏，皇上聖明久之必等洞悉其實，臣不勝悚惶之至，為此謹奏。

雍正叄年伍月貳拾伍日

〔68〕雲南布政使李衛奏陳威寧總兵石禮哈本質不端為人狡詐摺（二次裁改摺）（雍正三年五月二十五日）[2]-[5]-78

奏摺，但石禮哈本質不端，巧飾外貌，狡詐中藏，昔為正定府同知，□〔註38〕出差徃返經由其地，深知彼之行徑，先為趙弘燮假子，總管私門，過付賄賂多存彼處，弘燮每年春秋貳次令妾數名換班，必由正定府經過，禮哈預為准備駞載，將各屬所送金銀綢緞交付其妾帶回甘肅，人所共知。彼時知府盧錫晉係進士出身，禮哈欲謀其缺，勒令休致，因正值雲撫楊名時作直隸巡道，掣肘未得題陞，故部選刑郎張玥，頗有勞疾，被禮哈生生逼命，數月氣斃，仍未得此府缺，故改為副將。復投李維鈞為門生，又奔走年羹堯，暗作心腹，交通甚密，今春正貳月間曾為羹堯置買烏蒙馬百匹，善走高山以助軍裝，反假借呈送怡親王名色逢人招搖，探係實獻西安者，因買未足其數，方至柒拾叄匹而西事敗露，故至今尚存。自伊到任，凡不係年氏門黨者無不刻忌，勾通羹堯互相指摘，即如提督趙坤昔為雲鎮，頗屬平常，今作提督，操守訓練比舊不同，反云有過多端，威寧府姚謙才係中等以上人，實不甚老成，反說彼忠厚才短，以致安順威寧貳府兵民罷市，來雲南各衙門號泣保留，似非虛應故事者，若非姚謙即徃城隍廟苦為勸解，使禮哈得走脫赴省，幾遭兵民之變。且濫准民詞，勒向府堂提人，狂妄驕縱世所罕有，動則行文挾制兩省大吏，凡事輒云已經入告外等語，擅作威福，逞勢攬權，大有年羹堯之氣度，總督前赴貴州不接不送，且時常差人來〔註39〕雲南〔註40〕查訪，恐嚇無知者，久向人言不日可作督撫，今果得貴州署任，然其性妒賢嫉能，喜功好大，以有事為榮，此席自不足以展其驥足，必妄想雲南〔註41〕督撫之任，然臣蒙皇上天高地厚之恩，命臣凡有愚

〔註38〕疑為「臣」或「奴才」，硃筆塗掉。
〔註39〕「來」字硃筆改為「徃」。
〔註40〕「南」字為硃筆所加。
〔註41〕「南」字硃筆改為「貴」字。

見愚聞據實直陳無隱，謹將臣所知石禮哈為人居心略陳大概具奏，皇上聖明久之必等洞悉其實，臣不勝悚惶之至，為此謹奏。

雍正叁年伍月貳拾伍日

〔69〕河南巡撫田文鏡遵旨密訪年羹堯私運物品情形摺（雍正三年五月二十六日）[2]-[5]-93

河南巡撫臣田文鏡謹奏，為遵旨據實覆奏仰祈聖鑒事。

竊臣於雍正叁年肆月貳拾玖日據臣齎摺家人回豫，捧到皇上硃批諭旨，聞得年羹堯正貳月間有貳拾車東西自潼關來河南，不知送交與何處，莫非寄放於紀成斌處，或另有所為，密密確訪奏聞等因，欽此。臣伏讀之下遵即再三籌畫，於所屬武弁內見有奉發侍衛來豫試看候補之白奇，為人誠實，且係山西太原府人，可以相機行事，隨密傳至署，故作臣意察訪，令其扮作車主，假以尋覓車輛為名沿途訪查，嗣據白奇回稱，自潼關一路密訪，於本年貳月初叁日有年羹堯所僱騾車壹拾玖輛住宿河南府大通店，由河南府逐程挨查，於貳月初拾日住宿彰德府屬之樂豐鎮，聞係載至直隸保定府起卸，內篷子車壹輛裝載蒙古婦女壹人，餘車壹拾捌兩俱係行李等語，臣復令其再徃前途確查並至保定府地方密查卸與何處，送交何人，據實回覆去後，一經查有着落臣再遵即另摺密奏，所有查訪情形並經過豫省日期合先繕摺奏聞，仰祈聖鑒。再臣伏查河北鎮臣紀成斌臣雖共事一方，至今未經會面，茲臣細加察訪，該鎮到任半載有餘，辦事尚屬勤敏，與百姓亦覺相安，第聞其人情性暴戾，居心殘忍，兵卒微有怨言，臣所訪如是，竝不敢迎合聖意致有欺誑，容臣不時再行察訪確實即便繕摺奏聞，合併聲明，謹此密奏。

雍正叁年伍月貳拾陸日河南巡撫臣田文鏡。

硃批：知道了，佟世麟何如。

〔70〕署川陝總督岳鍾琪奏陳陝西錢糧火耗情弊摺（雍正三年五月二十六日）[2]-[5]-107

世襲三等公署理四川陝西總督印務四川提督拜他喇布勒哈番臣岳鍾琪謹奏，為奏聞事。

竊照刑名錢穀責重巡撫，而總督有考核鳌別之柄，民生休戚全在寅撫字於催科，而苛斂加派非催科又不能行其厲民之巧術，臣素聞陝西錢糧火耗有明要加二暗實加三四不等之害，州縣毫無顧忌，小民飲忍完納，無可申訴，臣奉命

東來沿途訪問則已稔悉其獎，謹敢密摺奏聞請旨。查前督臣年羹堯主張令州縣每兩明加火耗二錢，將四分解布政司，於此內督撫各分銀一萬兩，併給督撫衙門筆帖式養廉及各項公費，其餘皆布政司收用，又二分解府為臬司驛道府廳等養廉之需，又以一錢四分解司分給各州縣養廉與抵補無着虧空。臣到任查察，而布政司以新任尚未查確為對，臣復查詢各府，據西安府知府趙世朗冊開，該府所屬各州縣實徵起解銀一百一十一萬五千六百三十六兩零，加二算該火耗銀二十二萬三千一百二十七兩有零，除各衙門養廉去銀六萬六千七百七十二兩零，又除留給各州縣養廉公費銀二萬八千七百一十一兩零，除用過共淨剩耗銀一十二萬七千六百四十三兩零，就此一府而論自康熙六十一年起至雍正三年二月止計三年半算共該收過火耗銀四十四萬六千七百兩零，除訪聞填補虧空去銀三十一萬一百七十三兩，尚餘銀一十三萬六千餘兩，並無着落，一府如此，則別府可類推矣。然所稱填補虧空究竟不知填補何案，其餘銀兩有無着落，不但臣衙門無案可憑，即問布政司亦云未知其詳，臣現在檄行布政司圖理琛確查，俟查明另奏。然自加二火耗之法一行，凡有司徵比錢糧將加二火耗同於正供，名遵自封投櫃之令，實係私立重戥，如完銀一兩明要一兩二錢作正，而又暗以重戥加二加三，大縣完銀一兩實需一兩四五錢不等，小縣橫徵有加倍苛斂者，且錢糧重大，州縣官係坐名題補者居多，挾勢厲民，效尤成風，視兩司以上上司等於同官，綱紀廢弛，莫能顧問，百姓無可告語，所幸聖天子在上，舊欠蠲除，而小民辦納正課年來亦已力竭，臣愚業有訪實一日不可姑容之官數員，即擬露章參處，先肅法紀，其餘嚴加化誨，冀改夙習以培邦本，若怙惡不悛容臣不時指名參處，使稂莠盡除嘉禾得茂。至前督臣年羹堯所主加二火耗解司，雖百姓倍受其苦，而三年之內仍完虧空三十一萬有零，雖公少私多，終於公事有補，今若將此法一除，則無着虧空終難填補矣，臣愚昧思維於正供之外加二火耗亦不甚重，但因上司法禁不嚴，以致奉行不善，所以名遵加二百姓實有加四加五之害，若實心嚴禁，則刊刻告示遍布城鄉僻壤，使百姓人人共知完銀一兩加耗若干，并飭布政司照依部頒法馬釘戥給發各州縣及該年總里，令各里長照式各自較備糧戥，每完正銀一兩加耗若干，如州縣于外更加釐毫累民，私釘重戥暗吸小民膏血者許里長遵定例率同百姓公同陳告，立時題參，總遇奇貪無有不愛功名而惜性命者，如此行之似亦可以杜絕耗外之耗。況前督臣年羹堯既將火耗作上下官養廉，即應公平分潤，乃又憑其愛憎，愛者分外多給，憎者分文不與，人心不平遂難甘服，況設法取民以與各官填補

虧空亦須查明果屬因公那移因公陪墊，或家產已盡或人已死亡代為抵補，未始不可，然亦當有起止，必將軍興以來虧空各案通為清查，將實係賠墊那濟萬難追補之案通籌，共有若干銀兩，計以每年加耗若干抵補，應於何年為始何年為止，庶有完結，今若但云抵補虧空，亦有愛憎施予，前者之虧空未曾抵足，後者之虧空案件又增，則陝西加耗以抵虧空之法勢將無盡無休。但此法已行三年，如容仍照其法，臣將陝西所屬虧空案件責令該司徹底查清，分出真已無可着追之案，通盤打筭，尚有若干萬兩，以臣前法兼而行之，在民止取加二，則民亦不病，原于加二之內分出若干以作上下官養廉，但要公議公攤，務使無偏無黨，其餘銀兩作補虧空，計期幾年為滿，則將加耗奏請減免（硃批：加耗補賠原非奉旨公行之事，乃地方權宜之舉，朕只可為不知而可，若為公辦不便，即將來減免時亦只可密奏好），每年仍將填補過虧空數目定于年終督撫會摺奏聞，方無擅用欺隱之獘，倘其法不可行則火耗當定加一為則，均作上下官養廉，其餘作為公用，臣愚淺識鄙，二說未知孰是，伏乞聖主訓誨俯垂諭旨遵行，謹奏。

雍正三年五月二十六日具。

硃批：據此一奏足見惓忱，如此秉公悉心料理不但朕嘉悅，乃朕陝省數十百萬赤子之福，陝省經十年用兵以後地方凋弊，朕每念及不忍西顧，復遭西海又此一番踩踐，朕實賴年羹堯，委恩深重，斷不忍負朕推心置腹，視為一體，言聽計從，用之不疑者原為伊竭力秉公整理也，不但整理，今伊諸事敗露，種種貪饕，蠹國殃民，朕愧失用人不明，不在言表，實無辭以謝陝省官弁兵民也，朕之洗羞雪恨全賴卿一人也，只此一言餘無可諭，勉之，含淚筆。

附錄修訂摺一件

世襲三等公署理川陝總督臣岳鍾琪謹奏，為奏聞事。

竊臣素聞陝西錢糧火耗有明要加二分暗實加三四不等之害，臣奉命東來沿途訪問則已稔悉其獘，謹敢密摺奏聞請旨。查前督臣年羹堯主張令州縣每兩明加火耗二錢，將四分解布政司，於此內督撫各分銀一萬兩，併給督撫衙門筆帖式養廉及各項公費，其餘皆布政司收用，又二分解府為臬司驛道府廳等養廉之需，又以一錢四分解司分給各州縣養廉與抵補無着虧空。臣到任查察，而布政司以新任尚未查確為對，臣現在檄行布政司圖理琛確查，俟查明另奏。然自加二火耗之法一行，凡有司徵比錢糧將加二火耗同于正供，如完銀一兩明要一兩二錢作正，而又暗以重戥加二加三，大縣完銀一兩實需一兩四五錢不等，小

縣橫徵有加倍苛斂者，且錢糧重大，州縣官係坐名題補者居多，挾勢厲民，效尤成風，臣業有訪實，一日不可姑容之官數員，即擬露章參處，先肅法紀，其餘嚴加化誨，冀改夙習，以培邦本，若怙惡不悛，容臣不時指名參處。至前督臣年羹堯所主加二火耗解司，雖百姓倍受其苦，而三年之內已將各案虧空抵補三十一萬有零，今若將此法一除，則無着虧空終難填補，臣愚昧思維于正供之外加二火耗亦不甚重，但因上司法禁不嚴，以致奉行不善，百姓遂有加四加五之害，若實心嚴禁，則刊刻告示遍布城鄉僻壤，使百姓人人共知完銀一兩加耗若干，并飭布政司照依部頒法馬釘戥給發各州縣及該年總里，令各里長照式各自較備糧戥，每完正銀一兩加耗若干，若州縣于外更加厘毫累民，私釘重戥者許里長遵定例率同百姓公同陳告，立時題參，總遇奇貪無有不愛功名而惜性命者，如此行之似亦可以杜絕耗外之耗。況前督臣年羹堯既將火耗作上下官養廉，即應公平分潤，乃又憑其愛憎，愛者分外多給，憎者分文不與，人心不平遂難甘服。且設法取民以與各官填補虧空亦須查明果屬因公那移因公賠墊，或家產已盡或人已死亡代為抵補，未始不可，然亦當有起止，必將軍興以來虧空各案通為清查，將實係賠墊那濟萬難追補之案通算共有若干銀兩，計以每年加耗若干抵補，應于何年為始何年為止，庶有完結，今若但云抵補虧空，亦有愛憎施予，前者之虧空未曾抵足，後者之虧空案件又增，則陝西加耗以抵虧空之法勢將無盡無休，但此法已行三年，如容仍照其法，臣將陝西所屬虧空案件責令該司徹底查清，分出真已無可着追之案，通盤打算，尚有若干萬兩，以臣前法兼而行之，在民止取加二，則民亦不病，原于加二之內分出若干以作上下官養廉，但要公議公攤，務使無偏無黨，其餘銀兩作補虧空，計期幾年為滿，則將加耗奏請減免（硃批：加耗填補虧空不過地方上權宜之舉耳，謂朕不知猶可暫行，若彰明較著加耗累民，如何其可，即將來減免時亦只具摺密奏方合），每年仍將填補過虧空數目定于年終督撫會摺奏聞，方無擅用欺隱之獘，倘其法不可行則火耗當定加一為則，均作上下官養廉，其餘作為公用，臣愚淺識鄙，二說未知孰是，伏乞聖主訓誨遵行，謹奏。

硃批：覽奏足見出自悃忱，如是秉公悉心料理豈特邀朕褒嘉，乃陝省數十百萬赤子之福，且自陝甘用兵十年以來，地方凋敝，朕每念及不忍西顧，頃復遭青海逆彝一番作踐，民何以堪，朕以為年羹堯受恩深重，斷不負推心置腹之恩，必能體國憂民，竭力整理，所以言聽計從，用之而不疑，孰意竟大不然，不但毫未整理，反肆意刻虐，加倍貪饕，蠹國殃民，莫此為甚，朕惟愧之識人

不明而已，實無辭以謝西秦之官弁兵民也，為朕洗羞雪憾惟卿是賴，除此一語餘無可諭，於臨書時幾至淚下，勉之。

〔71〕署川陝總督岳鍾琪奏請年羹堯帶赴西安辦事之金以成等四人應否仍歸翰林院摺（雍正三年五月二十六日）[2]-[5]-108

世襲三等公署理四川陝西總督印務四川提督拜他喇布勒哈番臣岳鍾琪謹奏，為請旨事。

臣查雍正二年十一月內前督臣年羹堯奉旨發交翰林院編修金以成汪受祺胡彥穎檢討寶啟瑛四員，帶赴西安辦事，今督臣年羹堯已陞杭州將軍，所有編修檢討金以成等應否仍歸翰林院衙門，理合請旨，伏祈睿鑒施行，為此繕摺謹具奏聞。

雍正三年五月二十六日具。

硃批：已有旨了，此輩皆夤緣欲速成走捷徑者，不要照看伊等，憑他去。

附錄修訂摺一件

同日又奏，為請旨事。

臣查雍正二年十一月內前督臣年羹堯奉旨發交翰林院編修金以成汪受祺胡彥穎檢討寶啟瑛四員帶赴西安辦事，今督臣年羹堯已陞杭州將軍，所有編修金以成等應否仍歸翰林院衙門，理合請旨，伏祈睿鑒施行，謹奏。

硃批：已有旨矣，若輩皆夤緣請托，欲走捷徑者，任其作何行止，無庸留心照顧。

〔72〕署川陝總督岳鍾琪奏請日前年羹堯揀選所帶之高大魁等人如何發落摺（雍正三年五月二十六日）[2]-[5]-109

世襲三等公署理四川陝西總督印務四川提督拜他喇布勒哈番臣岳鍾琪謹奏，為請旨事。

竊臣准前任督臣年羹堯交代內一件，為知會事，內開雍正二年十二月初九日准吏部咨文選清吏司案呈，雍正二年十一月十五日本部將大將軍川陝總督年羹堯揀選帶徃陝西候選候補知府高大魁許登瀛，同知關聯璧，知州汪元祐，知縣王琰鮑鉁戴維賢陸綱馬世祥朱廷戒佟世祚等十一員繕寫綠頭牌引見，奉旨高大魁等十員着帶徃，鮑鉁係鮑復昌之子，家風甚屬不堪，不必帶去，欽此。今該員等俱在陝西相應咨明等因，臣查前項人員係前督臣年羹堯揀選啟奏，

奉旨准允着帶往之員，又有內務府都虞司主事丁松候選知府高璈二員亦係奉旨隨帶來陝之員，今前督臣年羹堯已陞杭州將軍，前項人員應否咨送赴部或仍留陝西之處，臣未敢擅便，相應具摺恭奏請旨遵行，伏乞睿鑒，謹奏。

雍正三年五月二十六日具。

硃批：如前諭，亦伊等自求者，不干朕事。

附錄修訂摺一件

同日又奏，為請旨事。

竊臣准前任督臣年羹堯交代內一件，為知會事，內開雍正二年十二月初九日准吏部咨，雍正二年十一月十五日本部將大將軍川陝總督年羹堯揀選帶往陝西候選候補知府高大魁許登瀛，同知關聯璧，知州汪元祐，知縣王琰鮑鋐戴維賢陸綱馬世祥朱廷㦸佟世祚等十一員繕寫綠頭牌引見，奉旨高大魁等十員着帶往，鮑鋐係鮑復昌之子，家風甚屬不堪，不必帶去，欽此。今該員等俱在陝西相應咨明等因，臣查前項人員係前督臣年羹堯揀選啟奏，奉旨准允着帶往之員，又有內務府主事丁松候選知府高璈二員亦係奉旨隨帶來陝之員，今前督臣年羹堯已陞杭州將軍，前項人員應否咨送赴部或仍留陝西之處，臣未敢擅便，理合具摺請旨遵行，謹奏。

硃批：亦如前諭，皆伊等自取與人何涉。

〔73〕署川陝總督岳鍾琪奏酌議尚未舉行之年羹堯所奏善後條陳五款摺（雍正三年五月二十六日）[2]-[5]-113

奮威將軍世襲三等公拜他喇布勒哈番提督四川總兵官臣岳鍾琪謹奏，為詳加酌議，恭請睿裁事。

竊臣菲材劣質，得荷封疆重任，今又署理川陝總督，所有前督臣年羹堯原奏善後十三條，於內有事理允當及事理未盡允協已經更改，奉旨俞允者俱毋庸再議外，其未經舉行尚有不妥未當處，臣再敢逐款酌議。

一、撫戢西番收其賦稅而固邊圉。臣查番民田土皆以刀耕火種，多係山地，今既傾心歸化，理應同內地百姓一例納糧，但從前各番與青海諸台吉供納添巴，其額數甚重，今議納天朝正賦，當照內地百姓按畝收糧，以示寬大皇恩，臣現在飭行川陝各該管官查造戶口及貢糧數目送部。再查打箭爐外裡塘巴塘番人已經向化，既已不設營汛，則原奏添設衛所之處亦毋庸議，應擇番人信服之人請給號紙，授為大小土司職銜，令之分為管理徵收錢糧，可以永久。

一、清查喇嘛稽察奸徒以正黃教。查喇嘛向來原不安分，今既大創之後各寺喇嘛俱知畏懼，不似從前桀驁，前督臣年羹堯原奏各寺喇嘛至多不許過三百人，其餘俱令還俗，臣思做喇嘛的多係湯古忒人，亦有各土司土民，今若以額數之外俱令還俗，不但誰去誰存之處難以剖分，第恐本家原籍無田土，又無牲畜，還俗之後何以資生，必至流離失所，更恐多事，臣愚見莫若仍其舊，止令其恪守清規，倘有作奸犯科治以重罪，則事不繁而黃教正矣，至于清查現在喇嘛數目，給與度牒以別奸良，每歲令地方官收其病故者，給與新披剃度牒之處，相應悉如原議，再查原議番糧盡歸地方官徵收，而歲計各寺所需，量給口糧並加衣單銀兩，如此各寺喇嘛衣食有資，地方官得以查考等語，臣查番人納各寺院喇嘛租糧幾倍於正供，然喇嘛亦止藉番租為活，若改歸有司徵收，而量其所需口糧衣單銀兩轉給，竊慮反致不敷，又恐有遲誤勒掯之獘，臣愚莫若援照內地寺院常住田地之例，種田之番人納租，得租之喇嘛納賦，則各寺院之地皆屬天朝供賦之產矣，更屬妥便。

一、甘涼西寧宜築新邊而別內外。查修築邊牆使內外得分乃捍禦之至計也，但查自西寧北川起至甘州之扁都口止，雖道路不過五百餘里，其間石山沙磧居多，有土而可以築牆處不過五十餘里，切思千里之城若丈尺之處稍不堅固，則千里皆為虛設，且臣駐劄西寧時曾差員踏看明確，若興修築不但工費浩大，切恐不能堅久，況我國家內外一家，在德不在險，若將大通一鎮兩營安設明白則內外已分矣，且西寧天氣寒冷，凡興土木之工必在五六七八四月，餘皆地凍難以興工，若趁和暖興工，又當百姓農忙之際，莫如不修為便。

一、川省松爐宜添鎮營而資彈壓。此款查松潘口外添設營汛與西寧河州相為犄角，川陝聲氣相通極為允當，毋庸更議，至于革達地方設立總兵一員，遊守千把悉如內地營制，兵二千名分隸三營，亞籠江中渡設守備一員千總二員兵五百名，而令兩千總各帶兵一百名分守上渡下渡等因，臣查疆域開拓則設險為要，四川化林協向稱險要，故設副將大員統兵一千駐劄，然其地勢逼仄，糧米販運艱難，自打箭爐入為內地，則化林已屬內地之內，今打箭爐之外又有革達，則化林已成腹地，當以革達地方為險要門戶，查革達在打箭爐之外亞籠江之內，乃通西藏青海之要路，所居皆番民，自康熙三十八年投誠後給頒號紙之安撫司土千百戶已有五十餘員，分地管轄，自西藏用兵以來，輓運急公，與內地百姓無二，臣愚以革達地方不必添設總兵，止將化林協副將改設駐劄，撥與馬步兵丁一千五百名，分作兩營，每營各設都司一員千總二員把總四員，扼于青海西

藏要路之中，設險固圍，足稱有備，其亞籠江中渡設守備一員千總二員兵五百名，而令兩千總各帶兵一百名分守上渡下渡之處仍照原議，足可彈壓，其化林地方應仍設游擊一員千總一員把總二元，領兵五百名分防汛隘，現今打箭爐止有把總一員兵五十名駐防，並應添設守備一員兵二百名駐劄，則應援聯絡具壁壘森嚴之勢，盡足久安長治，至裡塘巴塘雖去內地益遠，而革達設營可以遙制，相應將修城設兵之處並行停止，再查革達地方多產雜糧，但不產米，查松潘地方亦不產米，則革達兵馬應給糧餉之處應悉照松潘鎮兵馬折色之例支給。

一、內地兵馬當議裁減而省糧餉。此款既有新設制營，必須添兵增餉，裁有餘補不足，轉移實便，查陝西沿邊添設營汛兵馬裁減之處仍照原議行，至松爐兩路添設兵馬應行酌撥之處，查四川省川北重慶兩鎮，永寧遵義夔州三協制兵俱係馬二步八，但此五處地方山則峭壁陡崖，路則羊腸鳥道，宜步不宜于馬，馬多無益，應照湖廣等省將此五處營路俱改為馬一步九，查川北等鎮協共馬兵二千一百六十七名，內應留馬一馬兵一千一百三十一名，應裁馬兵一千三十六名，將所裁之馬兵以馬糧換作戰守糧，可得步戰守兵一千九百八十六名，以一千三十六名歸補各鎮原額外，餘剩步戰守兵九百五十名，分撥添設營汛，不足再行招募，則因地制宜，錢糧不致糜費而兵馬各得備用之實矣。

以上微臣盧列原款註語細加籌畫，因時制宜披瀝細陳，仰副聖主慎重邊防飭臣再加詳查之至意，伏乞睿鑒施行，謹奏。

雍正三年五月二十六日

硃批：發議政議。

〔74〕署川陝總督岳鍾琪奏請仍令甘肅巡撫兼理茶務摺（雍正三年五月二十六日）[2]-[5]-115

世襲三等公署理四川陝西總督印務四川提督拜他喇布勒哈番臣岳鍾琪謹奏，為密陳請旨事。

臣查前督臣年羹堯自康熙六十一年六月內兼管茶務，至雍正三年四月止共足三年止將陳茶二十四萬十七百餘封盡數銷完，共合已經解司充餉銀五萬二千六百三十餘兩，各司尚有掛欠銀一萬九千八百餘兩，即屬未參虧空，且自康熙五十八年至雍正元年止五年未經奏銷而六十一年雍正元年散引辦茶各司尚無一封報貯，雍正二年新舊引尚未散商，則此三年應收官茶又有四十餘萬篦，一篦兩封，共八十餘萬封，仍要堆積，臣在西寧見所賣新茶價銀每封一兩二三錢不等，即時價常有低昂亦不出此價上下之間，見陳茶亦賣六錢一封，今

親蒞茶政始知陳茶每封止以三錢報銷，乃悟所銷陳茶二十四萬餘封羨餘銀亦該七萬二千餘兩，不知年羹堯曾否奏聞，而現應收貯之茶八十餘萬封皆屬新茶，於國課關係不小，此事更須得人料理，臣才力短淺，現理事繁，勢難兼顧，此茶馬大政原蒙聖祖仁皇帝令甘肅巡撫兼理，康熙六十一年前督臣年羹堯奏請暫理一年仍照舊交還，今應仰祈皇上仍交甘肅巡撫兼理，庶能就近清釐，不致廢弛，臣從課稅重大起見，謹具密摺備細奏聞請旨，伏乞睿鑒，謹奏。

雍正三年五月二十六日具。

硃批：發庭議。

〔75〕署川陝總督岳鍾琪奏報河東運同嚴士俊占奪鹽窩獲利銀兩入官摺（雍正三年五月二十六日）[2]-[5]-116

世襲三等公署理四川陝西總督印務四川提督拜他喇布勒哈番臣岳鍾琪謹奏，為咨明事。

雍正三年五月十七日據前督臣年羹堯交代前事內開，照得河東鹽課本部院發給銀兩仿照兩廣之例酌量發給，官為辦運以納額課以濟民食，所得餘利可充公用，一面另招股實商人銷引辦課，如陝西之咸寧縣山西之太平縣等一十四州縣衛皆暫行官辦，已陸續另招商人承認行鹽在案，但鹽法諸事必行之有效而可以核定確數，除據實入告，今雖據運同嚴士俊造冊前來，除前發本銀已經收還外所得利銀應充公用，但本部院起程在即，未趨具奏，所有咸寧等十四州縣衛官辦原委并運同嚴士俊造報應獲利銀二萬三千七百二十九兩四分等情相應同原冊二本一併咨送等因，准此臣查河東運同嚴士俊占奪鹽窩照票行鹽諸事現蒙聖主欽差部堂官審理，此項行鹽獲利銀二萬三千七百二十九兩四分似應入于入官銀內歸結，難以收充公用，臣正在繕摺具奏間接奉聖主特簡鹽臣料理部文，隨將原交咨冊移送鹽臣馬哈查照外，理合奏聞，伏乞睿鑒，謹奏。

雍正三年五月二十六日具。

硃批：知道了，其中可參之事不可枚舉，可嘆。

附錄修訂摺一件署川陝總督岳鍾琪奏報河東鹽課情形摺（雍正三年五月二十六日）[2]-[5]-112〔註42〕

同日又奏，為咨明事。

〔註42〕此奏摺無具奏時間，日期為原書擬標題者所加，原書單獨編號，經輯者辨識作為修訂摺。

雍正三年五月十七日據前督臣年羹堯交代前事，內開照得河東鹽課本部院發給銀兩仿照兩廣之例酌量發給，官為辦運以納額課，以濟民食，所得餘利可充公用，一面招股商銷引辦課，如陝西之咸寧縣，山西之太平縣等一十四州縣衛皆暫行官辦，已陸續另招商人承認，行鹽在案，但鹽法諸事必行之有效而後可以核定確數，據實入告，今雖據運同嚴士俊造冊前來，除前發本銀已經收還外，所得利銀應充公用，但本部院起程在即，未遑具奏，所有咸寧等十四州縣衛官辦原委并運同嚴士俊造報應獲利銀二萬三千七百二十九兩零等情相應同原冊二本一併咨送等因。准此臣查河東運同嚴士俊占奪鹽窩，照票行鹽諸事現蒙聖主欽差部臣審理，此項行鹽獲利銀二萬三千七百二十九兩零似應入于入官銀內歸結，難以收充公用，臣正在繕摺具奏間，接奉聖主特簡鹽臣料理部文，隨將原交咨冊移送鹽臣馬哈〔註43〕查照外，理合奏聞，謹奏。

硃批：覽奏知道了，其中可笑之事不堪枚舉，實出朕意料之外。

〔76〕翰林院編修金以成奏覆被年羹堯帶往在陝情由摺（雍正三年五月二十八日）[2]-[5]-118

翰林院編脩臣金以成謹奏，為遵旨奏明事。

竊臣一介草茅，叨列侍從，皇上御極之初特命開館纂脩《聖祖仁皇帝實錄》，臣即蒙簡拔，俾充編纂之任，御賜松花石硯，龍香寶墨，月給餐錢，異數優渥，在館行走二年辰入酉出，風雨寒暑弗輟所以然者，感聖主特達之知，思竭頂踵以報也，雍正二年二月皇上詣學盛典，滿漢掌院保舉國子監司業，臣又得與諭德臣、彭維新等同列十人之內，蓋至是已兩覲天顏矣，小臣榮遇實為慶幸，去冬十一月十四日臣在館辦事，本衙門條傳次日引見，臣於十五日趨朝，有學院學士臣張廷玉同原任川陝督臣年羹堯帶領臣等翰林四人至養心殿，臣于是凡三覲天顏矣，跪奏履歷畢，面奉聖旨，人俱好，着隨年羹堯去，欽此。伏念臣一生孤立，從無交援于世，初不乞憐于人，且與年羹堯向無半面，陝西之行實不知所自來因，竊自揣臣為諸生時饑驅四方，幕避南北，於吏事稍識一二，然不為遽邀九重之知，私心感激，不覺涕零，聞命之後馳驅赴陝，據年羹堯云係奉旨令臣等幫寫硃墨筆，第一切事件皆年羹堯自行，臣等代批文書，公事一暇歸寓杜門，溫習律例，蓋仰體皇上教養栽成之意，不敢以客途玩時愒日也，自雍正三年正月以後年羹堯因病希見其面，惟照常批詳，日完功課，至年

羹堯所行事蹟臣未至陝西以前無從而知，臣至陝之後年羹堯以所行冒昧屢奉上諭嚴飭，年羹堯惶恐之餘志氣蕭索，既經調往杭州理應請旨俾臣等回京辦事，乃以負愆之故不敢摺奏，此臣羈滯西安困頓之情形也，臣與年羹堯萍水相逢，從前委無請托，當年羹堯氣勢薰灼時自臣視之不過一翰林，得時之人本亦無所仇怨，惟主上聖明，可以直行悃愊，臣又何敢以支詞上瀆天聽，理合據實奏明，為此謹奏。

雍正三年五月二十八日

〔77〕正黃旗三等侍衛周儀奏覆被年羹堯帶往陝西情由摺（雍正三年五月二十八日）[2]-[5]-119

正黃旗三等侍衛加一級臣周儀謹奏，為欽奉上諭事。

雍正三年五月二十六日蒙署理川陝總督事務岳鍾琪抄咨本年五月二十六日准兵部咨，職方清吏司案呈，雍正三年五月十七日召入大學士馬齊、嵩祝，協理大學士事務尚書徐元夢，大學士田從典，奉旨去冬年羹堯奏請帶去補用之員內惟侍衛查爾扈係奉旨發去之員，其餘有請託年羹堯帶往者，亦有年羹堯自欲帶往者，此內亦有將督撫大臣官員子弟帶往者，亦欲作質當帶往者，是有感激年羹堯之人亦有怨恨年羹堯之人，着伊等各將帶往緣由請託情節並年羹堯所行事蹟聲明繕寫參章，道達冤抑之處，俱交與岳鍾琪轉奏，倘有不能聲明情由者俱仍着隨年羹堯前赴杭州學習等因到臣，臣欽此欽遵，敢不據實奏聞。竊惟臣一介寒微，係陝西寧夏衛人，由武生中式康熙甲午科武舉，辛丑科三甲進士，荷蒙聖祖仁皇帝挑選藍翎侍衛，隨駕熱河打圍一次，至雍正元年正月二十六日奉旨着總理事務王管侍衛內大臣挑選藍翎勤慎者共十人引見，臣蒙主子特放鑾儀衛整儀尉，又於年五月內復奉旨挑選，疊蒙皇上特放三等侍衛治儀正，於本年三月內臣送聖祖仁皇帝梓宮往寢陵，本年八月內送太后梓宮往寢陵，兩次蒙皇恩賞銀八十兩，准隨帶加一級，本年十二月內恭逢殿試，因臣拿一等技勇，蒙賜內庫大緞一疋，至雍正二年三月內跟隨主子親祭歷代帝王廟，皇上至誠格天，霖雨大作，蒙皇恩賞銀五十兩，臣實屬邊末庸愚，草茅下士，自選拔侍衛伺候禁廷四載，蒙皇上賞賜頻加，一年陸遷二次，斯誠隆恩異數，千載難逢，臣戀主之心切惟願日侍天顏以圖報效，詎意於十一月十四日傳三旗進士侍衛並鑾儀衛進士侍衛齊集內箭亭射箭，有大學士馬齊、管侍衛內大臣馬爾賽等同總督年羹堯閱看射箭，挑選三旗侍衛共十五人，臣並不知情由，

挑選作何驅策，於十五日總督年羹堯帶領引見，蒙皇上挑選臣等三十人着年羹堯帶徃陝西行走，出來年羹堯吩咐，你們有行裝齊備的即隨我明日同去，有三等侍衛袁士弼、藍翎侍衛高其傃、徐潛他三人隨總督年羹堯一同去陝，臣向總督年羹堯呈稟寬限數日，因盤費缺乏，行裝不備，苦求借貸，方得於十一月十九日自京起身，至十二月十六日到陝，見總督年羹堯吩咐漢侍衛着隨主子大將軍印滿侍衛常明等一處行走，再日在總督衙門二堂輪班上夜，逢五逢十着隨滿侍衛一同擺馬跟隨，上會府往來行走，遇下箭道考驗日期，着臣們步行擺對引道，五營將備俱跪道旁迎送，臣乃主子侍衛，實思到陝另有緊要事務驅策，不期與總督年羹堯前引道而後跟隨，自覺卑下，因主子大將軍印在陝不敢聲言，於雍正三年二月內總督年羹堯吩咐侍衛以後出入不用擺馬跟隨，你們漢侍衛隨督標五營將官下教場，看操演兵丁，學習營伍規矩，臣到陝之日前輪班護印，後學習營規，別無所知，惟見前任將軍巡撫都統等官逢五逢十遇朔望日俱上總督年羹堯衙門，自大門外下馬，從箭道門步行稟見，未見開儀門迎送，臣目擊眼見，此總督年羹堯所行事蹟，並派當差情由，俯伏據實聲明，至帶徃陝緣由臣實係內大臣會同挑選，並非請託亦非官員子弟，臣邊下寒士，至愚極陋，屢荷天眷不次拔補，臣感戴在心報答無由，惟謹陳實情繕摺奏聞，伏乞皇上睿鑒施行。

雍正叁年伍月貳拾捌日

〔78〕正白旗三等侍衛楊垣奏覆被年羹堯帶徃陝西情由摺（雍正三年五月二十八日）[2]-[5]-120

正白旗三等侍衛奴才楊垣謹奏，為欽奉上諭事。

雍正叁年伍月貳拾陸日蒙署理川陝總督臣岳鍾琪傳諭，本日准兵部咨文，內開伍月拾柒日奉旨，去冬年羹堯奏請帶去補用人員內惟侍衛查爾扈係奉旨發去之員，其餘有請託年羹堯帶徃者，亦有年羹堯自欲帶徃者，此內亦有將督撫大臣官員子弟帶徃者，亦欲作質當帶徃者，是有感激年羹堯之人，亦有怨恨年羹堯之人，着伊等各將帶徃緣由請託情節並年羹堯所行事蹟聲明，繕寫參章道達冤抑之處，俱交與岳鍾琪轉奏，倘有不能聲明情由者俱仍着隨年羹堯前赴杭州學習，欽此欽遵，竊奴才係正白旗包衣，杭州章京下人，家本微賤，質屬庸愚，由巡捕營千總，於雍正元年幸逢皇上恩科，賞奴才二甲武進士，隨蒙聖恩拔擢三等侍衛，屢邀天眷，疊賜克食銀兩，榮耀實深，奴才清夜自思，當此

聖明之世，得邀恩遇之隆，雖粉骨碎身肝腦塗地亦難圖報於萬一，忽於去冬拾壹月拾肆日管侍衛內大臣傳牌，着在箭亭伺候揀選，是日大學士馬齊、管侍衛內大臣馬爾賽、馬武、夸岱同原任川陝總督臣年羹堯閱視射箭，奴才實不知所以揀選情由，及拾伍日引見始知跟隨年羹堯赴陝，奴才自思係奉旨發往陝西之員，況陝西用武之地，倘有驅策正激勵効忠以報國恩之候，孰意到陝年羹堯着隨原在陝之侍衛常明等一處行走，出入着擺對馬，坐堂着傍侍立，愧赧之甚，莫可如何，回想奴才在京行走時受皇上隆恩光耀之至，到陝遭此挫折，晝夜耿耿抑鬱莫伸，不得已於大將印回京時在年羹堯處力懇護送印篆，年羹堯以奴才原非護印來陝之員不允所請，今蒙天語下問，着奴才等將來陝情由繕摺進奏，此誠復見天日之會，奴才旗下寒微，原非官員子弟，況又素不熟練人情，草茅新進，與年羹堯不啻雲泥之隔，實無請托，難逃天鑒，奴才愚昧無知，據實奏聞，不勝惶悚待罪之至，謹奏。

雍正叁年伍月貳拾捌日正白旗三等侍衛奴才楊垣。

〔79〕正黃旗二等侍衛畢暎奏覆被年羹堯帶往陝西情由摺（雍正三年五月二十八日）[2]-[5]-121

正黃旗二等侍衛奴才畢暎謹奏，為欽奉上諭事。

竊奴才山右微賤，至愚至陋，荷蒙聖恩於雍正元年特開恩科，叨中第一甲第二名進士，又賜奴才二等侍衛，撫心自問，奴才何人，而得邀恩遇若此，無可報効，惟有兢兢供職，勉力當差，不敢少懈，忽於去年十一月十四日接得管侍衛內大臣片子，傳三旗漢侍衛各備弓箭在箭亭伺候，奉旨着大將軍年羹堯挑選，奴才止知遵旨預備弓箭，並不知挑選作何使用，本日有大學士馬齊，三旗管侍衛內大臣馬爾賽等並年羹堯五人閱射，奴才二矢畢已挑選者，復又唱名奴才亦在挑選之列，年羹堯云你們明日早來伺候引見，次日皇上御養心殿，奴才跪奏履歷，蒙皇恩准年羹堯帶往陝西，奴才彼時始知有陝西之行，私心自思以為陝西用人之際，在內在外均係與國家出力，上可以仰答皇恩，下可以少盡愚衷，不意到陝之後年羹堯即着奴才等跟原先在陝之侍衛常明、包爾綽、偏圖等一體行走，每夜則用一人上宿，出門則用二人擺對，坐堂則用四人侍立，此奴才所身經目覩者，竊思侍衛乃御前之侍衛，非總督之侍衛也，而年羹堯乃聰明之人，僭妄若此不知有何所據，奴才至今懷疑，終不釋然，至於請託情節，奴才原係小戶出身，一貧如洗，而年羹堯久居督撫大任，不但不敢請託，亦且不

能請託，有無緣由難逃睿鑒，今幸蒙天語下問，使奴才下情得達，冤抑得伸，天日又再見之期矣，奴才愚昧無知，據實奏聞，不勝惶悚待罪之至，謹奏。

雍正叁年五月貳拾捌日

〔80〕都虞司主事丁松奏覆被年羹堯帶徃陝西情由摺（雍正三年五月二十八日）[2]-[5]-122

奴才丁松謹奏，為欽奉上諭事。

雍正三年五月二十六日蒙署理川陝總督岳鍾琪接准部文，奉旨去冬年羹堯奏請帶去補用人員內惟侍衛查爾扈係奉旨發去之員，其餘有請託年羹堯帶徃者，亦有年羹堯自欲帶徃者，此內亦有將督撫大臣官員子弟帶徃者，亦欲作質當帶徃者，是有感激年羹堯之人，亦有怨恨年羹堯之人，着伊等各將帶徃緣由請託情節並年羹堯所行事蹟聲明，繕寫參章道達冤抑之處，俱交與岳鍾琪轉奏，倘有不能聲明情由者俱仍着隨年羹堯前赴杭州學習，欽此欽遵。謹奏，奴才丁松係包衣下至微至賤之人，蒙主子天高地厚格外殊恩於雍正元年正月初七日特放都虞司主事，任司二年未有寸長，正欲竭忠奉職少效犬馬，何敢非分請託，於雍正二年十月內年羹堯在京，於二十二日在內右門外傳旨於包衣大人，將奴才着年羹堯帶徃陝西効力行走，聞命自天感激無地，及奴才到陝之後年羹堯將奴才題請署理糧鹽道事務，奉旨丁松係包衣佐領，一年輕之人，因見其聰明故發徃陝西令其學習行走，今年羹堯遽以糧鹽道重務題請署理，是屬錯愕，道員缺着將保過道員之人引見具奏，該部知道，欽遵在案，伏念奴才祖父世受國恩，奴才又係內務府司員，內庭行走何等臉面，豈肯貪現在之功名，圖將來之僥倖，實無請託年羹堯帶徃陝西之處，至年羹堯所行事蹟已在主子洞鑒之中，奴才到陝不及半年，未能週知，不敢冒奏，今遵諭旨理合據實陳情，仰祈主子聖鑒，謹奏。

雍正叁年伍月貳拾捌日

〔81〕鑲黃旗藍翎侍衛六十五奏覆被年羹堯帶徃陝西情由摺（雍正三年五月二十八日）[2]-[5]-123

鑲黃旗藍翎侍衛臣六十五謹奏，為欽奉上諭事。

於雍正三年五月二十六日接得署理川陝總督岳鍾琪抄咨內閣兵部咨文，雍正三年五月十七日奉旨，去冬年羹堯奏請帶去補用之員內有請托年羹堯帶徃者，亦有年羹堯自欲帶徃者，此內亦有將督撫大臣官員子弟帶徃者，亦欲作

質當帶徃者，是有感激年羹堯之人，亦有怨恨年羹堯之人，着伊等各將帶徃緣由請托情節並年羹堯所行事蹟聲明，繕寫參章，道達冤抑之處俱交與岳鍾琪轉奏，倘有不能聲明情由者俱仍着隨年羹堯前赴杭州學習，等因到臣，欽此欽遵。俯伏恭閱，竊惟臣係鑲黃旗包衣雷遇春佐領下人，蘇拉董其文之子，於雍正元年十一月內由庚子科武舉得蒙皇上覆載之恩，中癸卯恩科第三甲七名進士，復蒙皇上天恩賞給藍翎侍衛行走，於雍正二年二月初九日荷蒙皇恩着在鑾儀衛整儀尉行走，臣本包衣小戶之家，何幸得蒙隆恩，實萬世難遇，自愧無以報効，惟望闕九叩，日近天顏，朝夕出力以盡臣心感戴天恩於無極，又何敢違天恩另求於別處，不意於雍正二年十一月十四日早鑾儀衛傳，奉旨着三旗漢侍衛速赴箭亭，各備弓箭揀選，彼時有三旗內大臣馬爾賽等大學士馬齊同原任總督年羹堯閱看射箭，揀選十五人，於十五日年羹堯等帶進引見，蒙皇恩着臣等十三人隨年羹堯赴陝西，總督年羹堯隨出，問及行裝齊備者隨我同去，內有三等侍衛袁世弼、藍翎侍衛高英傃、徐潛行裝齊備，馳驛隨赴陝西，臣告限數天收拾行裝，於十一月十九日起身，十二月十六日到陝，次日年羹堯着臣同先來滿侍衛常明等一處行走，在總督衙門二堂護印上夜，年羹堯出入亦着同滿侍衛引導跟隨，臣雖一介微賤，得蒙皇恩賞給侍衛，仰戴天威，不欲甘心耳下，因主子大將軍印在前，所以聽從，後二月內出入，不着引導，全在督標五營日日看兵操習外，臣到陝惟見年羹堯自恃己功，目視無人，將軍督撫相會年羹堯獨坐居中，將軍撫院俱令侍坐於下，又令護軍擺馬侍衛跟隨，名為護印實為己威，施威作勢，好大喜功，皆臣眼見，今蒙聖諭繕奏敢不據實陳明，謹將臣□□來陝緣由，更無請托情節及年羹堯所行事蹟俯伏謹此奏聞。

　　雍正叁年伍月貳拾捌日

〔82〕正白旗三等侍衛袁立弼奏覆被年羹堯帶徃陝西情由摺（雍正三年五月二十八日）[2]-[5]-124

　　正白旗三等侍衛奴才袁士弼謹奏，為欽奉上諭事。

　　雍正叁年伍月貳拾陸日蒙署理川陝總督臣岳鍾琪傳諭，本日准兵部咨文，伍月拾柒日奉旨，去冬年羹堯奏請帶去補用人員內惟侍衛查爾扈係奉旨發去之員，其餘有請托年羹堯帶徃者，亦有年羹堯自欲帶徃者，此內亦有將督撫大臣官員子弟帶徃者，亦欲作質當帶徃者，是有感激年羹堯之人亦有怨恨年羹堯之人，着伊等各將帶徃緣由請托情節並年羹堯所行事蹟聲明，繕寫參章道達冤

抑之處，俱交與岳鍾琪轉奏，倘有不能聲明情由者俱仍着隨年羹堯前赴杭州學習，欽此。奴才袁士弼謹奏，竊奴才一介庸愚至微至陋，由辛丑科三甲武進士蒙聖祖仁皇帝賞給藍翎侍衛，於雍正元年拾貳月拾捌日皇上瀛臺殿試恩科武進士，閱視技勇，荷蒙殊恩特賜奴才三等侍衛，伏念奴才父袁立相現任山西太原鎮總兵官，躬受聖恩有加無已，奴才復受特恩感激無地，惟有矢志勤慎圖報聖恩於萬一，不意於雍正貳年拾壹月拾肆日管侍衛內大臣傳三旗漢侍衛在箭亭考試弓箭，本日大學士馬齊、管侍衛內大臣公馬爾賽、管侍衛內大臣馬武、夸岱，同原任川陝總督臣年羹堯閱看畢，年羹堯即令頭等侍衛李琰等拾伍人次日黎明預備引見，拾伍日申刻引見畢年羹堯令奴才等隨即赴陝，奴才急切無備，於拾陸日就道長行，於拾貳月初玖日到陝，奴才世受國恩又得列在侍衛班上行走，日近皇上御下，何等榮貴，豈肯夤緣徃陝，況奴才與年羹堯素不睹面，不但無夤緣之事亦並不曾萌夤緣之心，至年羹堯意欲帶奴才以為官員子弟或欲作質，當此乃年羹堯隱秘之情，但奴才父子兄弟受恩兩世，至優極渥，日夜思維圖報無地，且君父之恩至重至大，奴才雖未歷外任，其胸臆之中止知有皇上並不知有他人，斷不肯落年羹堯質子引父之術中，及至到陝年羹堯令隨從前在陝侍衛等行走，輪流上宿看守撫遠大將軍印篆，此猶國家之公事，惟年羹堯出入驅使侍衛，於禮統上殊覺不合，這是奴才冤抑處，是奴才怨年羹堯處，此奴才身歷目覩年羹堯所行事蹟，謹遵諭旨理合據實陳情，謹奏。

雍正叁年伍月貳拾捌日正白旗三等侍衛奴才袁士弼。

〔83〕正黃旗藍翎侍衛陳光祖奏覆被年羹堯帶徃陝西情由摺（雍正三年五月二十八日）[2]-[5]-125

正黃旗藍翎侍衛臣陳光祖謹奏，為欽奉上諭事。

臣鄙賤寒微，於辛丑科蒙聖祖仁皇帝高厚殊恩得中進士，欣感無地，次年遂蒙拔擢藍翎侍衛，榮幸深出意外，屢邀賞賚，即舉家粉身碎骨難報萬一，繼得隨侍我皇上，更蒙殊恩疊賞臣紬緞銀兩數次，私心慶幸，臣何人而得邀此優渥耶，癸卯恩科皇上殿試武舉，臣隨侍拿技勇，榮邀顧問，蒙賞緞疋，光榮無極，捐軀莫報，益加勤勵，逐日學習弓馬技勇，晝夜惟思竭盡駑駘，仰報高厚，且冀日觀天顏，庶得因以上進，不料於去冬十一月十四日忽奉管侍衛大臣馬爾賽傳說，欽奉聖旨着漢侍衛預備弓箭齊集箭亭較射，彼時大學士馬齊，三旗管侍衛大臣、原任陝西總督年羹堯公同挑選，臣竟挑入其列，實不知作何使用，

年羹堯說明晨你們隨我引見，次日皇上御養心殿引見畢，始知隨年羹堯赴陝，在臣私心與其隨外臣効勞，何若日侍我皇上得瞻天表，至榮至貴何愁上進無期，轉思陝西為用兵之地借此出力亦屬効忠之會，從年羹堯到陝，次日候見遇從前到陝隨大將軍印侍衛儀度達常明等說，大將軍吩咐着你們照我們一體行走出入擺對跟隨，輪流上夜，鞭鐙之下心實愧赧，後又着隨營看操，今幸奉聖旨着臣等將帶徃情由並年羹堯所行事蹟聲明繕摺與署川陝總督岳鍾琪轉奏。臣本微賤寒末，與年羹堯貴賤相遠，即喪心狂惑而欲為無恥鑽緣小人，則亦請托無門。至若年羹堯所行事蹟臣於去歲十二月二十日到陝，已是封印之期，看其行狀出則灑掃靜街，居則侍衛侍立，西安署將軍及副都統巡撫總兵等員出入俱由腳門，坐則側坐，問話單腿跪聽，副將等官出入跪接跪送，臣生長西安自幼從未見督臣有如此行徑，甚為駭然，轉思或者大將軍禮宜如此體統，凡此皆臣所目覩者也。其平常政聲民間亦有言好者亦有言不好者，此不過愚民口傳風聞，亦不足為憑，臣豈敢冒瀆天庭，在年羹堯舉趾乖張，行事驕縱難逃皇上睿鑒，謹具實進奏，臣不勝惶悚待罪之至。

雍正三年五月二十八日正黃旗藍翎侍衛臣陳光祖。

〔84〕正黃旗三等侍衛甯弘道奏覆被年羹堯帶徃陝西情由摺（雍正三年五月二十八日）[2]-[5]-126

正黃旗三等侍衛臣甯弘道謹奏，為欽奉上諭事。

於雍正叁年伍月貳拾陸日接署理川陝總督岳鍾琪抄發兵部咨文到臣，內開為欽奉上諭事，職方清吏司案呈，雍正叁年伍月拾柒日召入大學士馬齊等奉旨，去冬年羹堯奏請帶去補用人員內惟侍衛查爾扈係奉旨發去之員，其餘有請托年羹堯帶徃者，亦有年羹堯自欲帶徃者，此內亦有將督撫大臣官員子弟帶徃者，亦欲作質當帶徃者，是有感激年羹堯之人，亦有怨恨年羹堯之人，着伊等各將帶徃緣由請託情節並年羹堯所行事蹟聲明，繕寫參章道達冤抑之處，俱交與岳鍾琪轉奏，倘有不能聲明情由者俱仍着隨年羹堯前赴杭州學習，等因到臣，欽此欽遵。俯伏奏聞，竊臣年叁拾叁歲，係陝西西安府人，由兵丁中式辛卯科武舉，於康熙伍拾貳年蒙聖祖仁皇帝留京會試，隨旗行走三年，於伍拾肆年中式乙未科叁甲進士，於伍拾伍年正月內蒙聖祖仁皇帝賜藍翎侍衛，行走柒年，於陸拾年叁月內管侍衛內大臣馬爾賽保舉，蒙聖祖仁皇帝記名壹次，於雍正元年玖月內荷蒙皇上鴻恩閱射，特賜三等侍衛。竊思臣一介庸魯，荷蒙皇上

超擢，仰感皇恩浩蕩，未能圖報萬一，實欲日侍左右奔走內廷少効犬馬之力，不意於雍正貳年拾壹月拾肆日管侍衛內大臣傅臣等各備弓箭在內箭亭伺候，有大學士馬齊、管侍衛內大臣馬爾賽等同年羹堯看臣等較射挑選，於拾伍日引見，奉旨隨年羹堯赴陝。臣以為帶赴陝西出兵効力，庶得仰報皇上鞠養深恩，急欲起身，奈臣在京行走壹拾叁年，貧窮寒苦，諸物不備，不能同年羹堯一時起身，內有高其倬、袁士弼、徐潛行裝已備，於拾陸日隨年羹堯馳驛赴陝，臣在京住立數日借措盤費，於拾玖日方得起身，於拾貳月拾陸日到陝，不意到陝之日年羹堯吩咐乃着臣等同跟隨大將軍勅印的滿侍衛常明等一同輪班擺馬行走，彼時臣再四思維，臣乃皇上侍衛，伊何人斯，豈可聽伊指使，意實不從，現有皇上大將軍勅印在陝，因此不敢抗違，此中實有冤抑。於本年正月內年羹堯吩咐不必擺馬，着隨督撫各官操演兵馬，習學營規，竊臣原係微末小戶人家，非官員子弟，實無請託情節，況臣在京荷蒙皇上格外隆恩特賜三等侍衛，臣仰顧皇恩知遇之恩，不惟不敢存請託之心，即欲請託尚復何求，伏乞聖裁。其年羹堯所行事蹟難逃皇上洞鑒，臣至愚至陋，年羹堯所行事蹟詳細之處臣實不知，但見年羹堯自京到陝以來，妄恃平西之功，又恃大將軍勅印在彼，日肆驕傲全無謙抑之懷，即此一節已負國恩，其所行事蹟詳細之處臣實不知，焉敢冒陳，伏乞皇上隆恩睿鑒施行，謹此奏聞。

雍正叁年伍月貳拾捌日

〔85〕候補知府高璥奏覆被年羹堯帶往陝西情由摺（雍正三年五月二十八日）[2]-[5]-127

候補知府奴才高璥謹奏，為遵旨繕奏事。

雍正三年五月二十七日奉署川陝總督岳鍾琪行文，內開雍正三年五月二十六日准兵部咨，為欽奉上諭事，雍正三年五月十七日召入大學士馬齊、嵩祝，協理大學士事務尚書徐元夢、大學士田從典，奉旨去冬年羹堯奏請帶去補用人員內惟侍衛查爾屪係奉旨發去之員，其餘有請托年羹堯帶往者亦有年羹堯自欲帶往者，此內有將督撫大臣官員子弟帶往者，亦欲作質當帶往者，是有感激年羹堯之人亦有怨恨年羹堯之人，着伊等各將帶往緣由請託情節並年羹堯所行事蹟聲明，繕寫參章道達冤抑之處俱交與岳鍾琪轉奏，倘有不能聲明情由者俱仍着隨年羹堯前赴杭州學習，欽此欽遵。竊奴才與前任川陝總督年羹堯原係同旗，奴才隨父高其佩在四川按察司任所，因此認識年羹堯，遂以奴才無

力捐納，曾為幫助，迨奴才父親荷蒙皇上特恩內陞京卿，奴才即隨父進京在部候選。雍正二年十月二十六日年羹堯轉傳諭旨帶領奴才引見，奴才跪叩天顏，仰蒙皇上諄諄訓誡，着奴才即隨年羹堯赴陝補用，奴才惟有感戴弘恩，欽遵諭旨於雍正二年十二月二十七日到西安，此年羹堯奏請將奴才帶來之緣由也。在年羹堯以奴才為同里同旗，故相援引，在奴才與年羹堯地分懸絕，從無請托，且奴才在西安捐班已經頂選，本無庸其帶來陝西守候補用，此奴才實無請托之情由也，至奴才父親叨蒙皇上簡任大臣，奴才之伯叔俱外任大吏，一門之內世祿世官，戴沐皇上隆恩至深至渥，奴才雖尚未任職，然矢懷立志感激奮勉，即奴才父親頻加教誨，時時警惕，祇知有聖主恩深，日切仰戴，如年羹堯所行事蹟奴才苟有見聞欽奉諭旨有何瞻避，敢不逐一臚列，自蹈欺負之罪，祇緣奴才到陝日淺，並未有行走辦事之處，不能深知，但見年羹堯威勢赫奕，文武大小官見之無不膽顫，出入用侍衛頂馬擺對，奴才目覩如此，謹據實具奏，伏乞皇上睿鑒施行。

雍正叁年伍月壹拾捌日

〔86〕署山西巡撫伊都立奏暫委副將魏麟護理大同總兵官印信摺（雍正三年五月二十八日）[2]-[5]-128

署山西巡撫事務刑部左侍郎臣伊都立謹奏，為奏明事。

伍月貳拾叁日接兵部咨文，奉旨，大同總兵官馬覿伯人平常，行止不端，在軍前時曾與將軍等瑣細爭競之處，甚屬卑賤無恥，着革退總兵官，發往阿爾泰軍前管轄綠旗種地官兵効力行走，大同地方甚屬緊要，這總兵官員缺着王以謙補授，欽此欽遵。臣查總兵官離任例應副將護印，臣已檄委殺虎協副將魏麟前往護印，俟新任鎮臣王以謙到來即將印信送交，所有委員護印緣由理合奏明，謹奏。

雍正叁年伍月貳拾捌日署理山西巡撫事務刑部左侍郎臣伊都立。

硃批：知道了，此當具題報部者，為何摺奏。

〔87〕署山西巡撫伊都立奏陳年羹堯劣跡數端摺（雍正三年五月二十八日）[2]-[5]-129

署理山西巡撫事務刑部左侍郎臣伊都立謹奏，為奏明事。

竊見原任川陝總督今調杭州將軍年羹堯營私罔利，掠美市恩，種種狂悖已蒙聖明洞燭，勅下廷臣嚴加察議，但臣思年羹堯世受國恩，至深至厚，不知圖

報，反肆欺妄，實為天下之所同仇，臣民之所共憤，凡有聞見即當入告使其略無容隱，然後按款問擬，明正其罪，庶足以彰國法而懲奸詐。臣從前歷任內廷未能盡悉其詳，今就臣晉省所聞數端為我皇上陳之，如先年西塞用兵，選調直隸山東山西河南肆省官員赴甘肅効力，蒙上諭令年羹堯酌量發回原任，此誠皇上仁慈浩蕩加恩臣下之至意，乃年羹堯輒借端勒令每員幫助銀肆千兩，現據軍前効力山西太平縣參革知縣張學都具呈，并執有護理平慶臨鞏按察司印臨洮府知府王景灝轉行牌票可據，且牌內稱有東省道員程之煒捐例可援，一省如是他省可知，臣不識此項所幫何事作何開銷。又如山陝兩省樂籍之人沉淪已久，蒙皇上聖仁御宇，首端風化，悉令改籍為良，實出乾剛獨斷，乃年羹堯攘為己功，播揚兩省，一時傳為美談，更風聞有澤州樂籍竇經榮其人者，被羹堯索謝銀拾萬兩，尤為謬妄。至於晉省各官虧空纍纍，皆由大同府參革知府欒廷芳借名軍需苛派所致，乃年羹堯於廷芳被參之後輒以為有各屬欠項可抵廷芳虧空，欲帶徃陝省，蒙聖明鑒察仍留在晉審追，至今通省猶聞年羹堯受廷芳賄囑之談，雖未知其確數而人言籍籍諒非無因，臣現在提訊廷芳，俟有確供另行摺奏，臣荷蒙聖恩以卿貳委署巡撫，既有所聞曷敢容隱，謹繕摺具奏，伏乞皇上睿鑒施行，謹奏。

雍正叁年伍月貳拾捌日署理山西巡撫事務刑部左侍郎臣伊都立。

硃批：此事已發出。

〔88〕浙江巡撫法海奏覆與年羹堯關係並俟其到任留心防之摺（雍正三年五月二十八日）[2]-[30]-295〔註44〕

浙江巡撫臣法海謹奏。

臣伏讀硃批年羹堯諭旨，欽此欽遵，仰見我皇上蕩平正直，覆載如天，凡恩威予奪皆隨臣子之器量，其一時之禍福無不自己求之，是今日之年羹堯大非昔日之年羹堯也，臣與年羹堯雖俱是進士出身，素未嘗相往來，及臣為廢官獲罪從征，樓身古寺，守分五年，因年羹堯過訪遂從此相識，彼時臣見年羹堯居心行事似乎一團忠氣，故敬禮之，敬大臣乃所以尊朝廷也，今年羹堯學問既不能以克己而寵貴，適足以長傲，其居心行事狂妄已極，復蒙皇上寬恩宥罪，仍予以自新之路，調為杭州將軍，正當粉身碎骨仰答高深可也，若從此不悛，包藏禍心，即人人可得而誅之矣，臣少長於君，雖在奔走効力之下，曾於忠誠之

道夙承庭訓，臣之成見佞不能亂，彼即巧言如簧其奈臣心似鐵也（硃批：三字信得你及），年羹堯尚未抵任，俟其到浙之日臣外面禮貌（硃批：甚好甚好），仍照常不露（硃批：是極是極），留心防之，觀其舉止再具摺上聞，臣謹奏。

硃批：年羹堯朕之愧恨亦書不盡矣，見面再向你備諭。

附錄修訂摺一件浙江巡撫法海奏報與年羹堯關係摺（雍正三年五月二十八日）[2]-[5]-132〔註45〕

浙江巡撫臣法海謹奏。

臣伏讀硃批年羹堯諭旨，欽此欽遵，仰見我皇上蕩平正直，覆載如天，凡恩威予奪皆隨臣子之器量，其一時之禍福無不自己求之，是今日之年羹堯大非昔日之年羹堯也。臣與年羹堯雖俱是進士出身，素未嘗相往來，及臣為廢官獲罪從征，棲身古寺，守分五年，因年羹堯過訪遂從此相識，彼時臣見年羹堯居心行事似乎一團忠氣，故敬禮之，敬大臣乃所以尊朝廷也。今年羹堯之居心行事狂妄已極，復蒙皇上寬恩宥罪，仍予以自新之路，調為杭州將軍，正當粉身碎骨仰答高深可也，若從此不悛，包藏禍心，即人人可得而誅之矣，臣少長于君，雖在奔走効力之下，曾於忠誠之道夙承庭訓，臣之成見，佞不能亂，彼即巧言如簧其奈臣心似鐵也（硃批：此三字朕信得及汝），年羹堯尚未抵任，俟其到浙之日臣外面禮貌（硃批：如此甚好），仍照常不露（硃批：是極），留心防之，觀其舉動，再具摺上聞，謹奏。

硃批：朕為年羹堯之愧恨，筆墨亦書寫不盡，來京見朕時再向汝備諭也。

〔89〕揀選知縣馬世輝奏覆被年羹堯帶往陝西情由摺（雍正三年五月）[2]-[5]-140

揀選知縣奴才馬世輝係正黃旗人，為遵旨繕摺奏明事。

竊奴才以捐納微員荷蒙皇上天恩屢邀揀選之列，寸長未展，報効情深，於雍正貳年拾壹月內奉吏部遵旨揀選發往陝省聽用，引見時仰聆天語，人去得，奴才頂戴弘恩，自謂報稱有日，不意赴陝半載以來總督年羹堯僅得壹見，不但補用無地，欲求再見不能，奴才雖非大臣子弟，亦非質當之員，而棄斥如遺，置之不問實有負皇上揀選遴材之至意，而殊非大臣忠君愛國實心，奴才雖不敢遽生怨恨，而屈抑之私無由呼籲，則奴才之往陝並無請託情節不辯自明矣。

〔註45〕本奏摺文內無日期，標題日期為《雍正朝漢文硃批奏摺彙編》一書編者所加，此摺《雍正朝漢文硃批奏摺彙編》獨立編號，經輯者辨識為修訂摺。

至若年羹堯居官行事之處奴才以聽用微員尊卑濶絕,亦無從目擊而悉數之,不惟縱恣矜驕,亦且妄自尊大,視聖旨為泛常,以國法為弁髦,誠難逃聖明之洞鑒者也,奴才不敢壹字涉虛,謹遵俞旨據實繕摺奏聞。

雍正叁年伍月　日

〔90〕揀選知縣佟世祚奏覆被年羹堯帶往陝西情由摺（雍正三年五月）[2]-[5]-141

揀選知縣奴才佟世祚為欽奉上諭事。

奴才係正藍旗漢軍佟世祺佐領下人,祖佟壯年原任正藍旗都統,父佟國勷原任江西巡撫,世受皇恩涓埃未報,奴才緣遵陝捐米例由翰林院孔目又捐京衛武學教授應陞知縣,於雍正貳年捌月內赴部投供,於拾壹月內奉吏部嚴示揀選陝西,官員有壹名不到者嗣後不與揀選之列等語,於初拾日過堂驗到,於拾叁日吏部各大人與原任川陝總督年羹堯公同揀選,於拾伍日引見,蒙皇上霽顏云,奴才年紀雖小亦覺伶俐,跪聆之下感激無地,遂隨川督到陝,屢次投稟,不識何心並未傳見,今欽奉諭旨令奴才將年羹堯帶往原由請託情節並年羹堯所行事蹟聲明繕寫,伏思奴才至愚極陋世居輦轂之下,家訓甚嚴,毫不敢妄干外事,雖得與揀選,實蒙皇上天恩,並無請託情節。至年羹堯所行事蹟奴才目覩令侍衛頂馬引導,輪班值宿,似屬不合,其餘伏讀皇上疊頒諭旨,嚴飭責儆,已悉在聖明洞燭之中,無庸奴才之縷陳也,緣係奉旨事理,謹據實繕摺奏聞,伏乞皇上睿鑒施行,謹奏。

雍正叁年伍月　日揀選知縣奴才佟世祚。

〔91〕正白旗二等侍衛施景範奏覆被年羹堯帶往陝西情由摺（雍正三年五月）[2]-[5]-142

正白旗二等侍衛臣施景範謹奏,為欽奉上諭事。

於雍正三年五月二十六日接川陝總督岳鍾琪抄咨,內開准兵部咨文,為欽奉上諭事,職方清吏司案呈,雍正三年五月十七日奉旨,去冬年羹堯奏請帶去補用人員內有請託帶往等情節,各將帶往緣由請託情節並年羹堯所行事蹟聲明,繕寫參章,俱交與岳鍾琪轉奏,倘有不能聲明情由者俱仍着隨年羹堯前赴杭州學習,等因到臣,臣欽此欽遵,聲明情由,伏乞我皇上睿鑒。竊念臣原係陝西延安府靖邊人,由武生中式癸巳科武舉,於康熙六十年蒙部推選山東德州衛千總,遵奉千把會試新例,於雍正元年荷蒙皇上恩科中第十名進士,又蒙殿

試列名一甲第三，叨賜二等侍衛隨旗行走。不意於雍正二年十一月十四日有管侍衛內大臣傳諭着各備弓箭在內箭亭伺候，彼時有大學士馬齊同管侍衛內大臣馬爾賽等並總督年羹堯較射挑選，臣等原係內大臣挑就，並無請托情節，隨於次日十五馬爾賽帶領引見，荷蒙皇恩着令臣等隨年羹堯，即於十六日起身後西去，次日惟有三等侍衛袁士弼藍翎侍衛高其傃徐潛三人行裝齊備，馳驛跟隨年羹堯赴陝，因臣出身草茅青衿，家本寒微小戶，在京荷蒙皇上祿養，方得存立，一旦倉促起程，腳力盤費一無所措，因於年羹堯處懇請寬限數日，備貨典當，百方設處，於十一月十九日始獲起程，於十二月十六日到陝，臣之本心實想捐麋頂踵軍前効力，聊酬皇恩。顧我皇上洪福齊天，西事平定，年羹堯吩咐着臣等在陝同滿侍衛常明偏圖等輪班看守大將軍勑印，限隨引道行走。臣竊思身係皇上侍衛，守印分所當為，詎肯跟隨總督引道着役，但因大將軍勑印所在不敢違拟。後於雍正三年正月內年羹堯吩咐着臣等每日跟隨標下各官下教場操兵學習，以上俱係臣在陝情由。其年羹堯所行事蹟臣等在陝看守大將軍勑印，引道行走，暨同各官操兵學習，即偶有少暇，只有望闕九叩，戀主之心實難自已，臣固陋愚，處實無所知，況臣以寒微青衿，叨蒙皇恩，身登科第，拔置侍衛，方且感激有心圖報無地，夙夜撫躬願效愚忠，倘有見聞敢不據實披陳，上答清問，臣委係愚魯鮮識無據聲明，謹此冒陳，叩乞皇上隆恩睿鑒施行。

　　雍正叄年伍月日正白旗二等侍衛臣施景範謹奏。

〔92〕署川陝總督岳鍾琪奏年羹堯交代清楚起程赴杭摺（雍正三年六月初一日）[2]-[5]-144

　　世襲三等公署理四川陝西總督印務四川提督拜他喇布勒哈番臣岳鍾琪謹奏，為欽奉上諭事。

　　雍正三年五月二十八日准兵部咨，二十九日又准吏部咨，雍正三年五月二十日召入大學士馬齊，協理大學士事務尚書徐元夢，大學士田從典，奉旨，將年羹堯解退大將軍總督職任，補授杭州將軍，陝西通省滿漢官兵民人羣稱得命，復見天日，靡不歡忭，聞得年羹堯繫戀總督職任，又設法揚言將行李發往，巧圖仍留原任，自負為良臣，欲加朕以遺棄功臣之名，眩惑營求彼處兵民等，年羹堯既負朕恩，辱朕顏面，令眾憎惡至此，尚復如此營求，誠為不識羞恥者，間有愚人或貪圖年羹堯財物，或仍畏年羹堯威勢，代為具呈，朕必照逆黨例從重治罪，斷不寬宥，年羹堯應交岳鍾琪事件着作速交代，急赴杭州任所，將此

行文岳鍾琪及該撫等，令其知悉，欽此欽遵，咨行到臣。臣查前督臣年羹堯在於五月十七日從西安起程前往杭州去訖，其一切應交事件臣亦接代明白，現在料理，在起程之日臣與同城滿漢文武各官俱在郊外候送，並觀其行色，見有督標兵丁止有外委數十人出送，悉皆平日得年羹堯資財之人也，臣俱密記其姓名，此外並無百姓人等送行，市肆倍覺歡然（硃批：朕實愧之，可愧可愧），此即年羹堯平日恣行威福，無有德愛及人之驗也，仰蒙聖主明燭萬里，調任杭州，大愜軍民之望，臣凜奉諭旨，隨即通行川陝大小各官咸使知悉外，又出示四門曉諭兵民盡悉，暗行察看，告示之下觀聽擁擠，稱年羹堯欺上枉下，昧心不好者如出一口，臣見此等情形，竊念年羹堯身蒙聖主奇恩異數，莫可比倫，不思竭盡精誠以圖仰報，乃驕縱狂妄，恣逞威福，此臣向來所知，今到西安清理一切總督案件，始又知其居心行事無徃非貪，苦虐兵民，忍心害理，憑愛憎以進退人材，施詭譎以悖違正道（硃批：都是實情，朕惟仰天自怨耳），巧詐飾非，攬權賊下，不止一事一端，臣雖共事有素，跡其作用，不勝憤懣，現在釐剔，自當隨事奏聞，斷不敢代為欺隱（硃批：理當如是也，要天下後世人知道朕若負他上天必重加譴責與朕，總古史冊所載年羹堯可謂第一負心人也，豈有此理，真所謂喪心病狂，不然豈人心之所能忍為者乎，即至今日毫不知悔懼，朕實不解，奈何奈何），謹敢繕摺覆奏，伏乞睿鑒，奏匣拜進無餘，仍用夾板恭齎，合併聲明，謹奏。

雍正三年六月初一日具。

附錄修訂摺一件

世襲三等公署理川陝總督臣岳鍾琪謹奏，為欽奉上諭事。

竊臣准吏兵二部咨，雍正三年五月二十日召入大學士等奉旨，頃將年羹堯解退大將軍總督職任，補授杭州將軍，陝西通省滿漢官兵民人羣稱得命，復見天日，靡不歡忭，聞得年羹堯繫戀總督職任，又設法揚言將行李發徃，巧圖仍留原任，自負為良臣，欲加朕以遺棄功臣之名，眩惑營求彼處兵民等，年羹堯既負朕恩，辱朕顏面，令眾憎惡至此，尚復如此營求，誠為不識差恥者，間有愚人或貪圖年羹堯財物，或仍畏年羹堯威勢，代為具呈，朕必照逆黨例從重治罪，斷不寬宥，年羹堯應交岳鍾琪事件着作速交代，急赴杭州任所，將此行文岳鍾琪及該撫等令其知悉，欽此欽遵，咨行到臣。臣查前督臣年羹堯在于五月十七日從西安起程前往杭州去訖，其一切應交事件臣亦接代明白，現在料理。在起程之日臣與同城滿漢文武各官俱在郊外候送，並觀其行色，見有督標兵丁

止有外委數十人出送，悉皆平日得年羹堯資財之人也，臣俱密記其姓名，此外並無百姓人等送行，市肆倍覺歡然（硃批：朕實赧顏，可愧可愧），此即年羹堯平日恣行威福，無有德愛及人之驗也，仰蒙聖主明燭萬里，調任杭州，大愜軍民之望，臣凜奉諭旨隨即通行川陝大小各官咸使知悉外，又出示四門曉諭兵民盡悉，暗行察看，告示之下觀聽擁擠，稱年羹堯欺上枉下，昧心不好者如出一口，臣見此等情形，竊念年羹堯身蒙聖主奇恩異數，莫可比倫，不思竭盡精誠以圖仰報，乃驕縱狂妄，恣逞威福，此臣向來所知，今到西安清理一切總督案件，始又知其居心行事無往非貪，苦虐兵民，忍心害理，憑愛憎以進退人材，施詭譎以悖違正道（硃批：種種惡蹟無一非實，朕惟自怨自艾耳，夫復何言），巧詐飾非，攬權賊下，不止一事一端，臣雖共事有素，跡其作用，不勝憤懣，現在釐剔，自當隨事奏聞（硃批：理當如是，須令天下後世知之），斷不敢代為欺隱，謹敢繕摺覆奏，伏乞睿鑒，謹奏。

硃批：朕若負心，上天必加譴責，歷觀史冊所載，年羹堯可謂第一負恩人也，是誠所謂喪心病狂，否則豈人情物理中所當有者，至今日尚毫不知悔懼，實為朕所不解。

〔93〕署川陝總督岳鍾琪奏遵旨辦理年羹堯離任諸事摺（雍正三年六月初一日）[2]-[5]-145

世襲三等公署理四川陝西總督印務四川提督拜他喇布勒哈番臣岳鍾琪謹奏，為欽奉上諭事。

雍正三年五月二十六日臣接准兵部咨文，內開職方清吏司案呈，雍正三年五月十七日召入大學士馬齊、嵩祝，協理大學士事務尚書徐元夢，大學士田從典，奉旨，從前年羹堯所奏事件朕所降諭旨，並硃批諭旨甚多，有交部者，亦有未曾交部者，其前後所奏事件多有互相舛謬之處，行文年羹堯着將諾木渾等帶往杭州，年羹堯所奏一切事件，朕所降一切諭旨並硃批諭旨俱着察明具奏，俟察明具奏時將伊等如何措置之處着年羹堯請旨具奏，至去冬年羹堯奏請帶去補用人員內惟侍衛查爾厄係奉旨發去之員，其餘有請托年羹堯帶往者，亦有年羹堯自欲帶往者，此內亦有將督撫大臣官員子弟帶往者，亦欲作質當帶往者，是有感激年羹堯之人，亦有怨恨年羹堯之人，着伊等各將帶往緣由請托情節並年羹堯所行事蹟聲明，繕寫參章，道達冤抑之處，俱交與岳鍾琪轉奏，倘有不能聲明情由者俱仍着隨年羹堯前赴杭州學習，高其倬之弟高其儀着發回

來京，至于前歲朕揀選發與年羹堯之侍衛俱係皇考時所用，在朕左右隨侍之人，特欲伊等効力軍前，黽勉勤勞，並非令為年羹堯廝役而供其驅使也，伊等至彼，貪其資財，為年羹堯前引後隨，且為墜鐙，竟以奴僕聽命而行，伊等既甘卑賤如此，即令跟隨年羹堯前往杭州，到杭州時將伊等作何措置之處着年羹堯請旨具奏，欽此。相應行文署川陝總督岳鍾琪欽遵，并轉行諾木渾等一體欽遵可也，等因到臣。臣查前督臣年羹堯已於五月十七日從西安起程赴杭州將軍任訖，諾木渾現與藩司圖理琛交代，臣隨行令圖理琛作速清查，可否即放諾木渾前往杭州，當據圖理琛覆稱，司庫交代例限兩月，況西安庫貯自康熙六十年至今尚未奏銷，其間頭緒繁多，冊籍充棟，斷難尅期清楚，今諾木渾自應遵旨速往，我焉敢稽留（硃批：自然待清楚後發往），現責經承檢出批領卷宗，俟逐項查明，始知有無虧缺，如果清楚方可出結，倘有不清，自應奏請裁奪，奚能代人受過等語。臣又細查陝西司庫不獨正供有歷年混冒之處〔註46〕，即前督臣年羹堯猶有明加火耗解司，以一錢四分抵補虧空，其果已抵補何案虧空之處，尚無着落，並無檔案，又有私捐俸工作何用銷之處，亦未明晰，俱干重大，必須諾木渾當面指對，方可清楚，似難令之即去杭州，應俟于兩月交代限內着查清楚，圖理琛接受出結乃可令之起身（硃批：是，已有旨展限矣），臣未敢擅便，相應據實奏聞請旨。其外鑲黃旂漢軍拖沙喇哈番唐光稷，鑲藍旂內閣中書春山，筆帖式趙成、赫倫泰、戴蘇、德爾太、福祿等七員俱應年羹堯帶往杭州之員，今年羹堯先自起程，臣恐諸人逗留，隨起具文書，差千總楊明伴送杭州去訖，俟伴送到杭交收明白，取據年羹堯回文到日再行奏報（硃批：好）。再查年羹堯在上冬奏請帶到西安補用人員內除侍衛查爾扈係奉旨發去之員外，在西安者有翰林院編修金以成、汪受祺、胡彥穎，檢討寶啟瑛等四員，候選候補知府高大魁、許登瀛、高璈，同知關聯璧，知州汪元佑，知縣王琰、戴維賢，陸綱，馬世輝，朱廷宬，佟世祚，主事丁松等十二員，二等侍衛畢暎，三等侍衛楊垣、甯弘道、袁士弼、施金範、周儀，藍翎侍衛六十五、陳光祖、李竣、徐潛共十員，內有知府高大魁於本年四月十九日年羹堯委解西安司庫銀二十萬兩赴甘肅巡撫衙門未回，又年羹堯將侍衛李竣委署延綏鎮右營守備，徐潛委署寧夏鎮屬同心城守備，俱不在西安，臣已飛檄行調去訖，俟到日各令補寫參章，交臣續奏外，今現有文武官二十三員各寫參章交臣，共二十三封，理合彙奏天聽，至高其倬之弟高其儀臣已起發赴京，咨明內部訖，再有前歲蒙聖

〔註46〕此處原文空格，輯者據文意補「處」字。

主揀選發與年羹堯之侍衛，臣查前督臣年羹堯已於本年四月二十四日奏繳大將軍印信，俱已跟隨印信赴京訖，止有頭等侍衛劉可德一員未曾跟隨印信進京，今在西安，臣已遵旨令同唐光穆等並往杭州，到杭州時將伊作何措置之處，着年羹堯請旨具奏，所有遵奉諭旨事理，臣已分別料理緣由，謹先繕摺回奏，伏乞睿鑒，謹奏。

雍正三年六月初一日具。

硃批：已有旨了。

附錄修訂摺一件

同日又奏，為欽奉上諭事。

雍正三年五月二十六日臣接准兵部咨文，內開雍正三年五月十七日召入大學士等奉旨，從前年羹堯所奏事件，朕所降諭旨，並硃批諭旨甚多，有交部者亦有未曾交部者，其前後所奏事件多有互相舛謬之處，行文年羹堯着將諾木渾等帶往杭州，年羹堯所奏一切事件，朕所降一切諭旨並硃批諭旨俱着察明具奏，俟察明具奏時將伊等如何措置之處着年羹堯請旨具奏，至去冬年羹堯奏請帶去補用人員內惟侍衛查爾屇係奉旨發去之員，其餘有請托年羹堯帶往者，亦有年羹堯自欲帶往者，此內亦有將督撫大臣官員子弟帶往者，亦欲作質當帶往者，是有感激年羹堯之人，亦有怨恨年羹堯之人，着伊等各將帶往緣由請託情節並年羹堯所行事蹟聲明，繕寫參章，道達冤抑之處，俱交與岳鍾琪轉奏，倘有不能聲明情由者俱仍着隨年羹堯前赴杭州學習，高其倬之弟高其儵着發回來京，至于前歲朕揀選發與年羹堯之侍衛俱係皇考時所用，在朕左右隨侍之人，特欲伊等効力軍前，黽勉勤勞，並非令為年羹堯厮役而供其驅使也，伊等至彼貪其資財，為年羹堯前引後隨，且為墜鐙，竟以奴僕聽命而行，伊等既甘卑賤如此，即令跟隨年羹堯前往杭州，到杭州時將伊等作何措置之處着年羹堯請旨具奏，欽此。相應行文署川陝總督岳鍾琪欽遵，并轉行諾木渾等一體欽遵可也，等因到臣。臣查前督臣年羹堯業已起身赴杭，諾木渾現與藩司圖理琛交代，臣隨行令圖理琛作速清查，可否即放諾木渾前往杭州，當據圖理琛覆稱，司庫交代例限兩月，況西安庫貯自康熙六十年至今尚未奏銷，其間頭緒繁多，冊籍充棟，斷難尅期清楚，今諾木渾自應遵旨速往，我焉敢稽留，現責經承檢出批領卷宗，俟逐項查明（硃批：自應交代清楚後令其前往），始知有無虧缺，如果清楚方可出結，倘有不清自應奏請裁奪，奚能代人受過等語。臣查藩司檔案俱關重大，必須諾木渾當面指對，方可清楚，似難令之即去杭州，應俟于兩

月交代限內着查清楚，圖理琛接受出結乃可令之起身，臣未敢擅便（硃批：所奏是，已有旨展限矣），相應據實奏聞請旨。其外鑲黃旗漢軍拖沙喇哈番唐光稷，鑲藍旗內閣中書春山，筆帖式趙成、赫倫泰、戴蘇、德爾太、福祿等七員俱應年羹堯帶徃之員，今年羹堯先自起程，臣恐諸人逗留，隨起具文書，差員伴送杭州去訖，俟到杭交收明白，取據年羹堯回文到日再行奏報（硃批：好）。再查年羹堯在上冬奏請帶到西安補用人員內除侍衛查爾扈係奉旨發去之員外，在西安者有翰林金以成等四員，候選候補府州縣高大魁等十二員，侍衛畢暎等十員，內有知府高大魁於本年四月內羹堯委解西安司庫餉銀赴甘未回，又年羹堯將侍衛李竣委署延綏鎮右營守備，徐潛委署寧夏鎮屬同心城守備，俱不在西安，臣已飛檄行調去訖，俟到日各令補寫參章，交臣續奏外，今現有文武官二十三員各寫參章交臣，共二十三封，理合彙奏天聽，至高其倬之弟高其儀臣已起發赴京，咨明內部訖。再有前歲蒙聖主揀選發與年羹堯之侍衛，臣查前督臣年羹堯已于本年四月二十四日奏繳大將軍印信，俱已跟隨印信赴京訖，止有頭等侍衛劉可德一員未曾跟隨印信進京，今在西安，臣已遵旨令同唐光稷等並徃杭州，其作何措置之處，着年羹堯請旨具奏，所有遵奉諭旨辦理緣由，謹先繕摺回奏，伏乞睿鑒，謹奏。

雍正三年六月初一日

硃批：已有旨矣。

〔94〕署川陝總督岳鍾琪奏報留陝試用年羹堯所帶武員二人摺（雍正三年六月初一日）[2]-[5]-146

世襲三等公署理四川陝西總督印務四川提督拜他喇布勒哈番臣岳鍾琪謹奏，為奏明事。

竊臣案查雍正二年十二月十三日前督臣年羹堯准兵部咨開，為兼銜事，雍正二年十一月十五日據兵部尚書盧詢、侍郎欽拜、楊汝穀面奉上諭，浙江台州副將蔡良，江南潛山營游擊楊鳳起交與大將軍年羹堯帶去試看，欽遵在案。臣到任查兩員在陝守候（硃批：此二人特過於伶俐，皆隆科多門下走狗，在朕前將隆科多名字都不能喚，對朕皆奏曰舊舊隆云云，朕已明諭年羹堯，他應密傳旨與你，為何不曾言及二人，人原去得，非端人也，留心用看，如果知改過明大體尚屬可用之才，然朕看此二人不好，試看後據實奏聞，亦不可冤抑人），年羹堯並未曾有試看之處，臣因將蔡良委署西安城守營參將印務游擊，楊鳳起委署臣標右營游擊印務，試看才力何如，其去得去不得之處，俟試看確切另行

啟奏，謹先具摺奏聞，伏祈睿鑒，謹奏。

雍正三年六月初一日具。

附錄修訂摺一件

同日又奏，為奏明事。

竊臣案查雍正二年十二月十三日前督臣年羹堯准兵部咨開，雍正二年十一月十五日據兵部尚書盧詢等面奉上諭，浙江台州副將蔡良、江南潛山營游擊楊鳳起交與大將軍年羹堯帶去試看，欽遵在案。臣到任查兩員在陝守候，年羹堯並未曾有試看之處，臣因將蔡良委署西安城守營參將印務，楊鳳起委署臣標右營游擊印務，試看才力何如，其去得去不得之處，俟試看確切另行啟奏，謹先具摺奏聞，伏祈睿鑒，謹奏。

硃批：蔡良、楊鳳起不患其無才，患其過於伶俐，二人皆係隆科多門下犬馬，前於引見時乃不敢直呼其名，在朕前奏稱舅舅隆科多云云，朕將此等處曾經諭明年羹堯，伊為何竟不轉述於爾，若論人材，俱屬可用，惟嫌其品行不端，留心試看，如有悔過自新之誠，尚非棄物，但恐不明大體，未肯改弦易轍耳，試看後據實奏聞，亦不可令其稱屈。

〔95〕署川陝總督岳鍾琪奏為年羹堯審擬宗扎布立斬一案未經請旨摺（雍正三年六月初一日）[2]-[5]-147

世襲三等公署理四川陝西總督印務四川提督拜他喇布勒哈番臣岳鍾琪謹奏，為請旨事。

竊臣案查雍正三年四月十三日前督臣年羹堯准兵部咨開，為欽奉上諭事，雍正三年四月初七日內閣發出批本，侍讀學士常壽等將年羹堯審擬宗扎布[註47]立斬一案傳旨，着大學士等行文年羹堯，今冬年羹堯來京時將宗扎布案內所關人犯俱帶來京，到日再行諭旨，欽此欽遵，合行知會在案，今前督臣年羹堯已陞杭州將軍，赴任去訖，此案未結事理，相應另行請旨，為此繕摺具奏，伏乞睿鑒施行，謹奏。

雍正三年六月初一日具。

硃批：已有旨了。

〔註47〕《欽定八旗通志》卷三百二十四作蒙古鑲黃旗副都統宗查布。《平定準噶爾方略》卷五頁二十一作副都統宗扎卜。《陝西通志》卷二十三頁四十二作西安將軍宗扎布。

〔96〕署川陝總督奏報委用許容署理西安臬務摺（雍正三年六月初一日）[2]-[5]-148

世襲三等公署理四川陝西總督印務四川提督拜他喇布勒哈番臣岳鍾琪謹奏，為奏聞事。

竊照陝西西安按察司黃焜上荷聖恩，陞授河南布政司，臣於五月十三日到任，該司即詳請委署，臣念秋審事大，非委員可理，因為遲留，今於五月二十六日臣會同署撫布政司臣圖理琛已將秋審案件會審畢，臣隨委西安糧道許容署理臬務（硃批：委署可謂得人），俟交代明白即令黃焜馳赴河南新任，相應奏聞，伏乞睿鑒，謹奏。

雍正三年六月初一日具。

硃批：知道了。

附錄修訂摺一件

同日又奏，為奏聞事。

竊照陝西西安按察司黃焜上荷聖恩，陞授河南布政司，臣於五月十三日到任，該司即詳請委署，臣念秋審事大，非委員可理，因為遲留，今於五月二十六日臣會同署撫布政司臣圖理琛已將秋審案件會審畢，臣隨委西安糧道許容署理臬務（硃批：委署可謂得人），俟交代明白即令黃焜馳赴河南新任，相應奏聞，伏乞睿鑒，謹奏。

硃批：知道了。

〔97〕直隸總督李維鈞奏陳與年羹堯關係摺（雍正三年六月初一日）[2]-[5]-150

兵部尚書兼督察院副都御史總督直隸等處地方加叁級紀錄玖次臣李維鈞謹奏，為謹抒下情仰祈睿鑒事。

切臣與年羹堯向屬交好，自去年拾壹月貳拾日蒙皇上硃批令臣漸漸遠之，臣恪遵諭旨遂與疏遠，惟於歲杪有前督臣趙弘燮繼子由保定赴西安，臣順寄一書，亦候問常語，自今年正月以至於今實無一字一人來往，臣內問諸心斷不敢自負欺天之罪也，輾轉思維祇有臣之胞姪李宗渭在年羹堯處効力有年，雖不見用，然隨班行走，壹月數次諒所必有人見（硃批：凡辯皆不知過，既不知過，何能望改，若不令年羹堯實恨，朕意斷不能釋然，後續參奏，朕

疑全解時自有明諭，豈在此數句套文詐語乎，務真），臣之嫡姪在年羹堯之門
形跡疑似，臣之不與年羹堯往來誠難取信，或指臣姪暗中來往亦未可定，今
幸蒙皇上開恩已不罪臣，然臣猶日夜悚惕，況年羹堯雖經離任而舊日從事之
人未必盡斷其門（硃批：任他自趨死路，再不能逃朕之手，如此則不肖子也），
即臣姪亦未能獨遠，臣實惴惴尤切憂懼，臣於正月內欲叫臣姪來保，曾經面
奏蒙聖諭不必，是以未即叫回（硃批：叫回來形跡雖泯，朕疑不能釋，正要
他隨他），今臣欲行叫回以絕形跡之疑似，謹披誠瀆奏，伏祈皇上睿鑒矜察，
謹具奏聞。

雍正叁年陸月初壹日兵部尚書兼督察院副都御史總督直隸等處地方加叁
級紀錄玖次臣李維鈞。

硃批：目下不罪者因前日之參，但年羹堯在保之事豈止此一條，而在你之
所聞豈止此數事，不罪你之旨，你數次奏，朕未批示你一字，因據前參發露於
眾，正看你將來之據，不足令年羹堯之痛痕你以釋朕之全疑也，朕頒行數諭甚
悉，豈可食言，在你等自為也，若必不然投爾輩濁流於清流，想太清萬萬不妨，
保管朝野肅清矣，將年羹堯之非人口所出之奏摺發來你看，可笑可愧之極。

〔98〕署貴州巡撫石禮哈奏謝恩諭署理貴州撫篆等情摺（雍正三年 六月初三日）[2]-[5]-160

署理貴州巡撫威寧總兵臣石禮哈跪奏，為恭謝天恩事。

竊臣於雍正叁年伍月初玖日准貴州撫臣毛文銓咨，奉旨毛文銓着調來京
陛見，巡撫事務交與石禮哈署理，石禮哈總兵印務着劉業浚署理，貳拾日又准
撫臣毛文銓委中軍游擊高岱賫捧王命旗牌敕印交代冊籍前來，臣欽遵于本月
拾叁日望闕叩頭謝恩署理訖。臣閱邸報見臣父石文焯奉旨調補甘肅巡撫，臣叔
石文焜又奉旨陞授副都統，伏念臣一門父子兄弟叔姪世受國恩至深至厚，更蒙
皇上殊恩曠典疊沛頻施，天高地厚有加無已，臣父石文焯方奉恩諭調補西安巡
撫，未數月間又以調補甘肅巡撫，天眷愈重，圖報更難，臣叔石文焜特拔參領
一月以來毫無報效之處，今更陞授副都統，至臣一介庸材，毫無可採，荷蒙聖
恩擢至威寧鎮總兵，到任以來寸長莫報，今又蒙聖恩署理巡撫印務，委任愈重
報効愈難，雖臣感激之誠慚懼之念雖捐糜不能少効於萬一，尤非摺奏所能盡其
欲報之心也，惟有日夕冰兢，矢公矢慎，始終不逾，以圖仰報于弗諼耳，為此
具摺恭謝天恩，謹奏。

雍正叁年陸月初叁日具。

硃批：劉業駿〔註48〕何如。

〔99〕署貴州巡撫石禮哈奏陳雲南布政使李衛驕縱悖理摺（雍正三年六月初三日）[2]-[5]-162

署理貴州巡撫威寧總兵臣石禮哈跪奏，為奏聞事。

竊思臣子幸逢盛世，明良一德，大小臣工當存一至公之心，不敢存一毫欺隱之念，即有欺隱之處我皇上聖明天縱，無微不照，亦莫能逃於洞鑒之中者也。臣閱邸報，見廣西省捐納浮冒倉糧一案皇上惟令撫臣黃國材明白奏聞，不許欺隱，我聖主同于天地之寬大日月之照臨，為臣子者誰敢尚存欺隱，上負天恩，下甘自棄，近者雲南省軍需冒銷一案奉旨將金碩金昭並王家材父子等押發雲南，交與督臣高其倬清查，如高其倬不能清查另遣欽差至滇清查。以臣之愚見視之，此項浮冒銀兩高其倬受恩深重，雖竭盡心力亦不能澈底查清，即欽差至彼亦恐不能清查其中細數，何也，此項軍需銀兩經兩任布政司前後奏銷，至現任布政司李衛上下三易其手矣，相隔數年冒銷並無發覺，經王家材父子叫閽案內始行扳扯其中，盡行偏袒可知，藩司衙門乃錢糧總會之區，最易遮掩，且聞李衛才情甚大，而用之總以偏鋒，任意驕縱，好同惡異，目無上司，通省但知有藩司而督撫反為次之，即督臣高其倬亦不能不為容忍，有此情獘亦何能澈底清查冒銷之積獘耶，即如撫臣毛文銓交代離任時一切未清，皆係李衛一力擔承，今臣至省聞得毛文銓在布政司任內私那藩庫銀拾陸萬兩採買銅觔販至湖廣廣東貨賣，今湖廣廣東現有銅店，以綜理錢糧之大員豈可私那監守庫銀經營取利，且銅觔止有雲南東洋二處出產，關係鼓鑄，聞其以賣銅之銀已還庫銀肆萬餘兩，尚有拾壹萬餘兩未補，則毛文銓李衛皆不能無欺隱之獘矣。臣聞李衛之在雲南驕奢放縱，威福自恣，不顧公論，專任私情，凡文武官員有附其門者即竭力庇護之，有不與己合者輒多方謀去之，每言于人曰，永順楚姚等鎮總兵是我所摺奏也，又如雲南按察司張謙，臣閱邸抄經高其倬奏其衰病，奉旨調回，而李衛又言于人曰老高如何肯參他，是我具摺啟奏摺子已去三五日，告訴他他纔奏的，諸如此類竟似官員進退之柄操于李衛之手，臣在威寧時，與近至貴陽，眾口一詞，所聞無異，當今聖明在上，用人行政皆出乾斷，即使督撫提鎮，臣或保舉官員或參奏官員舉劾于聖主之前，人臣之事畢矣，且御製《朋黨論》

〔註48〕本文檔前文作「劉業浚」，應以劉業浚為確。

頒發中外，欲使內外諸臣化其偏私，具持公正以享明良之盛世，實為千古人臣之大經，今李衛不思仰遵聖訓，循分守職，一味好同惡異，又將舉劾之人自張聲勢，使人畏懼，殊負聖主委任之至意矣。今督臣高其倬奉旨清查冒銷庫銀各項，彼豈肯將始末緣由無所欺隱，即使欽差往查，彼亦必支吾掩飾，何能得其詳細，如欲澈底清查，毫無欺隱，必得皇上于各省布政司按察司內有才幹而又真誠對君者調補雲南布政司，而將李衛調至別省，然後澈底清查，源委可清矣。臣更有聞者去冬督臣高其倬以詳籌調劑事宜至黔省，于拾貳月貳拾肆日兼程而回，與黔省布政司劉師恕按察司申大成面言曰，昨有信來，布政司李衛在雲南與安南國爭奪銀山，以致安南國統兵守住界口，李衛亦移開化鎮總兵撥兵在疆界相持等語，後臣聞得兩處講和，幾生邊釁，夫銀山或向屬滇省，或向屬安南，自有界限，若果安南犯順侵界，自應奏聞明正其罪，如本係安南地界，而李衛以天朝之大與外臣爭奪銀山，輕舉妄動大失體統矣，臣與李衛素未謀面，無怨無德，但臣受恩深重，逾于常格，跪聆聖訓之諭時刻在心，見李衛所作所為殊屬不合，與理相悖，實知灼見之事不敢不奏明于聖主之前，理應具摺奏聞，伏乞睿鑒，謹奏。

雍正叁年陸月初壹叁具。

〔100〕揀選陝西知府高大魁奏覆被年羹堯帶徃陝西情由摺（雍正三年六月初三日）[2]-[5]-178

揀選陝西知府奴才高大魁為遵旨奏明事。

奴才係鑲黃旗漢軍岳興阿佐領下人，伏念奴才祖已故翰林院侍讀高璜，父現任直隸通永道高鑛，奴才祖孫父子世受國恩，殊榮異數犬馬難報，奴才固極愚陋，而時遵父訓惟以報効盡忠為期耳，奴才於康熙伍拾捌年得在集成館修書陸載，於雍正元年正月內遵欽奉上諭事例，由監生在戶部捐知府即用，在部投供揀選捌次，從未能瞻仰天顏，於雍正貳年拾壹月拾壹日奉旨揀選吏部發示，凡揀選陝西官員如有壹名不到者永不許與揀選之列，不准入班次銓選，奴才故遵於拾叁日赴朝聽候吏部各大人與原任川陝總督年羹堯公同揀選，於拾伍日引見，蒙皇上霽顏溫語，問及奴才祖父弟兄，榮感何極，遂隨年羹堯到陝，迄今僅見壹面，而不需涉管閑事廣交友朋，因此奴才杜門絕客，坐糜月日，罕有聞見。於雍正叁年肆月內忽差奴才解徃蘭州餉銀貳拾萬兩，於陸月初貳日始回西安，知奉上諭令奴才等將帶徃原由請托情節感激怨恨並年羹堯所行事蹟繕

寫參章，道達冤抑，仰見睿慮咸周，莫不感激涕零，茲奉署督臣令奴才補奏，欽此欽遵。伏思奴才與年羹堯並非親故，素未往來，況當皇上至聖至明，量材器使，奴才又何敢附勢阿求，至於奴才父親賦性耿介，先為河間府同知，緣不肯逢迎上司，是以供職拾年未獲陞轉，當微員窮苦之時尚不屑諂媚以求榮，何況今蒙聖恩身為道員，家稍溫飽豈反有所仰藉請托乎，奴才與年羹堯固無所感矣。但年羹堯受皇上隆寵，至優且渥，不思竭盡藎忠，而乃大負天恩，此人神之所共怒，其憤恨者又何獨奴才壹人也，今奴才自蘭州回，聞年羹堯起程赴任杭州時壹車兩馬，僕從數人，布幃轎車亦有兵民攀轅哭送者，竊思朝廷之待大臣原有壹定儀制，乃年羹堯上年進京陛見挾權勢以作威，狂妄僭越，今量移鎮守忽矯情而簡樸，前倨後卑，殊失大臣體統，即兵民哭送數拾人俱係素受私恩，亦非善教善政所致者，其沽名邀譽無非欲借此傳達聖聰，冀倖君心之復悅耳，緣係奉旨事理謹據實繕摺補奏，奴才不勝惶悚戰慄之至，謹奏。

雍正叁年陸月初叄日奴才高大魁。

〔101〕署川陝總督岳鍾琪奏報查明年羹堯任內各屬私捐俸工無着摺（雍正三年六月初四日）[2]-[5]-179

世襲三等公署理四川陝西總督印務四川提督拜他喇布勒哈番臣岳鍾琪謹奏，為查明私捐俸工無着事。

竊念每省錢糧於存留項下設立俸工銀兩，按季關支，誠因官役不可無養，請撥尚恐遲延，乃使及時支給，就近得便，恩至渥也，向來上司動以公費抑勒私捐，蒙我皇上特降諭旨飭禁停止，天下大小臣工官役無不感激皇仁，莫敢違悖。臣蹇劣庸才，上荷聖主殊遇，畀署川陝總督，到任之始各官皆以並無俸工為請，因即飭布政司圖理琛清查，茲據該司冊報，自康熙六十年六月內起，至雍正三年五月分止，奉前督臣年羹堯令各屬捐解俸工銀共一十五萬五千九百九十一兩五錢四分零，其已用銀一十四萬九千八百四十六兩零，開銷無着等因。臣再查康熙六十年迄今雍正三年五月十二日止，經收私捐正署布政司係塔琳、張适、胡期恆，諾木渾也，此項俸工一十四萬九千八百四十六兩零既已捐解在司，必須清理着落，若指公捐之名通為分肥之用，悖恩旨而潤私囊，於臣不敢代為欺隱，相應據實奏明，當請仍令年羹堯及原經手各官逐一清理追吐者也，為此具摺謹奏，伏乞睿鑒施行。

雍正三年六月初四日具。

硃批：如此據實直陳方不負朕之任用，已有旨矣。

附錄修訂摺一件

世襲三等公署理川陝總督臣岳鍾琪謹奏，為查明私捐俸工無着事。

竊查各省官役俸工蒙皇上特降諭旨，飭禁私捐，天下大小臣工官役無不感激皇仁，莫敢違悖，臣荷聖主殊恩畀署川陝總督，到任之始各官皆以並無俸工為請，因即飭布政司圖理琛清查，茲據該司冊報，自康熙六十年六月內起，至雍正三年五月分止，奉前督臣年羹堯令各屬捐解俸工銀共一十五萬五千九百九十一兩零，今實存未用銀六千一百四十四兩零，已用銀一十四萬九千八百四十六兩零，開銷無着等因。臣再查康熙六十年迄今雍正三年五月十二日止，經收私捐正署布政司係塔琳、張适、胡期恆，諾木渾也，此項俸工一十四萬九千八百四十六兩零既已捐解在司，必須清理着落，若指公捐之名通為分肥之用，悖恩旨而潤私囊，于臣不敢代為欺隱，相應據實奏明，當請仍令年羹堯及原經手各官逐一清理追吐者也，為此具摺謹奏，伏乞睿鑒施行。

硃批：如此據實直陳方不負朕之任用，已有旨矣。

〔102〕署川陝總督岳鍾琪奏遵諭遣令唐光稷等前往杭州等情摺（雍正三年六月初四日）[2]-[5]-180

世襲三等公署理四川陝西總督印務四川提督拜他喇布勒哈番臣岳鍾琪謹奏，為據呈轉達天聽事。

竊照與諾木渾同事前督臣年羹堯辦理一切事件之筆帖式唐光稷等俱於六月初四日起身前往杭州訖，內有拖沙拉哈番唐光稷，中書春山，筆帖式覺羅德爾泰臨行投呈一紙，內開具陳下情，懇乞電照事，竊光稷等係去年十一月內奉旨來陝西總督衙門辦事之員，今奉旨令諾木渾等往將軍年羹堯處查對從前所奏事件，因有等之一字，故令光稷等亦往將軍年羹堯處，但光稷等於雍正二年十二月內方抵西安，從前事件光稷等不惟不曾親辦，抑且未嘗目覩，其與原奏有無錯謬之處光稷等茫然不知，今既奉有等字之命，敢不前往，第委實未曾經手，即到彼處亦不敢同經手之人共辦，愚情迫切，冒昧具呈，伏惟俯察施行等因。據此臣查唐光稷等三人雖係去年十二月方抵陝西，然與年羹堯辦事亦及半年（硃批：不但半年，皆寅緣來者），臣仰遵諭旨，不敢不遣令唐光稷等，又於臨行之頃遞呈，臣不敢將呈寢隱，為此備錄原呈，繕摺奏明，伏乞睿鑒（硃批：接奏的是）。至總督衙門向例有筆帖式四名，今唐光稷等盡去，並無部撥筆帖式辦事，臣已咨部請撥外（硃批：部中請旨時揀選幾個好的與你），現在暫與巡撫衙門借用，合并聲明，謹奏。

雍正三年六月初四日具。

附錄修訂摺一件

同日又奏，為據呈轉達天聽事。

竊照與諾木渾同事前督臣年羹堯辦理一切事件之筆帖式唐光穡等俱于六月初四日起身前往杭州訖，內有唐光穡、春山、德爾泰臨行投呈一紙，內開具陳下情，懇乞電照事，竊光穡等係去年十一月內奉旨來陝西總督衙門辦事之員，今奉旨令諾木渾等往將軍年羹堯處查對從前所奏事件，因有等之一字，故令光穡等亦往將軍年羹堯處，但光穡等于雍正二年十二月內方抵西安，從前事件光穡等不惟不曾親辦，抑且未嘗目觀，其與原奏有無錯謬之處光穡等茫然不知，今既奉有等字之命，敢不前往，第委實未曾經手，即到彼處亦不敢同經手之人共辦，愚情迫切，冒昧具呈，伏惟俯察施行等因。據此臣查唐光穡等三人雖係去年十二月方抵陝西，然與年羹堯辦事亦及半年（硃批：不但辦事已及半年，始初皆係謀求願往者），臣仰遵諭旨，不敢不遣令唐光穡等，又於臨行之頃遞呈，臣不敢將呈寢隱，為此備錄原呈，繕摺奏明，伏乞睿鑒（硃批：據呈轉奏亦是）。至總督衙門向例有筆帖式四名，今唐光穡等盡去，並無部撥筆帖式辦事，臣已咨部請撥外（硃批：候朕于該部請旨時檢選優等者發來），現在暫與巡撫衙門借用，合并聲明，謹奏。

硃批：覽。

〔103〕署川陝總督岳鍾琪奏年羹堯屬員劉可德因病乞請遲赴杭州等事摺（雍正三年六月初四日）[2]-[5]-181

世襲三等公署理四川陝西總督印務四川提督拜他喇布勒哈番臣岳鍾琪謹奏，為奏明事。

臣仰遵諭旨，將前督臣年羹堯隨帶在陝官及應隨年羹堯前往杭州筆帖式各員俱已分別料理，具摺奏聞，其跟隨大將軍印到陝侍衛俱在繳印時仍行跟印赴京，止劉可德一員臣亦奏明，令與筆帖式唐光穡等同往杭州，復據劉可德呈稱，侍衛原係大名副將，是直撫李維鈞題參，蒙皇恩放為頭等侍衛，到京陛見，奉旨着往西寧軍前効力，侍衛遵旨馳赴西寧，正值大兵出口，侍衛即告出兵年總督不准，又告桌子山出兵又不准，跟到西安，今四月內送大將軍印回京告請回京又不准，侍衛自到陝西自備鞍馬口糧已經二年，並無出力之處，今又身染時症，不能動移，倘病稍好，即便赴杭，乞為寬限等情。臣隨差員驗看，患病是

實（硃批：此人漢仗甚好，但做官為人貪鄙不堪，不必遣往隨杭，留在你處試看，若知悔改自新，如仍可用時奏聞，如光景不移之下愚，打發他回京裏罷），自難勒令起程，應俟劉可德病痊，臣再遣發赴杭，理合奏明，伏乞睿鑒，謹奏。

再有候選知府高大魁從甘回省，六月初三日補具參章一扣，合並轉奏以聞。

雍正三年六月初四日具。

硃批：已有旨了。

附錄修訂摺一件

同日又奏，為奏明事。

竊查跟隨大將軍印到陝侍衛俱在繳印時仍行跟印赴京，止劉可德一員經臣奏明令與筆帖式唐光稷等同往杭州，復據劉可德呈稱，侍衛原係大名副將，是直撫李維鈞題參，蒙皇恩放為頭等侍衛，到京陛見，奉旨着往西寧軍前効力，侍衛遵旨馳赴西寧，正值大兵出口，侍衛即告出兵年總督不准，又告卓子山出兵又不准，跟到西安，今四月內送大將軍印回京告請隨印又不准，侍衛自到陝西自備鞍馬口糧已經二年，並無出力之處，今又身染時症，不能動移，倘病稍好，即便赴杭，乞為寬限等情。臣隨差員驗看患病是實（硃批：劉可德漢仗甚好，但嫌其居官為人貪鄙不堪，今無庸遣發赴杭，留在爾處試看，伊若知改悔自新，猶屬可用，據情奏聞，倘係下愚不移，遂令回伊本籍可也），自難勒令起程，應俟劉可德病痊臣再遣發赴杭，理合奏明。再有候選知府高大魁從甘回省，六月初三日補具參章一扣，合並轉奏以聞（硃批：已有旨矣），伏乞睿鑒，謹奏。

硃批：覽。

〔104〕直隸總督李維鈞奏未隱所知年羹堯劣跡摺（雍正三年六月初六日）[2]-[5]-186

兵部尚書兼督察院副都御史總督直隸等處地方加叁級紀錄玖次臣李維鈞謹奏，為奏覆事。

切臣以謹抒下情等事具摺奏明，欽奉硃批，跪讀之下慚懼無地，蒙發年羹堯奏摺，其負罪乞生實為千古大臣所可愧可恥，然恐年羹堯奸詐負才，急則乞生緩仍不知省悟也，至年羹堯惡蹟在西安者臣實不知不敢懸虛妄奏。年羹堯於去冬到保時有語涉緊要者臣向以空口無憑不敢輕奏，然思聖主之前更何憚而不言，臣謹再疏列參以表臣之愚忠愚孝，至年羹堯詐罔奸貪之處蚤蒙聖明洞

察昭著,而臣所能知者亦於前疏列參。臣與年羹堯相交不過肆年,非其素相親密之人,且往來保定不過信宿,即有作為豈肯與臣相謀,故羹堯罪蹟雖多而在保所為臣所聞數事之外實無有隱而不以入告也。至陝西直隸相隔貳千餘里,彼處情事非伊同事之人不能確知不能確言也,今直屬地方年羹堯賄受強占產業除臣疏參外,或尚有此等作為臣同羅密〔註49〕、浦文焯〔註50〕密加察訪,倘有確據即行參奏,臣實一心與皇上同其好惡,絕無瞻顧,伏祈皇上矜察,臣無任戰慄兢惕,再年羹堯原摺一併恭繳,謹具奏聞。

雍正叁年陸月初陸日兵部尚書兼督察院副都御史總督直隸等處地方加叁級紀錄玖次臣李維鈞。

〔105〕吏部左侍郎史貽直等奏遵旨嚴審金啟勳用兵郃陽威逼傷損男婦一案摺(雍正三年六月初七日)[2]-[5]-190

吏部左侍郎臣史貽直刑部右侍郎臣高其佩謹奏。

臣等於伍月拾玖日接到吏部咨文,欽奉上諭事,發審金啟勳領兵至郃陽縣黑夜圍堡逼死無知男婦,金啟勳附合年羹堯生事擾民等因一件,臣等欽遵即將金啟勳鎖拿監禁,並提郃陽縣知縣周文澤到案質訊。臣等屢將金啟勳嚴審,其生事擾民附合年羹堯之處,啟勳已實供不諱。伍月貳拾玖日陝西西安府將郃陽縣丁憂知縣周文澤解到,臣等屢加嚴詰,又據周文澤供出,除年羹堯摺奏落崖自縊身故之李雲斗等陸名口外,尚有趙家村李洪莪係該村鄉保,舉首曾與邢文碩二人鳴鑼聚眾,金啟勳於上年捌月貳拾貳日將李洪莪邢文碩發周文澤責打釋放,李洪莪於玖月拾肆日身死。又有澄城郃陽交界地方民人黨起勝一家,與白如彥一家同住土窰內,捌月貳拾壹日窰塌壓死黨起勝之妻與子貳口等語,臣等前於初到平陽時曾密囑駐劄平陽之太原總兵官臣袁立相,令其遴選精細之人前往郃陽密訪去後,今據該鎮遣訪之把總溫文通回稱,訪得上年郃陽縣用兵時有乾落村馮嘉盛聞兵嚇死,馮天喜聞兵投井傷腿未死,北順村李陽之祖母聞兵投崖身死,南順村李孝之妻產後避兵入崖窰而死,李樹平之妻避兵嚇死,坡南村宋氏上崖窰小產而死,又有婆媳二人避兵投崖而死,趙家村鄉保二人被縣官打後身死,玉居村有一婦人聞兵自縊而死,郭家坡一婦人郭氏聞兵逃走至今未有音信,岳莊村李雲斗聞兵自縊,王元昇聞兵嚇死,宋家莊雷墳陽聞兵嚇死,

〔註49〕 《清代職官年表》布政使年表作直隸布政使羅密。
〔註50〕 《清代職官年表》按察使年表作直隸按察使浦文焯。

和陽村秦建聞兵上寨跌死，以上訪得因部陽用兵傷損無知男婦共拾陸名口，與年羹堯所奏李雲斗等陸名口及周文澤續供出李洪峩等三名口之數姓名不一多寡不符，其中不無隱瞞情弊，臣等正在移咨陝西督撫照所訪各名口確查間，於本月初肆日又准吏部咨吏部等衙門議覆欽奉上諭事，並范時捷原摺底一件，黃焜原稟節略底一件到臣。伏查黃焜原稟內有無辜身死者共有拾餘人，內柒人已取親供，其餘因回署倉忙尚未取供，又有總督諭令刪去及不受詳文等語，合之臣所訪，則年羹堯從前所奏顯有朦朧欺罔之處，臣等除一面移查陝省，俟回咨到日再將金啟勳周文澤逐一嚴審定擬外，謹將臣等訪得部陽用兵威逼傷損男婦人口名數先行奏聞，為此謹奏。

雍正叁年陸月初柒日

硃批：知道了。

〔106〕直隸總督李維鈞奏嫡姪李宗渭由陝西自來保定摺（雍正三年六月初九日）[2]-[5]-200

兵部尚書兼督察院副都御史總督直隸等處地方加叁級紀錄玖次臣李維鈞謹奏，為奏明事。

切臣姪李宗渭向在陝西効力，臣欲叫回，當經具摺請旨，未荷俞允，臣恪遵不敢徃叫，今臣姪於陸月初捌日已自來保（硃批：若是咨過說情奏過的，自來如何使得），理合奏明，至年羹堯罪蹟，臣姪必知壹貳，臣見在問明另疏題參，再欽奉硃批奏聞事，天恩彌厚等事，續報雨澤事貳摺計共肆摺一併恭繳，謹具奏聞。

雍正叁年陸月初玖日兵部尚書兼督察院副都御史總督直隸等處地方加叁級紀錄玖次臣李維鈞。

硃批：知道了。

〔107〕署川陝總督岳鍾琪奏原江西布政使許兆麟捐助西陲銀兩多未解到摺（雍正三年六月初十日）[2]-[5]-208

世襲三等公署理四川陝西總督印務四川提督拜他喇布勒哈番臣岳鍾琪謹奏，為欽奉上諭事。

該臣案查原任江西布政使許兆麟因受恩深重，見西陲需費，自己奏明情願捐銀五萬兩，奉旨着帶伊子許琛送至年羹堯處，將此送去銀兩或修布隆吉城池，或造寧夏房屋，令年羹堯酌量動用，欽此，移咨原任督臣年羹堯轉交到臣。

查布隆吉城工已竣，現在核冊具題，而沙州城池正在修築，寧夏滿城房屋工程已完而許兆麟所奏情願捐銀五萬兩內止交銀三千二百兩，其餘四萬六千八百兩已一載有餘，尚未解到，相應奏請，伏祈睿鑒，謹奏。

雍正三年六月初十日具。

硃批：已諭部矣。

〔108〕署川陝總督岳鍾琪奏請年羹堯屬員楊廷相應否赴杭摺（雍正三年六月初十日）[2]-[5]-209

世襲三等公署理四川陝西總督印務四川提督拜他喇布勒哈番臣岳鍾琪謹奏，為奏明事。

竊臣凜遵諭旨已將前督臣年羹堯辦事筆帖式唐光稷等差員押送杭州去訖，再查現任西安府撫民同知楊廷相亦係年羹堯於康熙六十年五月內帶到總督衙門辦事陞授湖州府通判，又復留陝，後經年羹堯題補今職，聲名亦甚不好，則該員並係跟隨年羹堯辦理一切事件之員，應否亦令赴杭州清查，臣未敢擅便，相應奏明請旨，伏乞睿鑒，謹奏。

雍正三年六月初十日具。

硃批：已有旨矣。

〔109〕署川陝總督岳鍾琪奏報原福建學院范光宗贖罪銀兩使用情形摺（雍正三年六月初十日）[2]-[5]-211

世襲三等公署理四川陝西總督印務四川提督拜他喇布勒哈番臣岳鍾琪謹奏，為奏明事。

竊臣准前督臣年羹堯交代內一件咨稱，西安府郃陽縣私梟田慎等阻撓鹽法，原任福建學院范光宗亦有家人在內，隨着范光宗勒拘，不料先已遠逃，范光宗以約束家人不嚴，願出銀一萬兩贖罪，緣興安州新築之城基地狹隘，行據該州添築關廂，又奉旨設立育嬰堂，理應置買地土，以垂久遠，將以上情由曾經面奏，奉旨酌量辦理，不必具題，欽此欽遵，隨於范光宗所捐銀一萬兩內以七千兩添築興安州關廂，以三千兩置買育嬰堂田地，俟事竣止須取據細冊存案，仍遵旨免其具題等因。臣查范光宗所捐銀兩已經完足，前督臣發銀七千兩添築興安州關廂已經動工，尚未報竣，現在查核其置買育嬰堂田地銀兩現貯長安縣庫，其應置田地現在購買，理合具摺奏明，容臣料理完結另行具奏，伏祈睿鑒，謹奏。

雍正三年六月初十日具。

硃批：知道了，原奏此數，但不知年羹堯又私嚇詐他多少，更可確問必得實情奏聞。

附錄修訂摺一件

同日又奏，為奏明事。

竊臣准前督臣年羹堯交代內一件咨稱，西安府部陽縣私梟田慎等阻撓鹽法，原任福建學院范光宗亦有家人在內，隨着范光宗勒拘，不料先已遠逃，范光宗以約束家人不嚴，願出銀一萬兩贖罪，緣興安州新築之城基地狹隘，行據該州添築關廂，又奉奏，奉旨酌量辦理，不必具題，欽此欽遵，隨于范光宗所捐銀一萬兩內以七千兩添築興安州關廂，以三千兩置買育嬰堂田地，俟事竣止須取據細冊存案，仍遵旨免其具題等因。臣查范光宗所捐銀兩已經完足，前督臣發銀七千兩添築興安州關廂已經動工，尚未報竣，現在查核其置買育嬰堂田地現在購買，理合具摺奏明，容臣料理完結另行具奏，伏祈睿鑒，謹奏。

雍正三年六月初十日

硃批：知道了，原據年羹堯奏稱范光宗願捐銀一萬兩贖罪，但不知有無借題嚇詐及收多報少之處，詢問的確，務得實情具奏以聞。

〔110〕山西大同總兵王以謙奏遵旨傳諭馬覲伯等事摺（雍正三年六月十一日）[2]-[5]-216

鎮守山西大同等處地方總兵官都督同知臣王以謙謹奏，為奏聞事。

竊臣於本年伍月貳拾捌日面奉諭旨，年羹堯曾奏馬會伯居官平常，馬覲伯做官好，豈是因人說他好就用他，因人說不好就不用他，前下過旨意與他，並無壹字奏聞，這不是營求麼，將此旨下與馬覲伯，欽此。臣於陸月初陸日抵天城地方接印任事，初玖日至大同將原奉諭旨傳與原任總兵官馬覲伯，隨據馬覲伯跪奏云，臣資性庸劣，屢蒙皇上諄諄誥誡，跪聽之下感激涕零，惟有愈加勉力以盡犬馬之心耳，據此理合奏聞。再本月初拾日蒙兵部劄開，奉旨王以謙仍以都督同知管總兵官事，伏思臣一介庸愚，畀以重任，已逾格外，茲復加以都督同知之銜，雖肝腸塗地不足仰報高深，惟有竭蹙駑駘，矢志忠勤以盡職守而已，更請者臣所屬營汛中有窵遠一時不能周知其各官賢否，營伍獎端，容臣採訪確實另行奏聞（硃批：是，此事不可急迫），所有前由相應具摺專差臣標右營千總趙文都齎捧以聞。

雍正叁年陸月拾壹日鎮守山西大同等處地方總兵官都督同知臣王以謙。

硃批：知道了，勉力為之。

〔111〕直隸總督李維鈞奏年羹堯罪狀已列款題參摺（雍正三年六月十一日）[2]-[5]-218

兵部尚書兼督察院副都御史總督直隸等處地方加叁級紀錄玖次臣李維鈞謹奏，為奏明事。

切臣姪李宗渭於陸月初捌日到保，當經具摺奏明，今臣問明年羹堯惡蹟罪狀除已參奏者不敢重敘外，所有年羹堯罪惡種種臣謹列款具疏題參，已於陸月拾壹日拜發，伏祈皇上睿鑒，謹具奏聞。

雍正叁年陸月拾壹日兵部尚書兼督察院副都御史總督直隸等處地方加叁級紀錄玖次臣李維鈞。

硃批：疏上覽過，有旨。

〔112〕許容奏陳年羹堯用人失當摺（雍正三年六月十三日）[4]-[18]-947

署陝西按察司事糧道仍帶監察御史臣許容謹奏，為敬陳愚忱仰祈睿鑒事。

臣叩辭闕廷已歷三月，川陝事宜仰賴皇上聖明措置盡善，兵民歡呼，第川陝為西南要地，且當數年軍興之後，守土各官必得才守兼長實心辦理方能仰副宸衷，查現在文官司道以下州縣以上，武官副將以下遊守以上多係前督臣年羹堯就近題補，未經引見，臣仰荷知遇，留心察訪，其中體用兼全不愧職守者絕少，而品行不堪，阿諛逢迎者實多，如甘肅巡撫胡期恆，已經奉旨革職發往河工，河東運司金啟勳又奉特旨革職拿問，富平縣知縣董霶渭南縣知縣朱嘉耀，又經督臣特疏糾參，痛快人心，闔省感激，他如蘭州布政司彭振翼，四川川東道金德蔚，陝西延安府知府李繼泰，河州知州許啟盛，咸寧縣知縣朱炯，三原縣知縣劉子正，南鄭縣知縣嚴世傑，均屬年羹堯心腹，奉意承顏，殘害官民，再如陞任糧道張适，始而違眾獨立，繼而揮金迎合，串通州縣勾引鋪戶，將民屯糧草重價折收，三年於茲，獲利三四十萬金，通國皆知，難逃睿鑒，仰祈皇上敕下督撫，將未經引見文官廳員以上，武官參遊以上分班給咨，赴部引見，其州縣守備以下就近嚴加考核，奏請聖裁。再查年羹堯參劾各官或情罪允當，或者事有可原，或任意喜怒，聽信讒言，多非本於至公，并請敕部清查原案，調赴引見，則睿照之下自無遁情，普天率土更頌皇仁於無疆矣，緣係一得愚忱，未便商之督撫，不揣冒昧繕摺密奏，伏惟睿鑒，臣不勝恐懼惕厲之至，謹奏。

雍正三年六月十三日

硃批：如此秉公毫不瞻顧，據實入奏深為可嘉，此皆朕意欲行事件，另有旨。

〔113〕署川陝總督岳鍾琪密參年羹堯爪牙白訥張梅貪暴劣跡摺（雍正三年六月十六日）[2]-[5]-225

世襲三等公署理四川陝西總督印務四川提督拜他喇布勒哈番臣岳鍾琪謹奏，為密參鉅惡府廳以申憲紀，以快人心事。

臣在西寧即聞原任寧夏同知今陞臨洮府知府白訥，又有知府管涼州同知事張梅此二員乃年羹堯信任用事之爪牙，言聽計從，倚仗勢力招權納賄，虐害百姓，讒害賢良，但白訥題陞臨洮知府即謀徃口外管修布隆吉城垣，今又在沙瓜州管工，布隆吉城工已完抗不造冊申報，明有侵冒捏飾情弊，故為遲延，臣現在差員前徃查驗，如有工作不堅，冒破物料之處即便題參。張梅在涼州縱暴橫行，蔑視司道，承辦軍需挾勢崆擅，苦虐百姓，道路側目，百姓飲恨入骨，今因涼州改設府縣該員已經裁汰，臣思此等劣員性成貪暴，若使赴部另補，則彼方百姓亦必遭其荼毒，是縱賊以殃民也，且此二人廣有神通伎倆，臣既知之而又縱之是悖皇上愛民如子之聖心矣，臣不揣冒昧謹具密奏，伏乞聖主睿裁。今西寧建築大通城垣工費甚重，俾得勒此二人革職効力，則百姓怨憤得申，人心愉快，咸仰聖主天威於無既矣，為此具摺謹奏。

雍正三年六月十六日具。

硃批：此奏甚屬可嘉，白訥已先同趙世錫奉嚴旨，相繼此摺到，已有旨了，此人向日為人，卜隆吉之城工營房，肆行無忌，朕皆悉聞者。

附錄修訂摺一件

世襲三等公署理川陝總督臣岳鍾琪謹奏，為密參鉅惡府廳以申憲紀，以快人心事。

竊臣前在西寧聞原任寧夏同知今陞臨洮府知府白訥，又有知府管涼州同知事張梅，此二員乃年羹堯信任用事之爪牙，言聽計從，倚仗勢力招權納賄，虐害百姓，讒害賢良，但白訥題陞臨洮知府即謀徃口外管修布隆吉城垣，今又在沙瓜州管工，布隆吉城工已完抗不造冊申報，明有侵冒捏飾情獎，故為遲延，臣現在差員前徃查驗，如有工作不堅，冒破物料之處即便題參。張梅在涼州縱暴橫行，蔑視司道，承辦軍需挾勢崆擅，苦虐百姓，道路側目，今因涼州

改設府縣，該員已經裁汰，臣思此等劣員若使赴部另補，則彼方亦必遭其荼毒，是縱賊以殃民也，臣不揣冒昧謹具密奏，伏乞聖主睿裁。今西寧建築大通城垣，工費甚重，俾得勅此二人革職効力，則百姓怨憤得申，人心愉快，咸仰聖主天威於無既矣，為此謹奏。

硃批：此奏甚屬可嘉，白訥於爾摺未到之先已同趙世錫奉有嚴旨矣，接閱此奏又經嚴行飭諭，其向日居官為人之劣蹟及後監修布隆吉工肆行無忌處，朕所悉知者。

〔114〕署川陝總督岳鍾琪奏補送年羹堯帶到西安人員參革摺（雍正元年六月十六日）[2]-[5]-226

世襲三等公署理四川陝西總督印務四川提督拜他喇布勒哈番臣岳鍾琪謹奏，為補送參章事。

竊照前督臣年羹堯奏請帶到西安人員內有侍衛李竣，先經年羹堯委署延綏鎮右營守備，侍衛徐潛委署寧夏同心城守備，俱不在西安，臣已奏明行調到日令之補寫參章交臣轉奏，今於六月十一日十二日俱已調到西安遵旨寫具參章二扣交臣，理合轉奏，伏乞睿鑒，謹奏。

雍正三年六月十六日具。

硃批：此二人侯[註51]部文察明回奏時另有旨。

附錄修訂摺一件

同日又奏，為補送參章事。

竊照前督臣年羹堯奏請帶到西安人員內有侍衛李竣先經年羹堯委署延綏鎮右營守備，侍衛徐潛委署寧夏同心城守備，俱不在西安，臣已奏明行調到日令之補寫參章交臣轉奏，今於六月十一日十二日俱已調到西安遵旨寫具參章二扣交臣，理合轉奏，伏乞睿鑒，謹奏。

硃批：李竣徐潛此二員候該部行文查明，奏覆時另有諭旨。

〔115〕署川陝總督岳鍾琪奏報年羹堯用兵西寧誅殺喇嘛實情摺（雍正三年六月十六日）[2]-[5]-227

世襲三等公署理四川陝西總督印務四川提督拜他喇布勒哈番臣岳鍾琪謹奏，為據實瀝陳，仰祈聖鑒事。

〔註51〕「侯」為「候」之誤。

　　臣伏見邸抄直督臣李維鈞題聖世難容負國之臣事疏內稱，前督臣年羹堯於西寧喇嘛寺內喇嘛僧四五千人不分奸良誅無子遺，獲其輜重數十萬金，全不仰體聖德之仁，殺無辜而利厚資，罪不可逭。臣因思年羹堯在西寧時自臣到之後奉令領兵無一非臣，雖臣到西寧甚遲，就臣經歷亦有塔兒寺、爾格隆寺〔註52〕二處，合並瀝陳天聽。臣於雍正元年十二月二十四日帶領四川漢土官兵到南川營，有興安鎮總兵武正安到營傳大將軍密令云塔兒寺喇嘛勾連羅布藏丹進，幫助口糧，侵犯內地，着臣暫住南川，候蘇丹、覺羅伊禮佈帶兵到來，會同前往塔兒寺將寺內所有喇嘛盡行拿了，於內挑選老誠者三百名仍做喇嘛令其在寺居住，其餘強壯者盡行殺了，幼小者令其各歸本家還俗等語。臣奉令伺候，是夜四更時蘇丹等帶領滿漢兵到來，臣即會同領兵前往，黎明時到寺隨將寺院圍了，差人喚出喇嘛共有一千一百餘名，內有青海蒙古喇嘛六人，其餘皆番子及各土司屬下人，臣與蘇丹等相商土司俱受印信號緔與流官無二，所屬土民均係朝廷赤子，今若不分順逆一概殺戮是斷斷使不得者，再查番子喇嘛皆係附近西寧各族之人，詢其本家父兄，據供從前原是羅布藏丹進等管的，後因羅布藏丹進侵犯西川被大兵殺敗逃去，我等父兄俱懼罪投誠，蒙大將軍發給白旗，現在與內地百姓一樣當差，臣切思父兄既已投誠，則其子弟雖做喇嘛亦在投誠之列，今若將番子喇嘛中強壯者盡殺何以示信與番人，隨與蘇丹等相商止將蒙古喇嘛六人正法，其餘除仍做喇嘛三百名外，俱令回家還俗，臣等即撤兵回營，比時年羹堯又崇委王景灝等在塔兒寺查取財物，逗留數日方回，西寧其所得財物多寡臣等皆不得知，繼於次年正月內見年羹堯將總兵黃喜林家人正法，其犯罪緣由年羹堯總未言出，而人皆風傳塔兒寺內得金佛一尊沒有頭了，據經管喇嘛說是黃總兵的家人要去了等語，是以殺之。又於正月初九日年羹堯面令臣等說，爾格隆寺的喇嘛反了，聚集土民番子二萬餘人要來搶奪西寧，令臣同蘇丹、伊禮佈帶領滿漢官兵由威遠堡一路前進，又令總兵黃喜林武正安由勝番溝一路前進征勦，約定十二日會兵，俟勦殺明白將寺院燒燬等語，臣同蘇丹等奉令帶領滿漢官兵於十一日自西寧起程，到威遠堡駐劄，十二日黎明起營約有辰時到地名華里地方，見對面山上約有八九千人排列吶喊，恃險拒敵，山下溝內俱係租寺院田地之番子土民堡寨，臣等正欲催兵攻山，忽聞堡寨內喊聲四起，隨分兵一半攻寨，以一半臣等統領攻山，自辰至申銃炮之聲不絕，連奪

三山，攻破五寨，殺死喇嘛番子甚多，賊眾大敗，因天色近晚且道路不熟未能窮追，於次日黎明到寺喇嘛番子俱各逃竄，隨一面分兵四路追殺，臣同蘇丹、伊禮佈暫住寺前彈壓，適總兵黃喜林等領兵亦到，是日下晚各路追殺之兵皆回，拏獲喇嘛數名。臣等公同詢問，據供我等寺院喇嘛自羅布藏丹進一有反信之時我等就在大將軍處投過誠的，我們坐床的大喇嘛丹嗎胡圖克兔往西寧去見大將軍被大將軍留住西寧未遣回寺，後西寧廳衛差人到寺要我們捐銀四千兩我們即湊了四千兩銀子交了，又遲了幾日廳衛又差人來說四千兩少，你們再捐六千兩湊成一萬兩之數，我們也如數交了，又過了兩日差人又來說一萬兩還少，要湊足二萬兩纔好，我們眾人相商銀子漸漸添的多了，一時又湊不足數，若遲了也是死，莫如反了罷，所以纔反了等語。有此口供因而不殺，以之留報大將軍，隨於十四日吩咐滿漢土兵將寺內遺棄物件俱令滿漢土兵自取，至次日十五清晨傳令各兵放火燒寺，是日蘇丹、伊禮佈帶領滿兵先回，臣同總兵黃喜林武正安眼看將寺燒了於十六日回兵，十七日到寧，同兩總兵進見年羹堯回覆將令，時蘇丹伊禮佈俱在，臣隨將拏獲喇嘛據供起釁緣由之事一一告愬，年羹堯惟面紅無語，且並不吩咐追究，臣方覺非廳衛妄行乃有所主使耳，至所獲喇嘛年羹堯令發衛收監，後因臣領兵出口不知作何發落，以上情事皆臣親歷見聞，故敢據實冒昧奏聞。其戈荓寺〔註53〕等處俱係臣未到西寧之先征勦燒燬，其中有無別情臣實未知，不敢妄奏，所有當日用兵聞見各緣由情節謹敢據實備瀝具奏，伏乞睿鑒，謹奏。

雍正三年六月十六日具。

硃批：卿之居心為人朕所悉知，此等事何用辯明，再干碍不着你，朕保得，定放心放心。

附錄修訂摺一件

同日又奏，為據實瀝陳仰祈聖鑒事。

竊臣伏見邸抄直督李維鈞題聖世難容負國之臣事疏內稱，前督臣年羹堯于西寧喇嘛寺內喇嘛僧四五千人不分奸良誅無孑遺，獲其輜重數十萬金，全不仰體聖德之仁，殺無辜而利厚資，罪不可逭。臣因思年羹堯在西寧時自臣到之後奉令領兵無一非臣，雖臣到西寧甚遲，就臣經歷者亦有塔兒寺、爾格隆寺二處，合並瀝陳天聽。臣於雍正元年十二月二十四日帶領四川漢土官兵到南川

〔註53〕今名廣惠寺，為羅卜藏丹津之亂被毀重建時清世宗御賜名，位於青海省大通
　　　　縣東峽鎮。

營，有興安鎮總兵武正安到營傳大將軍密令云，塔兒寺喇嘛勾連羅布藏丹進，幫助口糧，侵犯內地，着臣暫住南川候蘇丹、伊禮佈帶兵到來，會同前往塔兒寺將寺內所有喇嘛盡行拿了，於內挑選老誠者三百名仍做喇嘛令其在寺居住，其餘強壯者盡行殺了，幼小者令其各歸本家還俗等語。臣奉令伺候，是夜四更時蘇丹等帶領滿漢兵到來，臣即會同領兵前往，黎明時到寺隨將寺院圍了，差人喚出喇嘛共有一千一百餘名，內有青海蒙古喇嘛六人，其餘皆係附近西寧番子及各土司屬下人，臣與蘇丹等詢其本家父兄，據供從前原是羅布藏丹進等管的，後因羅布藏丹進侵犯西川被大兵殺敗逃去，我等父兄俱懼罪投誠，蒙大將軍發給白旗，現在與內地百姓一樣當差。臣切思父兄既已投誠則子弟雖做喇嘛亦在投誠之列，今若將番子喇嘛中強壯者盡殺何以示信與番人，隨與蘇丹等相商止將蒙古喇嘛六人正法，其餘除仍做喇嘛三百名外俱令回家還俗，臣等即撤兵回營，比時年羹堯又崇委王景灝等在塔兒寺查取財物，逗留數日方回西寧，其所得財物多寡臣等皆不得知。又于雍正二年正月初九日年羹堯面令臣等說爾格隆寺的喇嘛反了，要來搶奪西寧，令臣同蘇丹、伊禮佈帶領滿漢官兵由威遠堡一路前進，又令總兵黃喜林武正安由勝番溝一路前進征勦，約定十二日會兵，俟勦殺明白將寺院燒燬等語。臣同蘇丹等奉令帶領官兵起程，于十二日辰時到地名華里地方，見對面山上約有八九千人排列吶喊恃險拒敵，山下溝內俱係租寺院田地之番子土民堡寨，臣等正欲催兵攻山，忽聞堡寨內喊聲四起，隨分兵一半攻寨，一半攻山，自辰至申銃砲之聲不絕，連奪三山攻破五寨，殺死喇嘛番子甚多，賊眾大敗，因天色近晚未能窮追，于次日黎明到寺，喇嘛番子俱各逃竄，隨一面分兵四路追殺，臣同蘇丹、伊禮佈暫住寺前彈壓，適黃喜林等領兵亦到，是日下晚各路追殺之兵皆回，拏獲喇嘛數名。臣等公同詢問，據供我等寺院喇嘛自羅卜藏丹進一有反信我等就在大將軍處投過誠的，我們坐床的大喇嘛丹嗎胡圖克兔徃西寧去見大將軍被大將軍留住西寧未遣回寺，後西寧廳衛差人到寺要我們捐銀一萬兩我們如數交了，又過了兩日差人又來說一萬兩還少，要湊足二萬兩纔好，我們眾人相商銀子漸漸添的多了，一時又湊不足數，若遲了也是死莫如反了罷，所以纔反了等語，有此口供因而不殺，以之留報大將軍，隨於十四日吩咐滿漢官兵將寺內遺棄物件俱令兵丁自取，至次日十五清晨傳令各兵放火燒寺，十六日回兵，十七日到寧臣進見年羹堯回覆將令，隨將拏獲喇嘛據供起釁緣由之事當同眾人一一告愬，年羹堯惟面紅無語且並不吩咐追究，臣方覺非廳衛妄行乃有所主使

耳，至所獲喇嘛年羹堯令發衛收監，後因臣領兵出口不知作何發落，以上情事皆臣親歷見聞，故敢據實冒昧奏聞。其戈莽寺等處俱係臣未到西寧之先征勦燒燬，其中有無別情臣實未知，不敢妄奏，所有當日用兵聞見各緣由情節謹敢據實備瀝具奏，伏乞睿鑒，謹奏。

雍正三年六月十六日

硃批：卿之居心行事朕所悉知，此等處何庸置辯，斷不致有所干涉，朕可力保，卿其坦然釋慮。

〔116〕署川陝總督岳鍾琪奏陳原西安府同知楊俊傑有冤莫伸實情摺（雍正三年六月十六日）[2]-[5]-230

世襲三等公署理四川陝西總督印務四川提督拜他喇布勒哈番臣岳鍾琪謹奏，為密陳請旨事。

竊有問擬軍罪因另案未結未曾發遣原任西安府同知楊俊傑具有沉冤莫伸等事呈狀一紙，內稱口外辦差七載，有達部原冊可憑，遭前督臣捏參冒功議罪，緣於康熙六十一年俊傑署理武功縣印務，總督年羹堯將其幕賓趙士河之假子趙勳題准補授武功縣知縣，到任日俊傑即將印信交代接受，仍回本任訖，隨後轟傳趙勳係冒名頂替，總督年羹堯又將趙勳捏作未曾到任病故題報，令胡期恆仍命俊傑照舊署事，勒將通報過交印卸事底案掣銷，以滅形跡，俊傑不敢應承，復令知府桑成鼎強逼要去，遂致含恨，適有進藏人員交與年羹堯查明聖旨，胡期恆乃將俊傑名字捏入冒功之列，承審者先行請命擬罪，致俊傑有冤莫伸等情。臣疑已結之案恐屬仇口，然暗查雍正元年題報運糧入藏底冊開有楊俊傑運糧一百七十石六斗到木魯烏素〔註 54〕，又自木魯烏素領解牛羊，因中途患病，牛羊家人解送到藏，該員隨後趕赴軍前等語。再訪楊俊傑同事進藏之人，咸稱曾在木魯烏素見過，再查原參底案果稱楊俊傑並未出口，則其所告冤陷情節似屬不誣，再訪趙勳捏報病故之處人言嘖嘖，咸稱趙勳當即又在西安事例內捐納，今現任直隸大明府開州知州名劉以堂者即此人也，臣不勝駭異，伏思聖主光天化日之下有此魑魅現形，則其欺罔冤陷之處似難寢隱，謹具密摺奏聞，伏候聖主睿鑒施行，謹奏。

雍正三年六月十六日具。

〔註 54〕蒙人於金沙江之稱謂。《水道提綱》卷八頁八載，金沙江即古麗水，亦曰繩水，亦曰犁牛河，番名木魯烏蘇，亦曰母藟烏素，音之轉也，岷江最上源也，出西藏衛地之巴薩通拉木山東麓，山形高大類乳牛，即古犁石山也。

硃批：應轉達者，已有旨了，另此奏秉公，朕實嘉之。

附錄修訂摺一件

同日又奏，為密陳請旨事。

竊有問擬軍罪因另案未結未曾發遣原任西安府同知楊俊傑具有沉冤莫伸等事呈狀一紙，內稱口外辦差七載，有達部原冊可憑，遭前督臣捏參冒功議罪，緣於康熙六十一年俊傑署理武功縣印務，總督年羹堯將其幕實趙士河之假子趙勳題准補授武功縣知縣，到任日俊傑即將印信交代接受，仍回本任訖，隨後轟傳趙勳係冒名頂替，年羹堯又將趙勳捏作未曾到任病故題報，令胡期恆仍命俊傑照舊署事，勒將通報過交印卸事底案掣銷以滅形跡，俊傑不敢應承，復令知府桑成鼎強逼要去，遂致含恨，適有進藏人員交與年羹堯查明聖旨，胡期恆乃將俊傑名字捏入冒功之列，承審者先行請命擬罪，致俊傑有冤莫伸等情，臣疑已結之案恐屬仇口，隨查雍正元年題報運糧入藏底冊開有楊俊傑運糧一百七十石六斗到木魯烏素，又自木魯烏素領解牛羊，因中途患病，牛羊家人解送到藏，該員隨後趕赴軍前等語，再查原參底案果稱楊俊傑並未出口，則其所告冤陷情節似屬不誣，再訪趙勳捏報病故之處人言嘖嘖，咸稱趙勳當即又在西安事例內捐納，今現任直隸大明府開州知州名劉以堂者即此人也，臣不勝駭異，伏思聖主光天化日之下有此魍魅現形，則其欺罔冤陷之處似難寢隱，謹具密摺奏聞，伏候聖主睿鑒施行，謹奏。

硃批：理應奏達，此等事豈容寢隱，已有旨矣，如是秉公釐獎，朕甚嘉之。

〔117〕署川陝總督岳鍾琪奏謝傳諭問好摺（雍正三年六月十六日）[2]-[5]-231

同日又奏，為恭謝天恩事。

雍正三年六月十三日署固原提督臣馬煥經由西安赴任，臣同滿漢文武各官出郊恭請聖安，當據馬煥口傳聖旨問署總督岳鍾琪好麼，臣隨望闕叩謝外，署提臣馬煥復至臣署密傳恩旨，臣一一跪聆訖。伏念臣至愚極拙，實為駑鈍，仰承聖主隆恩異數，破格拔擢，如敢稍存私念，上負國恩，有關聖主簡畀之明，雖即顯戮萬不足贖，臣唯有仰遵聖訓，時刻在心，以圖稍副任使，以期報效於萬一耳，所有恭聆密旨聖訓日期謹敢具摺奏謝天恩，伏乞睿鑒，謹奏。

雍正三年六月十六日具。

硃批：馬煥雖係一武夫，存心可取，經歷可用。

附錄修訂摺一件

世襲三等公署理四川陝西總督印務四川提督拜他喇布勒哈番臣岳鍾琪謹奏，為恭謝天恩事。

雍正三年六月十三日署固原提督臣馬煥經由西安赴任，臣同滿漢文武各官出郊恭請聖安，當據署提督臣馬煥口傳聖旨問署總督岳鍾琪好麼，臣隨望闕叩謝外，署提臣馬煥復至臣署密傳恩旨，臣一一跪聆訖，伏念臣至愚極拙，實為駑鈍，仰承聖主隆恩異數，破格拔擢，如敢稍存私念，上負國恩，有關聖主簡畀之明，雖即顯戮萬不足贖，臣唯有仰遵聖訓，時刻在心，以圖稍副任使，以期報効於萬一耳，所有恭聆密旨聖訓日期謹敢具摺奏謝天恩，伏乞睿鑒，謹奏。

硃批：馬煥雖係一介武夫，其存心可取，且於事體頗屬歷練。

〔118〕直隸總督李維鈞奏覆李宗渭應否任其去留暨年羹堯貪婪劣跡等事摺（雍正三年六月十七日）[2]-[5]-234

兵部尚書兼督察院副都御史總督直隸等處地方加叄級紀錄玖次臣李維鈞謹奏，為奏覆事。

切臣姪李宗渭自西安抵保經臣具摺奏明，蒙皇上硃批若是咨過部請奏過的自來如何使得，欽此。仰見聖明無微不照，查臣姪李宗渭原非奉旨發往亦非部內揀發，係臣姪自願捐駝効力，在陝三年終不議敘題咨（硃批：既非揀發去留在你都使得），今西海業蒙廟謨神算悉已蕩平，似無効力之處，應否仍遣其赴陝抑軍前無可効力任其去留，臣未敢擅便，謹具摺奏明，伏祈皇上睿鑒批示遵行。張霖一案臣欽遵諭旨務盡力查訪，必不使惡棍漏網也。再年羹堯惡蹟臣已叄疏具參（硃批：知道了），然其貪婪之處實有未盡，如趙之垣自願進銀叄拾萬兩，發與年羹堯催完，趙之垣僅繳貳拾萬兩，年羹堯代為請豁，去冬帶趙之垣進京引見已為人所恥罵，西安人見趙之垣送年羹堯禮物每次必用皮箱數拾隻，不知為何物，此時趙之垣雖悔亦無及矣，謹具奏聞。

雍正叄年陸月拾柒日兵部尚書兼督察院副都御史總督直隸等處地方加叄級紀錄玖次臣李維鈞。

硃批：此事自有分曉，趙之垣如知悔則轉禍為福矣，原有可笑可惡處，將來自然知道。